現代中国語の
空間移動表現に関する研究

A Study of Expressions about Movement
in Space in Modern Chinese

丸尾 誠 著

白帝社

序　文

名古屋大学名誉教授　平井勝利

　統語論研究の究極の目標は、研究対象としている個別言語の表現形式から、その言語を使用して生活している民族集団のコトガラ（事象、現象、心象）に対する認識の仕方を究明することである。

　この統語論研究は文化論、比較文化論研究の礎である。比較文化論研究は巷間に溢れているが、いずれも現象面だけを捉えた表層的な比較にすぎない。

　文化の相違は認識の相違がその根幹をなしている。統語論研究の進展とその成果が文化の研究に生かされ、説得力のある比較文化論の構築されることが待たれる。

　本研究は現代中国語の移動事象に関わる統語形式を分析したものであるが、本研究には空間移動に関する中国語話者の認識が統語形式の上にどのように反映されているかを解明しようとする視点が貫かれている。

　本研究は手堅い手法と論理展開による研究であるが故に、この視点に立った分析が全面的に成功しているわけではないが、従来の空間移動に関する研究を大きく超える論及と指摘が多々見えることは高く評価される。

　また、本研究の随所から、丸尾助教授が、研究者として必要な洞察力と分析力に優れた資質を有していることが窺われ、今後の研究成果が大いに期待される。

　思えば私と丸尾助教授とは不思議な出会いをもち、この出会いは私たち二人に不思議なプラスをもたらしてきている。

　私は定年までの10年間、大学行政、組織改革の先頭に立たされ、毎朝6時半頃には大学で執務をしているという、まさに分単位で業務をこなしてきた。指導生も人一倍多く、毎年博士後期の院生10数名、博士前期の院生5、6名を抱えていた。丸尾助教授は院生の指導のみならず、雑用も快くこなして、随分私を助けて下さった。丸尾助教授は結婚式の翌朝7時頃研究科長室に見え、"夜明

けのコーヒー"をご一緒した。私は"やる気だな"と読んだ。そこで、私は「私の定年前に審査が終えられるように、博士学位論文を仕上げませんか」とけしかけたところ、二つ返事で「やります」が返ってきた。事はその通り運んだ。

　この世で人と人との関係は重い。よき関係はお互いにパワーと安らぎを与え合うものである。すばらしい仕事が楽しくできるものである。

　序文も楽しく綴らせていただいた。

目　次

序文 ……………………………………………………………………… i

序章　研究の目的と構成 ……………………………………………… 3
　0.1.　研究の目的 …………………………………………………… 3
　0.2.　本研究の構成 ………………………………………………… 6

第1章　中国語の移動動詞について
　　　　―日本語・英語との比較という観点から ………………… 11
　1.0.　はじめに ……………………………………………………… 11
　1.1.　移動に伴う経路表現 ………………………………………… 11
　1.2.　移動動詞 ……………………………………………………… 13
　1.3.　語彙化のパターン …………………………………………… 15
　　1.3.1.　経路・様態の融合 ……………………………………… 15
　　1.3.2.　方向補語を用いて複合的な移動を表せる …………… 19
　　1.3.3.　単語が移動を表す形態素の組み合わせから成る …… 22
　1.4.　様態移動動詞と着点句 ……………………………………… 23
　1.5.　まとめ ………………………………………………………… 26

第2章　場所表現について
　　　　― 移動義と方位詞の関連 …………………………………… 29
　2.0.　はじめに ……………………………………………………… 29
　2.1.　方位詞の問題 ………………………………………………… 29
　2.2.　移動を表す場合 ……………………………………………… 33
　　2.2.1.　対象としての結び付き ………………………………… 35
　　2.2.2.　移動から存在への移行 ………………………………… 38
　2.3.　起点・中間経路を表すVOの組み合わせ ………………… 43
　2.4.　まとめ ………………………………………………………… 45

第3章　"VL"形式と"V到L"形式 ………………………………… 47

3. 0. はじめに ……………………………………………………… 47
3. 1. 移動動詞の意味特徴 ………………………………………… 47
　3. 1. 1. 「移動」について ……………………………………… 47
　3. 1. 2. 「方向性」について …………………………………… 49
　3. 1. 3. 「様態性」について …………………………………… 49
3. 2. Lの意味役割 ………………………………………………… 51
　3. 2. 1. VLの表す意味 ………………………………………… 51
　3. 2. 2. Lに対する意味解釈 …………………………………… 53
　3. 2. 3. VLのイディオム化 …………………………………… 54
3. 3. 着点と方向 …………………………………………………… 55
3. 4. 様態移動動詞と着点の関係 ………………………………… 57
　3. 4. 1. 英語・日本語・中国語における様相 ……………… 57
　3. 4. 2. 様態移動動詞＋着点 …………………………………… 60
3. 5. まとめ ………………………………………………………… 62

第4章 "V＋到＋L"形式と"V＋在＋L"形式 ……… 67
4. 0. はじめに ……………………………………………………… 67
4. 1. "V 到 L"の表す意味 ………………………………………… 68
　4. 1. 1. "V 到 L"の表す移動 ………………………………… 68
　4. 1. 2. 動態義・静態義 ……………………………………… 70
　4. 1. 3. 姿勢を表す動詞を用いた場合 ……………………… 73
　4. 1. 4. Lとの接触という概念 ……………………………… 75
4. 2. "V 到"の表す意味 …………………………………………… 77
　4. 2. 1. 範囲を表す"到" ……………………………………… 77
　4. 2. 2. Lの有無 ………………………………………………… 79
4. 3. まとめ ………………………………………………………… 81

第5章 "在＋L＋V"形式と"V＋在＋L"形式 ……… 85
5. 0. はじめに ……………………………………………………… 85
5. 1. 先行研究およびその問題点 ………………………………… 85
　5. 1. 1. 基本的枠組み ………………………………………… 85
　5. 1. 2. "在＋L＋V"形式と"V＋在＋L"形式の相違点 ……… 86

5.1.2.1.　類像性 …………………………………………… 86
　　　5.1.2.2.　意図性 …………………………………………… 88
　　　5.1.2.3.　特定 ― 不特定 ………………………………… 89
　　　5.1.2.4.　意味の重点 ……………………………………… 90
　　　5.1.2.5.　統語的制約 ……………………………………… 91
　　　5.1.2.6.　フレーズレベルでの成立の揺れ ……………… 94
　5.2.　"在＋L＋V"形式で表現可能な場合 ……………………… 94
　　5.2.1.　Vの表す［－方向性］ …………………………………… 94
　　5.2.2.　中間経路表現 ……………………………………………… 95
　5.3.　"V＋在＋L"形式で表現可能な場合 ……………………… 97
　　5.3.1.　Vの表す［＋方向性］ …………………………………… 98
　　5.3.2.　接触義 ……………………………………………………… 99
　5.4.　"在＋L＋V""V＋在＋L"両形式で表現可能な場合 ……… 103
　　5.4.1.　姿勢を表す動詞 …………………………………………… 105
　　5.4.2.　働きかけを表す動詞 ……………………………………… 109
　　　5.4.2.1.　"放、挂、貼……"類（①類） ……………… 111
　　　5.4.2.2.　"抱、扛、背……"類（②類） ……………… 112
　　　5.4.2.3.　"写、画、刻……"類（③類） ……………… 113
　　　5.4.2.4.　"养、煮、烤……"類（④類） ……………… 115
　　5.4.3.　物理的移動を伴わない動詞 ……………………………… 116
　　　5.4.3.1.　"L＋V着＋NP"形式 ………………………… 117
　　　5.4.3.2.　"NP＋V在＋L"形式 ………………………… 119
　　5.4.4.　状態変化を表す動詞 ……………………………………… 127
　5.5.　まとめ ……………………………………………………… 131

第6章　"从／在＋L＋VP"形式（1）
　　　　　― 主体の移動を表す場合 ……………………………………… 137
　6.0.　はじめに …………………………………………………… 137
　6.1.　主体の移動について ……………………………………… 137
　6.2.　「起点」と「着点」 ……………………………………… 138
　6.3.　通過点 ……………………………………………………… 140
　　6.3.1.　「起点」と「通過点」 …………………………………… 140

6.3.2. 通過部分 141
　　6.3.3. 領域の異同 142
　　6.3.4. 意味の拡張 143
　6.4. "在"と"从" 144
　　6.4.1. 方向性 144
　　6.4.2. "在＋L＋(V)过" 145
　　6.4.3. 領域内での移動 147
　6.5. まとめ 149

第7章 "从／在＋L＋VP"形式（2）
　　　　――対象の移動を表す場合 151
　7.0. はじめに 151
　7.1. "S＋在＋L＋V＋O"について 152
　　7.1.1. S・Oの存在 152
　　7.1.2. "在＋L"の意味役割 152
　　7.1.3. 起点を表す"在＋L" 154
　　7.1.4. "在＋L"および"从＋L"の使用認識 157
　　7.1.5. 小結 161
　7.2. 移動に対する認識 161
　7.3. 移動領域 163
　7.4. まとめ 164

第8章 "去＋VP"形式と"VP＋去"形式 167
　8.0. はじめに 167
　8.1. "去"とVPの意味関係について 168
　8.2. "去"とVPの意味上の重点 170
　8.3. "去＋VP"形式と"VP＋去"形式 172
　　8.3.1. "去＋VP"形式 172
　　　8.3.1.1. "去＋L＋VP" 172
　　　8.3.1.2. "去＋φ＋VP" 173
　　8.3.2. "VP＋去"形式 175
　　　8.3.2.1. V_1が移動動詞の場合 175

8.3.2.2.　V_1が動作動詞の場合 ……………………… 177
　　8.3.2.3.　Lについて ……………………………………… 178
　8.4.　移動目的の達成について ………………………………… 180
　　8.4.1.　行為の実現 ………………………………………… 180
　　8.4.2.　"了"との関係 ……………………………………… 183
　8.5.　"来＋VP"形式と"VP＋来"形式 ……………………… 184
　8.6.　まとめ ………………………………………………………… 187

第9章　"V来"形式にみられる「動作義」と「移動義」 …… 191
　9.0.　はじめに ……………………………………………………… 191
　9.1.　"在＋L＋V" ………………………………………………… 191
　9.2.　"从＋L＋V来" ……………………………………………… 193
　　9.2.1.　主体・対象の移動の起点を表すL ………………… 193
　　9.2.2.　"V来""V回来" ……………………………………… 194
　　9.2.3.　「動作義」と「移動義」 ……………………………… 196
　9.3.　"V去"について …………………………………………… 198
　9.4.　まとめ ………………………………………………………… 202

第10章　複合方向補語における"来／去"について
　　　　　　―出現義・消失義という観点から ……………… 205
　10.0.　はじめに …………………………………………………… 205
　10.1.　方向補語"来／去"の統語的役割 …………………… 205
　10.2.　視点の導入 ………………………………………………… 208
　10.3.　"来"の表す出現義・"去"の表す消失義 ……………… 211
　　10.3.1.　認識との関連 ……………………………………… 211
　　10.3.2.　方向補語"上""下"の表す意味との関連 ………… 212
　　　10.3.2.1.　"V上来／V上去" ……………………………… 213
　　　10.3.2.2.　"V下来／V下去" ……………………………… 214
　10.4.　派生義の用法における"来／去"の役割 ……………… 216
　　10.4.1.　方向補語の派生義 ………………………………… 216
　　10.4.2.　アスペクトを表す場合 …………………………… 217
　　　10.4.2.1.　"V起来" ………………………………………… 218

10.4.2.2. "V下来" …… 220
　10.4.2.3. "V下去" …… 221
　10.4.3. 述語が形容詞の場合 …… 222
10.5. まとめ …… 223

第11章　方向補語"来／去"の表す意味について …… 227
11.0. はじめに …… 227
11.1. 事象に伴う方向性 …… 228
　11.1.1. 「位置変化」が認識される場合 …… 228
　11.1.2. 「位置変化」が意識されない場合 …… 230
　　11.1.2.1. 状態変化的に捉えられるもの（1） …… 231
　　11.1.2.2. 状態変化的に捉えられるもの（2） …… 231
　11.1.3. 「出現／消失」という概念 …… 233
11.2. "来／去"によって表される位置関係 …… 235
11.3. 発話領域との関連 …… 240
　11.3.1. 人称との関係 …… 240
　11.3.2. 命令文で用いられる場合 …… 242
　11.3.3. 叙述文で用いられる場合 …… 243
11.4. まとめ …… 245

第12章　結語 …… 247

用例出典 …… 253
主要参考文献 …… 255

あとがき …… 265

現代中国語の
空間移動表現に関する研究

A Study of Expressions about Movement

in Space in Modern Chinese

序章　研究の目的と構成

0.1.　研究の目的

　本研究は、現代中国語の移動動詞を中核として構成される空間移動表現の諸相について考察するものである。空間表現には次のような種類のものが挙げられる。

空間表現 ｛ Ⅰ．出来事や行為が起こる場所（～で）
　　　　　Ⅱ．物体が存在する位置（～に）
　　　　　Ⅲ．移動物がたどる経路（～から、に）

《上野・影山 2001：42 改》

中国語ではⅠは動作表現"在＋L＋V"形式（V：動詞、L：場所を表す語句）に代表される。Ⅱの存在表現は"在＋L＋V"形式に加えて、"NP＋在＋L""L＋有＋NP""V＋在＋L"形式（NP：名詞フレーズ）などによっても表されるが、最後の"V＋在＋L"形式は静態義と動態義を有する。例えば

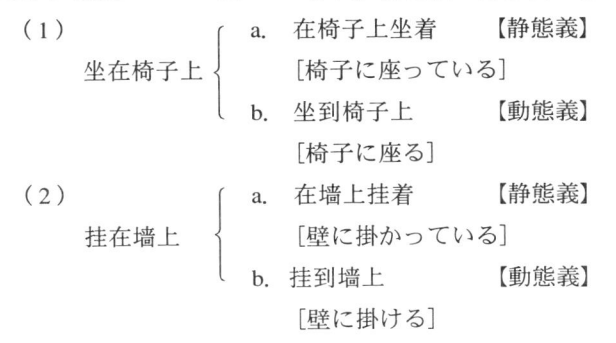

（1）坐在椅子上 ｛ a. 在椅子上坐着　　【静態義】
　　　　　　　　　　　［椅子に座っている］
　　　　　　　　　b. 坐到椅子上　　　【動態義】
　　　　　　　　　　　［椅子に座る］

（2）挂在墙上　 ｛ a. 在墙上挂着　　　【静態義】
　　　　　　　　　　　［壁に掛かっている］
　　　　　　　　　b. 挂到墙上　　　　【動態義】
　　　　　　　　　　　［壁に掛ける］

例（1）については、瞬時にして完了する動的な部分を捉えれば移動である。（1）（2）ともにbの動態義（移動）は、結果補語の表す存在義によっても

たらされる。本研究では（2）にみられる"走、扔"など対象の移動を引き起こす使役的な動詞（使役移動動詞）についても、一部考察の対象として取り上げた（第5、7章参照）。そしてⅢが"来、上、走"など主体の動きを表す、本研究でも中核となる一般にいう移動動詞を用いた場合である。動作表現として扱われるⅠで用いられる動詞（フレーズ）は［－方向性］のものであり、次のような方向移動動詞を用いた形は成立しない。

（3）　＊在＋L＋方向移動動詞（例：来、上……）

移動動詞も動作動詞の下位区分の1つではあるものの、その両性質を区別することは統語的にも有効である。例えば移動動詞"来、上"などではとりわけ主体の位置、方向という性質が現れているのに対し、移動の様態について言及した"走、跑"などは持続義を有するなどその動作性に着目したものであり、上記Ⅰ・Ⅱの形でも成立する（第5章参照）。さらに例えば「大学を卒業する」に相当する中国語のフレーズ"在大学毕业""从大学毕业"について、インフォーマントによって前者の容認の度合いが劣るのも、その語義に動作義よりも（大学からの）離脱という移動義を強く見出すことによるものである。

（4）　他去年｛从／？在｝大学毕业的。[1)]
　　　　［彼は去年大学を卒業したのだ］

また位置変化という面からみると、［－方向性］であるが故に領域内での移動にとどまる様態移動動詞は動的な存在表現を構成する。こうした意味で、本研究では、存在表現も扱うこととなる。

移動動詞は単なる物理的な位置の変化にとどまらず、より抽象的な概念を表すことができるという点で、個別言語において重要な位置を占める。移動動詞の研究は語彙・構文論など広い分野で行われているだけでなく、近年ではさらに人間の認知的側面からのアプローチも試みられており、対照研究論文も少なくない。例えば移動の痕跡が軌道のイメージとして把握された例として「道がまっすぐ走っている」などがしばしば挙げられるが（山梨1995：209参照）、英語でも

（5）　The road goes from Tokyo to Osaka.
　　　　［その道は東京から大阪まで通じている］

のように、実際には移動することのない道が動きを表す動詞の主語となってい

る。こうした表現が可能であることについて、山梨1995は「問題の対象を知覚していく主体の視線の移動がかかわっている」(208頁)ためであるとしている。また移動動詞による抽象的移動(状態変化)の表現として

(6) a. She fell ill.
　　　　［彼女は病気になった］
　　 b. John went crazy.
　　　　［ジョンは気が狂った］

などの例がよく知られている。一般に「時間・変化」は「空間・移動」からのメタファー的拡張であるとされるが、そこには後者の方が前者よりも認識しやすいという事情が関わっている。中国語における"前天、后天"や"上星期、下次"、そして方向補語の派生義である"～起来"［～しはじめる］や"～下去"［～し続ける］などもその例である。

　また目的地との関係でみると、移動動詞の選択には価値観という表現者の認識が反映されることがある。例えば"上""下"ともに「行く」意味を表すことができる。

(7) a. 上街　　—　　下乡
　　　　［街へ行く］［田舎へ行く］
　　 b. 上厨房　　—　　下厨房
　　　　［台所に行く］［料理を作る］

(7a)における2つの動詞の使用には、トコロの発展の度合いが関連している。大都市には"上北京"のように"上"が用いられる。また(7b)の"下"を用いた例のようにイディオム化するものもある。そして場所目的語に対する認識が、経路の違いをもたらすことになる。

(8) a. 下 + 水、坑、井、地洞　【着点】
　　 b. 下 + 树、台、床、车　　【起点】

ここでは我々が存在する立地点と比べた場合の目的語の「高低」が、経路に対する判断基準となっている。

　本研究では現代中国語の移動事象に関わる各種統語形式の分析を通して、空間移動に対する発話者の認識が中国語という言語の語彙・文法体系の中に如何に反映されているのかということの解明を目指す。

0.2. 本研究の構成

本研究の構成を各章の要旨とともに示すと、次のようになる。

第1章では類型論的に移動動詞（motion verb）の分類を試みたTalmy1985／2000の理論を枠として、日本語・英語との比較を通して、中国語の移動動詞の特徴について考察する。そこでは移動動詞の有する「様態性」（manner）と「方向性」（direction）という性格がクローズアップされることとなるが、両概念は本研究のキーワードとなるものである。

そして以降の章では、移動事象を構成する諸要素である「場所」（第2章）、「移動段階（移動・到達・存在）」（第3～5章）、「移動物」（第6、7章）、「方向」（第8～11章）というテーマをそれぞれ中心に据えた考察をすすめる。

中国語のいわゆる場所詞は「モノ」と「トコロ」という両側面を有している。そしてモノのトコロ化に伴う方位詞の用法に関する諸問題は、主として「存在」と関連する問題として扱われてきた。移動表現においても、その存在表現の場合と同様に場所目的語のトコロという側面が引き出されるにもかかわらず、この場合には通常方位詞は用いられない（例：＊回家里／??去食堂里）。第2章ではその要因と方位詞の使用が可能となる統語的手段について考察する。そして、そこからは次のような意味的な動機付けを見て取ることができる。

Ⅰ．対象的な結び付き（例：回家）から場所的な結び付き（例：走回家里）へ

Ⅱ．当該の移動表現では存在が前提となっている（例：去食堂里吃飯）

第3章では主体の移動を表す動詞の有する「様態性」「方向性」といった意味特徴から、これらが到達を表す"VL"および"V到L"形式に与える影響について考察する。移動動詞が着点を表す場所目的語を直接とることができるか否かは、その動詞自体が本来的に「方向性」を具えているかどうかということが関わっている。この意味特徴を具えていない「様態移動動詞」（manner-motion verb）（例：跑、走、游、飞、滚……）については着点をとる場合、一般的に動詞の後に「"到"を付加する」（例：他跑到学校了）、あるいは「方向補語を用いる」（例：他走进教室了）といった統語的手段により、「方向性」

を付与する必要がある。しかし、その様態移動動詞であっても、"滚沟里了"のように直接着点を表す場所目的語をとるケースも数多く存在する。第3章ではその要因についてもあわせて考察する。

　第4章と第5章では主として「静態義」と「動態義」という観点からのアプローチを試みる。

　一般に"V＋到＋L"形式と"V＋在＋L"形式を比較した場合、前者の焦点は動作の過程（移動）に置かれるのに対し、後者では動作終了後の結果状態（存在）に置かれることから、両者は「動態―静態」という対立の構図で捉えられることが多い。しかし動詞によっては"V＋在＋L"でも動態義を表すことができ、こうした場合、通常は統語的に"V＋在＋L"を"V＋到＋L"と変換することができる。さらにLが「着点」あるいは「存在場所」のいずれとして認識されたものなのかということも、両形式の成立の可否に影響を与える。第4章では主体・対象の移動を伴う動作動詞を分類しつつそれぞれの動詞の意味特徴に着目し、"V＋在＋L"形式との比較を通して、"V＋到＋L"形式の表す意味について考察する。また、動作・行為の実現と目的の達成、および動詞の有する「獲得義」「放出義」などの意味特徴の対立といった観点から、"V到"の表す意味についてもあわせて考察する。

　第5章では"在＋L＋V""V＋在＋L"両形式の成立の可否および意味の異同を生み出す要因に、移動・存在義を媒介とした意味解釈が如何に関わっているのかについて、Vの表す「静態義」「動態義」という概念を援用しつつ、アスペクト的な観点を交えて考察する。そして両形式の成立の可否には、動詞のもつ意味特徴の1つである「方向性」の有無が関わっていることを示す。［＋方向性］の場合とは物理的移動を伴う「位置変化」を表し、［－方向性］の場合とは、「存在状態」を表す。例えば"坐、躺、跪"などの姿勢を表す動詞、および"放、挂、贴"などの使役移動動詞によって示される動作のもたらした結果・状態の持続や、物理的移動を伴わない"住、生活"などの表す「状態」は「静態的存在」の部類である。一方、様態を表す"跑"などによって表される領域内における持続的な移動、および出現・消失といった移動義から転用された概念を存在との関連で捉えた「状態変化」は「動態的存在」の部類に属する。こうした存在義を媒介として、両形式による表現が可能となっていること

を述べる。

　第6、7章では、"从＋L＋VP"および"在＋L＋VP"形式（VP：動詞フレーズ）によって表される「主体の移動」（通過義）、「対象の移動」（来源義）について考える。

　「様態移動動詞」は、その［－方向性］［＋持続性］という意味特徴により、介詞フレーズ"在＋L"と共起可能である。一方、「方向移動動詞」（direction-motion verb）は、その［＋方向性］という意味特徴により、"在＋L"とは相容れない。しかし、「主体の移動」を表すとき、方向移動動詞を用いた場合でも、移動という事態を同一領域内で進行している行為として描写することにより［＋持続性］が実現し、その結果、"在＋L"と共起可能となる。第6章では方向性によって実現される「通過」という事象を取り上げ、"在＋L"と"从＋L"の統語的な置き換えの可否を通して、"在＋L"と方向性を有する移動動詞が共起しうる条件について、そこに反映された話者のLに対する認識という角度から考察する。

　第6章で取り上げた「主体の移動」を表す場合と比べて、「対象の移動」を表す場合には起点をマークする"在""从"の使用に関してインフォーマントによってかなり揺れがみられる。そこでは、移動事象に関わる要素（移動物、位置関係、距離、方向など）に対する発話者の認識が多分に影響を与えていると思われる。第7章では対象の移動を表す"(S＋)在＋L＋V＋O"および"(S＋)从＋L＋V＋O"形式（S：主語（ここでは主体）、O：目的語（ここでは対象））における介詞フレーズ"在＋L""从＋L"の意味役割の問題を、S・OのLに対する位置関係との関連において考察する。

　第8～11章では、主として"来／去"によって表される「方向」に関連する問題について考える。

　第8章で扱うのは、VPが"去"の目的（～シニ行ク）を表す連動構造"去＋VP"と"VP＋去"である。ここでは両形式の意味的・統語的相違、およびそこから生じる表現的効果について、"去"の表す移動段階や、移動目的の行為の達成の有無などを考慮に入れつつ考察する。また、同様の意味を表すものの移動の方向が異なる"来＋VP""VP＋来"両形式についてもあわせて取り上げ、通常後者が統語的に"了"を必要とするのは目的の行為との関係から到

達義を明確にするためであることを検証する。

　"在＋L"フレーズとVとの共起の可能性について、第6章では「主体（S）の移動」との関連において、第7章では「対象（O）の移動」との関連においてそれぞれ考察したが、第9章では「対象の移動を伴った主体（S＋O）の移動」について扱う。すなわち第9章で取り上げるのは動補構造"V来"形式で表されるもののうち、"买来"のような継起的動作（〜テクル）を表すパターンである。これは意味的には「動作＋移動」という組み合わせであるが、動作動詞とその下位類である移動動詞それぞれのもつ「動作義」「移動義」という意味特徴に着目し、介詞フレーズ"在＋L"との共起の可能性について考察を試みる。あわせて、"V来"とは方向が逆となる日本語の「〜テイク」に相当する"V去""V走"の形についても言及する。

　第9章同様、第10、11章でも動補構造、とりわけ"来"と"去"を考察対象とする。第10章では、実移動から結果義・アスペクトに関わる用法までカバーしうる複合方向補語における"来／去"の表す意味的機能について、「"来"の表す出現義・"去"の表す消失義」との関連から考察する。そして移動実義が表されているときのみならず、派生義を表す際にも「出現・消失」に対する話者の認識が、動詞・形容詞の語義との関係において機能的に運用されていることを述べる。

　また中国語では統語的な制約から補語の部分に（日本語・英語などでは現れない）主体との位置関係を反映した方向動詞"来／去"が多用されることから、如何に視点を導入するかということが問題となる。さらにこれらが位置変化を伴う移動のみならず、状態変化的な現象を表すのにも用いられるため、両者の使用について明確な差異を見出すことが往々にして困難となっている。第11章では「移動的なもの・非移動的なもの」という観点から、方向補語"来／去"が表す意味について考察する。

　そして最後の第12章では中国語の3つのプロトタイプ的な空間移動表現（「VL形式」「介詞を用いた形」「存現文」）を取り上げ、その形式に反映される認識について総括する。

　なお、本研究では「S、V、O、L、VP、NP」などの記号を以下特に断りの

ない限り、上記文中で用いた次の意味で使用することとする。

S：主語　　　V：動詞　　　O：目的語　　　L：場所を表す語句
VP：動詞フレーズ　　　NP：名詞フレーズ

S・Oをそれぞれ主体・対象の意味で用いることもあるが、その場合には適宜示す。

注
1) 本研究では「＊」はその表現が不成立、「？」は不適切、「??」はさらに容認度が劣ることを表すものとする。

第1章　中国語の移動動詞について
―日本語・英語との比較という観点から

1.0.　はじめに

　移動動詞の研究はこれまで英語を中心に各言語で広く行われてきた。中国語では移動に関する個別の構文についての研究は数多くみられるものの、理論的な枠組みの構築という面では英語・日本語ほど進んでいないのが現状である。本章では英語・日本語との比較を通して、中国語の移動動詞および移動に伴う空間表現にみられる特徴について、世界の諸言語における移動表現の類型化を試みたTalmy1985／2000の概念を援用しつつ考察を試みる。

1.1.　移動に伴う経路表現

　移動事象を構成する基本的要素として、代表的なものにTalmy1985：61の分類がある。そこでは主として、次のような要素が挙げられている（体裁は引用者）。

- a.　移動（Motion）：動詞が表す移動（move）あるいは存在（be located）
- b.　経路（Path）：FigureがGroundに対してたどる移動経路、あるいはFigureがGroundに対して占める位置
- c.　移動する物体（Figure）：移動または存在する物
- d.　背景（Ground）：Figureの移動・存在が示される場所
- e.　移動の様態（Manner）・原因（Cause）：Figureの移動・存在に伴う外的事象

これらの要素の中で、Talmy1985がとりわけ重視しているのは「経路」と「様態」である。ここではまずはじめに、「経路表現」についてみてみる。なお、

従来の移動動詞を扱った関連の論文では「経路」を「中間経路（通過部分）」という意味で用いているものが多々みられるものの、本研究では両者を区分して、移動に関わる空間表現には一括して経路（Path）という用語を用いる。そして、経路表現を次のように構成されたものと捉える。

```
経路  ：  起点      中間経路     着点
Path     Source    Route        Goal
         ●─────────────────────→
```

Jackendoff1983：165ではその「経路」が時間的な区切り（境界）によって具体的に次のように分類されている（上野・影山2001：44参照。体裁は引用者）。

Ⅰ．有界的経路（Bounded Path）　　　当該の経路を表す前置詞
　　a．起点（Source）　　　　　　　　例：from
　　b．着点（Goal）　　　　　　　　　例：to
Ⅱ．非有界的経路（Unbounded Path）
　　a．方向（Direction）
　　　（ⅰ）起点指向的方向　　　　　　例：away from
　　　（ⅱ）着点指向的方向　　　　　　例：toward
　　b．中間経路（Route）　　　　　　　例：along, across, over

Ⅱのa（ⅱ）の延長上には着点が想定でき、次のような方向を表す語を用いている場合でも、実質表されているのは着点である。
（1）a．飞往香港
　　　　［香港に飛ぶ］
　　b．太阳西沉
　　　　［太陽が西に沈む］

また、この中でⅠの「起点」「着点」は共起しうる（例：〜カラ〜ニ）のに対し、「有界的経路」とⅡbの「中間経路」は日本語でも統語的に「*〜カラ〜

ヲ」「*〜ヲ〜ニ」のような形をとれない。さらに「中間経路」が「〜ヲV」という完全融合であるのに対し、「有界的経路」は「〜カラV」「〜ニV」という不完全融合であるということなどからも、「起点・着点」指向と「中間経路」指向とは異なる概念であり、区別しておく必要があることはこれまでも指摘されてきた（影山1996参照）。

1.2. 移動動詞

　アスペクト的見地から、動詞はその限界性（telicity）に基づいて、「蹴る」「死ぬ」など必然的に明確な限界点を有する「限界動詞」（telic verb）と、「食べる」「遊ぶ」など「どこで終わってもその動詞で表される行為が成立」する「非限界動詞」（atelic verb）に区分できる。本章で扱う移動動詞について、この区分を該当させると次のようになる（工藤1995、北原1998参照）。

　　　　限界動詞：行く　来る　出る　入る　戻る……
　　　　非限界動詞：歩く　走る　泳ぐ　這う　飛ぶ……

前者は主体の位置変化を表す「方向移動動詞」（direction-motion verb）であり、後者は移動に伴う様態を表す「様態移動動詞」（manner-motion verb）に相当する。

　中国語研究においても、移動動詞の分類はこれまで試みられてきた。例えばヤーホントフ1987：129－131でもアスペクトに基づいた「有限動詞」「無限動詞」という上記と同様の立場から動詞が二分されており、その中から移動動詞を取り上げると、次のようになる。

　　　　有限動詞：来　出　进　掉
　　　　無限動詞：走　跑　飞

このように移動動詞は、意味的に前者の「方向を有する動詞群」と後者の「移動様態を表す動詞群」とに大きく区分することができ、これが統語上の差異を

説明するときにも有効となる。例えば経路との関係においては、方向移動動詞は「起点・着点指向」であり、様態移動動詞は「中間経路指向」である。そして必要に応じてさらなる下位区分も可能である。例えば同じ方向を表す動詞でも、それ自体で有界的な起点・着点を有するか否かで、さらに分類できる。

　　　　有界的：到　来　上₁［行く］　下₁［行く］　进₁［入る］
　　　　非有界的：上₂［登る］　下₂［降りる］　进₂［進む］

移動動詞"上、下"は着点をとる場合には有界的となるが（例：上₁厕所、下₁乡）、移動する場所と結び付いた場合には、方向性は有するものの様態移動動詞同様、意味的には持続的な移動を表すことになる（例：上₂楼梯、下₂斜坡）。
　また様態移動動詞でも、"走、跑"などは移動を生じさせる意図的な身体的運動を表す動詞であり（影山1997：155は「移動推進動作」とよんでいる）、"滚、流"などは非意図的な移動そのものの様態を表すという点で異なる。
　次のものは、中国語の移動動詞の基本語彙を分類したリストである。

【方向移動動詞】
来　去　到　上₁　下₁　进₁　上₂　登　升　下₂　进₂　掉　沉　离开
走₂［去る］　回　过　经过　穿　转　出　靠　退　起　跑₂［逃げる］

【様態移動動詞】
（＋意図的）
走₁［歩く］　跑₁［走る］　游　爬　飞　溜达　逛　徘徊　跳　蹦
（－意図的）
　滑　滚　流　飘　漂

このような意味的な分類には統語的な違いも反映されている。すなわち"在＋L"フレーズと移動動詞の組み合わせにおいて、その方向性の有無により文の成立に次のような差異がみられる。

（2） a. *在＋L＋（単独の）方向移動動詞[1]　　［＋方向性］
　　　 b. 　在＋L＋様態移動動詞　　　　　　　　［－方向性］

（2a）は不成立となる。（2b）が成立するのは、中間経路を行為が持続的に行われる場所として捉えることによる。

1.3. 語彙化のパターン

1.3.1. 経路・様態の融合

　Talmy1985は上述の移動の諸要素のうち、移動の概念が他のどの意味要素と融合（conflation）するのかという語彙化（lexicalization）のパターンを提示し、そのうちでどの1つを最も特徴的なパターンとして用いるかという観点に基づいて、諸言語の移動動詞を類型化している。

　　　a. 移動＋様態　　　例：roll　　　様態融合タイプ
　　　b. 移動＋経路　　　例：enter　　経路融合タイプ
　　　c. 移動＋物体　　　例：rain　　　移動物が融合された移動動詞

そしてaのタイプとして「ロマンス語以外のインド・ヨーロッパ語（英語）、中国語」などが、bのタイプとして「ロマンス語（スペイン語）、セム語、ポリネシア語」などが挙げられている。さらにTalmy2000：221－222では中核スキーマ（core schema）となる経路を何によって表現するのが特徴的かというパターンから、2つのカテゴリーに類型化しうると論じている。例えば英語は様態が移動（move）に融合された動詞を有する。

　　（3） a. ramble［ぶらぶら歩く］
　　　　 b. flit［ひらひら飛ぶ］

この場合には移動の経路は前置詞句や副詞句で表現されることになり、実際、英語には"down, over, past, through, along, across, from, by, to, onto, into, toward……"など数多くの前置詞が存在している。中には一語で「経路および基準物との位置関係」を表しうるものもある。

（4）　　　　経路　　基準物との位置関係
　　　　into：　to　＋　in
　　　　onto：　to　＋　on

こうしたことから、英語とは「経路が前置詞によって実現される言語」だとされる。言語によっては前置詞以外の接辞、後置詞などの付随要素によって経路が表されることもあり、Talmy2000ではより広範な文法事項にも適用しうる包括的な解釈を念頭において、これらをまとめて「衛星（satellite）」とよび、英語は"satellite-framed language"［衛星枠付け言語］に区分されている。なお中国語については、「動詞補部（verb complements）」がここでいう衛星に該当するとの言及がある（同書222頁）。[2]

　一方、日本語では「から、より、に、まで、へ」のように経路を表す後置詞は少なく（松本 1997：142 参照）、「離れる、下る、去る、越える、過ぎる、通る……」ほか経路の特性を有するヲ格で表せる完全融合の動詞が数多く存在することから、「経路が動詞によって実現される言語」だとされる。Talmy2000ではこれは"verb-framed language"［動詞枠付け言語］に区分されている。

　このことはすなわち、英語と日本語を比べてみた場合に、日本語では「出る」「入る」「通る」などと単純語で表現可能なものを英語では「移動動詞＋経路を表す前置詞句・副詞句」という形で表す必要があるということである。[3]

（5）　　　　　　　⎧ out　　　　　出る
　　　go（come）　⎨ into　　　　　入る
　　　　　　　　　⎪ in　　　　　　入る
　　　　　　　　　⎩ through　　　通る

（6）　get out of a car　　　　　車から降りる

このように日本語は経路を動詞の中に融合したタイプであるといえる（宮島 1984、松本 1997：141 ほか参照）。

　そして中国語についてはTalmy1985：62での言及の影響により、英語と同様の様態融合タイプとみなされ、そのまま数多くの（英語学・日本語学を中心とする）研究者に引用されてきた。Talmy1985はその例として、次のような使役移動の文を挙げている（原文では中国語はピンイン表記）。

（7）　a.　我用左脚把球踢过了操场。

b.　I kicked the ball across the field with my left foot.

《Talmy1985：68》

ここでは使役の手段が動詞に融合され（move + cause）、移動の経路が前置詞句で表される英語との類似性が根拠となっている。

　使役移動については、中国語の方向動詞はそれ自体では使役義をもたないため、主要部（ここでは前項動詞）に原因（使役の手段）を表す動詞を用いなければならない。

（8）a.　扔进一个球
　　　　　［球を1つ投げ入れる］
　　　b.　把桌子弄过去
　　　　　［机を移す］

主要部に具体的な行為が現れない（8b）のような場合には、形式的な動詞（ここでは"弄"）が必要となる。補語の部分に用いられている方向動詞は対象の移動方向について述べたものである。日本語では（8a）は「*投げ入る」ではなく、「投げ入れる」という形を用いることからも、後項動詞が主語と対応しているといえる。

　さらにTalmy2000：272においては、「中国語は高度な（strongly）衛星枠付け言語」であるとされ、次のような例が挙げられている（原文はピンイン表記）。

（9）a.　我开了门（，但是门没开）[4]
　　　b.　我杀了他（，但是没杀死）

《Talmy2000：272》

これは中国語では行為（およびその意図）と結果を別段階のものとして切り離して表すことが可能だという事象を取り上げたものであり、英語との対照で現在ではよく知られるものである。これらを英語に直訳した（9）′はいずれも非文となる。

（9）′a.　*I opened the door, but it wouldn't open.
　　　b.　*I killed him, but he didn't die.

つまり中国語では意味的に中核となる実現の達成を、「衛星」により表現することになる（例：open＝开开、kill＝杀死）。このことは、日本語と比較した次の例からも明らかである。

(10) a. 他喝酒喝醉了。
　　 b. 彼は酒を飲んで酔っ払った。

"喝醉"の"喝"（原因を表す）は日本語では言語化されないところである。

　また、中国語は文法的に重要な地位を占めるアスペクトに関わる補語の用法に富んだ言語であり（例："～起来"で起動相を表せる）、その意味からも衛星枠付け言語的な性格を読みとることはできる。そして主体の移動を表す場合にも、次のように経路を衛星（ここでは「補部」）によって表すことができる。

(11) a. 走进教室来
　　　　［（歩いて）教室に入ってくる］
　　 b. 跑到火车站
　　　　［駅まで走る］
　　 c. 车从桥上开过去了。
　　　　［車が橋を通り過ぎていった］

(11c)では"开"［運転する］を用いることにより、移動動詞が衛星となっている。

　以上みてきたように、中国語は確かに衛星枠付け言語に区分されうる。しかし以下にみるように、英語を様態融合タイプと分類する従来の根拠と比較してみる限りでは、中国語はまた英語ほど徹底したものではない。これは中国語では補部に動詞をその文法的性質を保ったまま用いることによるものである。また、方向補語のみならず介詞（前置詞）によっても経路は表現できるものの、中国語の介詞は動詞としての性格が強く、動詞と兼類になっているものが多い。例えば経路別にみてみると

　　　　所在：在　于
　　　　起点：从　打　打从　由　自
　　　中間経路：从　打　打从　由　顺（着）　沿（着）
　　　　着点：（Vの後の）在　到
　　　　方向：往　望　奔　朝　対　照　向

などが存在する。しかし、語彙としてはこのように決して少なくはないもの

の、英語のように意味的に細分化されたものではなく、例えば"up, down"のような方向性を融合したものの場合には中国語では介詞でなく動詞が該当し、また"in""on""by"など位置を表すものに対してはそれぞれ"在～里""在～上""在～旁"のような方位詞を用いて区分することになる。

何よりも中国語は日本語同様"上、下、出、进……"など経路を組み込んだ動詞を有しており、経路表現を形式的にVLの形（例：进教室）で表すことができる[5]。このことはすなわち移動の経路が動詞によって表現されるということであり、その経路位置関係は各動詞固有の性質として具わっている（例：「"上、回"＋着点」「"过"＋通過点」など）。

そして次のようなフレーズや単語の構成方式に、中国語の移動動詞の特徴を見出すことができる。

$$\begin{cases} Ⅰ．方向補語を用いて複合的な移動を表せる（第1.3.2節） \\ \qquad\qquad\qquad\qquad\qquad\qquad\qquad【フレーズレベル】 \\ Ⅱ．単語が移動を表す形態素の組み合わせから成る（第1.3.3節） \\ \qquad\qquad\qquad\qquad\qquad\qquad\qquad【単語レベル】 \end{cases}$$

以下、個別に考察する。

1.3.2. 方向補語を用いて複合的な移動を表せる

様態融合タイプとされる英語では経路を表す用法に富んでおり、複数の前置詞句をつないで連続した移動を表すことができる。日本語・中国語では、対応部分は動詞で表されることになる（以下、aの英語に対応する日本語・中国語をそれぞれb・cに示す）。

(12) a. A black dog walked across the field, through the woods, and over the hill. 《Langacker1987：170》
　　 b. 黒い犬が1匹野原を横切って、森を通って、丘を越えていった。
　　 c. 有一条黒狗穿过原野，通过森林，越过了山冈。
(13) a. We ran out of the sea and on to the beach.

b. 私たちは海から<u>出て</u>、ビーチまで走って<u>上がった</u>。
　　　c. 我们跑<u>出</u>海水，跑<u>上</u>海滩。
　　（a／cは《『牛津现代高级英汉双解词典』商务印书馆 1992：782》）
このように中核スキーマ(ここでは経路)を何によって表すかという点において、英語と日本語・中国語では対立がみられる。ここでは複合的な移動の表現法について考える。
　まず次の例をみてみる。
　（14） a. The bottle floated out. 《Talmy2000：223》
　　　b. 瓶が浮かんで出てきた。
　　　c. 瓶子漂出来了。
日本語では様態部分はテ形で表され、補助的となっている（むしろ、実際の場面での発話としては、「浮かんで」は言語化されない方が日本語として自然のようにも思われる）。このように日本語では形態論的な派生による複合動詞をつくることができる。他の例も挙げておく（経路は下線で示した）。
　（15） a. swim <u>across</u> the river
　　　b. 川を泳いで<u>渡る</u>
　　　c. 游<u>过</u>河
　（16） a. run <u>out of</u> the classroom
　　　b. 教室から走って<u>出る</u>
　　　c. 跑<u>出</u>教室
　（17） a. crawled <u>up</u> the slope
　　　b. 坂を這って<u>上る</u>
　　　c. 爬<u>上</u>坡
ここで対応している中国語は特に形態的な操作は必要としないものの、方式を表す"着"を用いて（15）"游着过河"、（17）"爬着上坡"などともできることから、やはり経路を表す動詞が中核を占めていることが分かる。
　また、経路を表す部分がそのまま同じ行為として逐語訳的に対応しない場合でも原理としては同様の現象がみられ、英語では衛星で表された対応経路部分が日本語・中国語ではやはり動詞で表現される。
　（18） a. slide <u>down into</u> the pool

　　　　b.　プールの中に滑り降りる
　　　　c.　滑进游泳池
　(19)　a.　bounce up and down
　　　　b.　（ぴょんぴょん）飛び跳ねる
　　　　c.　跳来跳去

ここで中国語の様態・方式を表す手段について、フレーズのレベルで考えると次のようになる。

　①　$V_1 + V_2$　　　　　　　　例：坐车去　　　　　　　　【連動構造】
　②　V_1 着＋V_2　　　　　　例：骑着自行车去／跑着去　【連動構造】
　③　様態移動動詞＋方向動詞　　　例：跑去／走进来　　　　　【動補構造】

①②は一般的に連動文とされる形式である。②のような形を用いると"V_1着"の部分が付帯状況的な成分であることが明確となる。これに対し、③は動補構造である。この場合、"走了进来"のような切り離しが統語的に可能であり、その"走进来"において衛星となっている動詞補部に相当する"进来"自体独立して運用でき、さらにその"进来"における衛星"来"についてもまた同様のことがいえる。また、先にみたように、例えば③類の"走进来""游过去"と様態を強調した②類"走着进来""游着过去"の間には意味的な連続性が感じられることからも、同じく衛星とされる英語の前置詞との機能の違いを見出すことができる。

　Talmy1985／2000の挙げた中国語の例も含めて、次のような場合には意味的にも動詞と衛星（補部）の区切りが比較的明確である。

【使役移動】　　　拿出来　　　把O踢过（例（7a））
　　　　　　　　　　　　　　　　　　　　主体の行為＋対象の移動
【行為の達成】　　找到　　　　杀死（例（9b））　　　行為＋結果
　　（※さらに"杀死"については「主体の行為＋対象の状態」となっている）

しかし、主体の移動を表す動詞については行為が一体化しており、統語的にも

"*一边走一边进来""*一边游一边过去"のような同時進行を表す形は成立しない。中国語では、上記③の手段を利用することにより、方向性・経路位置関係を中核とした複合的な移動を表現することができるという点に、日本語との共通性を見出すことができる。

1.3.3. 単語が移動を表す形態素の組み合わせから成る

　英語のように細分化された様態を融合した移動動詞を単語として有さない経路融合パターンの日本語では、豊富な擬態語により様態を表すことになる。
　　(20)　a.　とぼとぼ歩く（jog）
　　　　　b.　よろよろ歩く（shamble）
ここでは様態が文の主要部の動詞で表されていない。中国語でもこれらをそれぞれ"慢吞吞地走""摇摇晃晃地走"のように状語を用いて表現することができるものの、擬態語自体が日本語の場合ほど語彙として安定しておらず（とりわけ表記面においては揺れがみられる）、また日本語ほど微妙なニュアンスの差異（例えば「よろよろ」と「ふらふら」）を表しうるものではない。

　中国語では、第1.2節でリストに掲げたように、様態を表す移動動詞の種類は英語ほど多くはない。確かに、語彙としては例えば「歩く」に相当するものは"走"以外にも数多く存在するものの、それは英語のように個別の様態について言及するものではない。
　　(21)　歩く：走路　行走　歩行　徒歩　走动
これらは形態素が組み合わさった1つの語であり、中国語では「文の構成規則が単語内部の構成にも反映されている」という英語にはみられない文法的特徴により、複合化という生産性の高い方法で様態・経路を組み込んだ語彙を拡張させることができる[6]。以下、3つのパターンを挙げる。

　　ⅰ）様態を表すもの
　　　　走る：跑步　奔跑　奔走　飞跑　飞奔
　　　　飛ぶ：飞翔　飞舞　飞旋
　　　　ぶらつく：游逛　巡游　漫步　闲逛

これらは様態を表す語彙のグループである。そして同じ「走る」であっても形態素の組み合わせによって「駆け足をする（"跑步"）」、「飛ぶように（速く）走る（"飞跑、飞奔"）」のような細分化が可能である。

　　ⅱ）様態＋移動
　　　　飞行［飛行する］　　游行［行進する］　　滑行［滑走する］
　　　　步行［歩行する］　　航行［航行する］　　潜行［潜行する］
　　　　爬行［腹ばいになって進む］　　巡行［巡り歩く］

これらは後ろに拘束形態素"行"［進む］を含んだものである。複合語の構成方式としては「修飾語＋中心語」の形で、移動の様態・方式を表せる。前の形態素が移動義でない"蛇行"［腹ばいになって進む］のようなものや、後ろが同じく移動を表す"游移"［ゆっくり移動する］、"滑动"［滑る］などもこのタイプに属するものとみなすことができる。

　　ⅲ）移動物（乗り物）を融合したもの〈意味的なものも含む〉
　　　　飞行［飛行する］　　　　　　航行［(船・飛行機が) 航行する］
　　　　行船［(船が) 航行する］　　　行驶［(乗り物が) 走る］
　　　　飞驰［(車や馬が) 疾走する］　奔驶［(車が) 疾走する］
　　　　奔驰［(車や馬が) 疾走する］　上行［(船が川を) さかのぼる］
　　　　下行［(船が川を) 下る］

これらは移動主体が乗り物であることを含意する。また
　　　　走马［馬に乗っていく］　　　跑马［馬に乗って駆ける］
のように移動の手段を表す動詞もある。

1.4. 様態移動動詞と着点句

　英語を様態融合タイプ、日本語を経路融合タイプと区分する大きな根拠として、これまで様態移動動詞と着点句の関係にみられる相違点が挙げられてき

た。
- (22) a. The bottle floated to the cave. 《Jackendoff1990：89》
    ?瓶が洞窟の中に浮かんだ。→ 浮かんで<u>いった</u>
  b. crawled into the cave
    ?洞窟の中に這った → 這って<u>入った</u>
  c. jump into the room
    ?部屋に飛ぶ → 部屋に飛び<u>込む</u>

このように英語とは異なり、日本語の様態移動動詞は有界的な着点をとることができず、方向を付加した複合動詞の形で表現しなければならない。

中国語では着点義に関して、方向移動動詞を用いた場合にはVLの形で直接場所目的語をとることができるが、様態移動動詞の場合には成立せず、補語によって方向性を付与する必要がある。つまり、上記（22）の英語・日本語に対応するものを中国語で表現すると次のようになる。

- (22)′ a. 瓶子漂到洞里了。
  b. 爬进了洞里
  c. 跳进房间里

英語では様態移動動詞にみられる統語的振る舞いが徹底しており、身体の動きを表す動詞までもが移動の意味へと拡張する。すなわち行為を表す動詞が経路を表す前置詞と共起すると、全体として移動表現になる。そして、日本語・中国語ではここでも方向性を付与する必要がある。

- (23) a. Sally waltzed into Philip's arms. 《Levin and Rapoport1988：277》
  b. *サリーはフィリップの腕の中に踊った。
      → 腕の中に踊りながら飛び込んだ
  c. 萨莉舞到了菲尔普的胳膊里。

様態移動動詞それ自体はアスペクトとしては非完結的（atelic）である。しかし、英語では前置詞句を後に付けることによって限界性が付与されるため、様態移動動詞は非有界的な中間経路に加えて、有界的な着点をとることができる。さらに

- (24) John ran and ran to the station. 《影山1996：106》

のような形も可能であることから、"ran to the station"は動作の継続と到達とい

う事象が合わさった形式だとみなすことができる。英語の限界性についてはこれまで"for an hour"のような出来事の継続時間と共起する動詞は atelic、一方"in an hour"のような事態の完結を表すものと共起できる動詞は telic とされてきたが、様態移動動詞が着点をとった場合には後者の到達の意味となり、文全体は完了のアスペクト（telic）となる。従って、次の例では"for"は使えない。

  (25) John ran to the railroad station ｛* for／in｝ 30 minutes.
                   《Yoneyama1986：4》

 一方、日本語の様態移動動詞も非有界的な「方向」「中間経路」をとることはできる。

  (26) a. ～の方に歩く 【方向】
    b. ～を歩く   【中間経路】
    c. *～に歩く   【着点】

(26c)が不成立一方で「～まで歩く」のような有界的な表現は可能であるものの、その場合には「到達範囲」を表しており、これは厳密な意味での着点とは区別される（影山 1996：100 参照）。すなわち「～まで」の場合には移動が持続的に捉えられ、数量表現とともに用いられて「事態の完了時の動作量」が表現されることとなる。

  (27) a. ～まで 1km 歩く
    b. ～まで 10 分歩く

従って、例（25）の英文に対して、日本語では「まで」を用いて「非完結」（30分間の継続）、「完結」（30分経過後の達成）いずれの意味でも成立する。

  (28) ジョンは駅まで｛30分間／30分で｝走った。
             《Yoneyama1986：4（原文はローマ字表記）》

 中国語では様態移動動詞は既述のようにVLの形では着点をとることができず、通常"V到"などの形で方向性を付与する必要があった。

  (29) 跑到了车站   【有界的】
    ［駅まで走った］

しかし、複合形式"V到"における"到"は動作の完結を表すという意味で方向補語ではなく、結果補語に分類されうる。先にみたように方向補語を用いて表される移動は一体化しているのに対し、ここでは「Vで表された行為の持続

＋Lへの到達」という2つの移動段階が表されている。そして数量表現を用いた場合、持続部分については統語的に別途示す必要がでてくる。

(30) a. 跑了一公里（跑）到车站
　　　　［駅まで 1km 走った］
　　 b. 跑了十分钟（跑）到车站
　　　　［駅まで 10 分走った］

こうしたことからも、"到"の動詞としての独立性は明確となっている。

1.5. まとめ

　従来、中国語の移動動詞は英語と同様の様態融合のタイプとされてきた。その主張の先駆けともいうべきTalmy1985、さらにはTalmy2000が根拠としているのは、動詞補部（verb complements）を一律衛星とみなすことによるものである。本章では主体の移動を表す場合を取り上げ、その衛星に英語では前置詞を、中国語では動詞を用いることから生じる統語的差異についてみてきた。中国語では、統語レベルにおいて方向動詞を補語として用いて複合的な移動事象を表せることに加えて、語構成のレベルでも移動動詞を形態素として組み合わせて複合語を作る造語力に富んでおり、こうした点においては、形態論的な操作の違いはみられるものの、経路融合タイプとされる日本語と共通する性格をも見出すことができる。

　注
1) "V来V去"（Vは"走、飞……"など）のような形を用いた場合には［－方向性］となり、"在＋L"フレーズとの組み合わせが成立する。
2) 中国語を「衛星枠付け」「（後述の）動詞枠付け」のいずれのタイプとするかということはすなわち、動補構造における動詞と補語のいずれを「中核（core）」「衛星」とみなすかという問題であるが、両者の区別は英語ほど明確ではない。沈家煊2003参照。
3) 移動と経路が融合した動詞 "cross, enter, exit, ascend, descend, arrive, pass ……" などはロマンス語起源の借用語である。Talmy2000：228参照。
4) (9a)の例は原文では"～但是门没开"となっているが、ここでは補語を用いて"～但是门没开开"とした方が適切であると思われる。

5) 方向に関しては、次のように中国語よりも日本語の方が細かく言い分けることができる。
　下来（去）：おりる、くだる、さがる、（転がり）おちる［滾下来］
　上来（去）：あがる、のぼる（さらに漢字で「上る、登る、昇る」と区別可能）
6) 日本語にも「飛行する」のように、漢語の形態素の複合形に「する」を付加した移動動詞が存在する。

第2章　場所表現について
— 移動義と方位詞の関連

2.0.　はじめに

　いわゆる場所詞を用いた場合の方位詞の使用に関して、存在義と移動義で統語的な差がみられる。
　　（1）a.　在食堂（里）　　　　　　【存在義】
　　　　　　［食堂にいる］
　　　　b.　去食堂（??里）　　　　　【移動義】
　　　　　　［食堂に行く］
　　　　c.　去食堂（里）吃饭　　　　【移動＋存在義】
　　　　　　［食堂に行って食事をする］
存在義（1a）では"里"が省略できるのに対し、移動義の（1b）では通常"里"は用いない。しかし、（1c）では"里"を用いることができる。ここでは主体の移動、そしてその後の段階としての存在が前提となっている。本章では、空間概念に関わる移動・存在義という観点から、こうした統語的事象が生じる要因について考える。

2.1.　方位詞の問題

　方位詞に関する研究論文は少なくなく、これまでは主として
　　ⅰ）どの方位詞を使うのか。
　　ⅱ）方位詞の省略は可能か。またその際に、表現レベルにおいてどのような意味的な差異がみられるのか。
といった観点から考察されてきた。例えばⅰ）の問題についてみると、次の例のように方位詞"里"と"上"の使用の互換性には差がみられる。
　　（2）a.　湖里有一条很大的船。　　　→　湖上

　　　　　［湖に大きな船が1隻ある］
　　　b. 湖里有一条很大的鱼。　　→ *湖上
　　　　　［湖に大きな魚が1匹いる］
　　　　　　　　　　　　　　　《高桥1992：54》
(2a)の"里"は"上"と置き換えが可能であるが、(2b)では不可能である。これは存在するモノとの位置関係によって、"湖里"の指し示す範囲が(2a)では「陸」との、(2b)では「空中」との対比において捉えられることによる。そして、このような方位詞の使用には、その対象の属性に関わるどの側面に着目するのかという人間の認識が反映されることになる。例えば「内部」対「表面」という意味的な対立がみられる"里"と"上"についてみると
　（3）a. 坐在家里
　　　　　［家にじっとしている］
　　　b. 坐在椅子上
　　　　　［椅子に座っている］
　（4）a. *坐在飞机里
　　　b. 坐在飞机上
　　　　　［飛行機に乗っている］
例(3a)"坐在家里"では"里"によって主体がLの内部に存在していることが示されているのに対し、(3b)"坐在椅子上"は、具体物との表面的な接触に着目したものである。そして(4b)のようにLが乗り物の場合には、その接触がLの内部における主体の存在として解釈されることになる。
　次に上記ii）の方位詞の省略の問題に関しては、特に"家、厨房、学校、教室……"などのいわゆるトコロ性を有する場所詞について、方位詞を伴ったときとそうでないときの意味的な差異を探求する試みがなされてきた。例えば方经民2003は中国語のハダカ（"光杆"）の名詞には"无指（non-referential）／有指（referential）"二通りの解釈が可能であるとした上で
　（5）a. 他住学校。　【无指／有指】
　　　　　［彼は学校に住んでいる／泊まる］
　　　b. 他住学校里。　【有指】
　　　　　［彼は学校に泊まる］

の両者が異なることを指摘している（203頁）。引用者の解釈を交えて具体的にいうと、(5a)は「（校外に位置する寮なども含めた）学校の施設内で生活している」という日常的な行為（"无指"）に加えて、「ある特定の学校に泊まる」という具体的な行為（"有指"）をも表しうるが、方位詞を加えた(5b)には"有指"の解釈しかないといえる。こうしたいわゆる「抽象的行為」と「具体的行為」の区別については、次の(6)のような日常性が問題となっている対話において、"里"を用いて回答すると成立の度合いが下がることからも、その存在を窺い知ることができる。

　　（6）"你住哪儿？"　　――　　"我住学校。／?我住学校里。"
　　　　　［君どこに住んでるの］　［私は学校（の施設）に住んでいます］

　また、方位詞が省略可能な"教室、厨房……"などよりも包括的な空間概念に当たる"房间"という語はハダカの形で用いた場合、フリーコンテクストの表現としては成立しにくい。

　　（7）?他在房间。

これを次のような手段を通して具現化することにより、文は成立するようになる。

　　（7）′ a. 他在房间里。　　　　　【方位詞の使用】
　　　　　　［彼は部屋（の中）にいる］
　　　　 b. 他在自己的房间（里）。　【特定化】
　　　　　　［彼は自分の部屋にいる］
　　　　 c. 他102房间（里）。　　　【特定化】
　　　　　　［彼は102号室にいる］

"他在房间。"は、例えば"他在不在房间？"のような問いに対する回答としてなら問題なく成立するものの、その場合には"房间"は既知情報として扱われ、存在場所は特定化されている。同様の働きは(7a)′にみられる「方位詞の使用」という文法的手段によっても実現され、このときには発話時点で確認可能な具体的な存在が表されている（前述の"有指"に相当）。また、例(7b／c)′のように語彙的に特定化されることにより、"里"なしでも成立するようになる。この現象は存在表現におけるトコロ化の手段としては「方位詞」の付加の他に、「指示詞」を用いることによっても実現することにつながるもの

である（方経民 2002 参照）。

（8）＊屋子没有人。

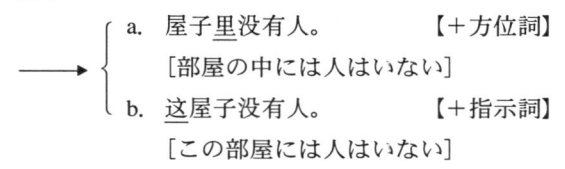

→
a. 屋子里没有人。　　　【＋方位詞】
　［部屋の中には人はいない］
b. 这屋子没有人。　　　【＋指示詞】
　［この部屋には人はいない］

（9）＊词典放在书架。

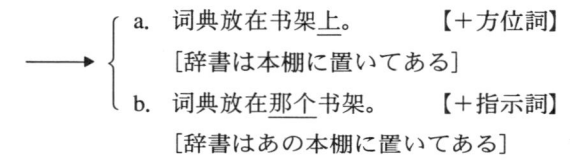

→
a. 词典放在书架上。　　【＋方位詞】
　［辞書は本棚に置いてある］
b. 词典放在那个书架。　【＋指示詞】
　［辞書はあの本棚に置いてある］

このような方位成分の使用によってその名詞は指示的（referential）な解釈を受け、その結果、個別の具体的な状況について言及することとなり、文は成立する。結局、"房間"のような総括的な空間概念とは異なり、"教室、学校、図書館……"などの場所詞が"里"を用いずに使えるのも、実際の発話の場面ではＬが特定化されている事情にもよる。

　さらに方位詞の使用には、モノとトコロ両者の間に内在的なつながりを属性として読み取ることができるかどうかということも関わっているといえる。例えば次の例(10)を対比や回答として用いるという前提のない単独のものとしてみた場合、(10b)ではやはり"里"があった方がよい。

（10）a. 小王在厨房（里）。
　　　　［王さんが台所にいる］
　　　b. ??小猫在厨房。　→　小猫在厨房里。
　　　　［猫が台所にいる］

《杨宁 2001：2》

(10a)では人間である"小王"が"厨房"に存在していることから例えば"做菜"［料理をつくる］のような行為が容易に連想可能であるため、文は成立する。しかし(10b)における動物である猫に関しては、そうした必然性が感じられず、台所の本来的な機能とは直接結び付かないため、実際の存在を描写するには"里"を加えてトコロ化する必要がある。同様に次の例(11)において

も、主体のLへの存在の意味的な動機付けという点で、(11b)は(11a)より成立の度合いが劣るために、単独で用いられる場合には通常方位詞がついた形となる。

(11) a. 菜板在厨房。
　　　　[まな板が台所にある]
　　 b. ?黒板在厨房。　→　黒板在厨房里。
　　　　[黒板が台所にある]

Lに方位詞を付加してトコロ化（空間化）することにより、場所としての実質義が具現化され、存在主体との結び付きは任意のものとなる。

このように、方位詞の用法に関する問題は主として「存在」と関連する問題として扱われてきた。

2.2. 移動を表す場合

移動表現においても次の例のように、目的語のトコロという面が引き出される点では共通している。

(12) a. 上楼梯
　　　　[階段をのぼる]
　　 b. *去桌子　→　去桌子那儿
　　　　　　　　　　[机のところへ行く]

モノとして扱われることが可能な"楼梯"が(12a)のように方向表現の中に組み込まれるとトコロとして捉えられることになるが、(12b)の"桌子"はモノとしての側面しか有していないため、統語的にトコロ化させる必要がある。使役移動（caused-motion）における対象の「くっつき先」にも同様のことがいえる。

(13) *把盘子放桌子　→　把盘子放桌子上
　　　　　　　　　　　　[皿をテーブルに置く]

また日本語で成立する「～に行く」「～に来る」という言い方であっても、中国語では方位詞によるトコロ化の手続きが必要な場合がみられる。

(14) a. 山に行く：*去山　→　去山上

　　　　b. 海に行く：＊去海　→　去海边　（a／bは《方美麗2001：109》）
　　　　c. 海に行く：＊去大海
　(15)　＊他来马路／海／河／山了。
　　　　［彼は大通り／海／川／山に来た］
　　　　　　　→　马路边／海边／河边／山上、山里、山下
　　　　　　　　　　　　《高橋2002：59　体裁は引用者による》
しかし、「富士山に行く」（"去富士山"）のような到達先が個別に示されているものとは異なり、(14)のような特定化されない「山」「海」ということば自体からは単なる目的地への移動というよりも、むしろ「遊ぶ」という目的をそのデフォルト値（default value）として想定することができる。従って同様の「山に行く」「海に行く」という日本語を中国語では"上山""去爬山""去看大海"などという、その行為についてより具体的に言及した形で表現することが多い。中国語における例(14)のようなトコロ化を経た場合には、第一義的に表されるのは、あくまで目的地への移動実義である。

　その一方で、先の第2.1節でみた、トコロ化による存在主体とLのフリーな結び付きの実現とは異なり、主体の物理的な移動について、"里""上"の使用が比較的自由な"教室""学校"などトコロ性を有する場所詞を含めた名詞と"来／去"の結び付きを着点との関係においてみた場合、方位詞を付けた
　(16)　a.　??来教室里
　　　　b.　??去图书馆里
のような形ではかえって成立しなくなる。そして、これは述語動詞が"来／去"に限られるものではなく、次のような方向移動動詞を用いた表現についても当てはまる。
　(17)　a.　进教室（＊里）
　　　　　　［教室に入る］
　　　　b.　回学校（＊里）
　　　　　　［学校に帰る］
　　　　c.　回家（＊里）　　　（a～cは《荒川1984：4－5》）
　　　　　　［家に帰る］
　　　　d.　进门（＊里）

　　　　［入口を入る］
　　e.　上车（*里）
　　　　［車に乗る］
　　f.　下车（*里）
　　　　［車を降りる］
　　g.　过河（*里）
　　　　［川を渡る］
このように、フレーズレベルでみた場合、単独の"进、回……"などと結び付く名詞も通常は方位詞の"里"を伴うことはできない。これは如何なる理由によるものであろうか。ここでは2つの立場（以下第2.2.1節および第2.2.2節）から検証する。

2.2.1.　対象としての結び付き

　しばしば指摘されるように「部屋」を意味する語"屋子"は"房间"とは異なり、いわゆるトコロ性を有していない。このため存在表現では"在屋子里"のように"里"が必要となるが、"进屋子"のように移動表現では"里"は不要である。このことについて荒川1992では「（"进"と"屋子"の関係が：引用者注）トコロ（空間）的なむすびつきではなく、対象的な関係にあるからだろう」（85頁）と述べられている。このような方位詞の使用に関する差異は、動作動詞との結び付きにおいてもみられる。

　（18）a.　ベッドニネテイル
　　　 b.　?ベッドノ上ニネテイル

《荒川1992：82 － 83》

荒川1992はこのことについて「（前略）トコロ（平面）ということが問題になっておらず、まさに「ベッド」は「ネル」の直接の対象であり、（中略）両者のあいだが、空間的なむすびつきではないからだろう」（83頁）と述べている。

　中国語に関しては、荒川1984：10では、次の例（19）のように名詞に方位詞が付加した形を空間的なものとみなし、単独の名詞の形の場合は対象として

道具目的語に解釈している。

  (19) a. 坐椅子　　　　　　【道具】
     ［椅子に座る］
    b. 坐（在）椅子上　　【トコロ】
     ［同上］

このような区分を立てることは、次のような文の成立の可否を解釈するのにも確かに有効である。

  (20) a. 我平时不喜欢坐椅子。
     ［私はふだん椅子に座るのが好きではない］
    b. ?我平时不喜欢坐（在）椅子上。

すなわち(20a)が習慣的な行為を表す場合に用いられるのに対し、(20b)では名詞のトコロ化によって具体的な特定の場所が想定され（第2.1節参照）、その結果実際の個別の動作が表されることになり、文の成立の度合いが下がる。

 また、中国語では動詞が"来／去"以外のとき、移動動詞が直接目的語をとった形は容易にイディオム化する。[1]

  (21) a. 走路
     ［歩行する］
    b. 跳海
     ［海に身を投げる］
    c. 下海
     ［元の職場をやめて商売を始める］
    d. 起床
     ［起床する］

ここでの名詞はトコロ化しておらず、特定の具体的な空間を指しているのではない。こうしたものに対しても介詞や補語を用いると、物理的な実移動を表すことになる。

  (22) a. 走路 → 在路上走
        ［道を歩く］
    b. 跳海 → 跳到海里
        ［海に飛び込む］

c. 下海　→　下到海里
　　　　　　　［海に入る］
d. 起床　→　从床上起来
　　　　　　　［ベッドから起き上がる］

これは介詞や補語の使用により

　ⅰ）統語的な名詞のトコロ化[2]
　ⅱ）（多くの場合）"来／去"の付加[3]

といった統語的操作が必要となり、その結果、移動がより具体的かつ実質的なものとなるからである。
　また、次のように方向動詞を組み合わせて用いた場合にも、方位詞（ここでは"里"）の使用が可能となる。

"回"類

(23) a. 走回家（里）
　　　　［歩いて家に帰る］
　　b. 跑回家（里）一趟
　　　　［走って家に帰る］
　　c. 自从他当选了农会副主任以后，小王搬回学校里。
　　　　　　　　　　　　　　　《周立波「暴风骤雨」96》
　　　　［彼が農業組合の副主任に選ばれると、王さんは学校に戻った］
　　d. 可惜正月过去了,闰土须回家里去,我急得大哭,《鲁迅「故乡」60》
　　　　［残念ながら正月が過ぎると、閏土は家に帰らなければならなかった。私は焦って大泣きした］

"进"類

(24) a. 溜进房间（里）来
　　　　［部屋にこっそり入ってくる］
　　b. 走进门里（来）　　（例（17d）参照）

　　　　　　　　　［入口の中に（歩いて）入る（入ってくる）］
　　　　c. 老师走进教室（里）去了。
　　　　　　　　　［先生は教室に（歩いて）入っていった］

　"上"類
　　（25）让他上车（里）去
　　　　　　　［彼を車に乗せる］

例（17）でみた"进教室""回家"などの形はLとの絶対的な位置関係が示されているだけであるが、上記（23）～（25）の"里"の使用が可能な例においては

　　　Ⅰ．"走、跑"などの様態性の付与　　　　例：(23a／b)、(24a－c)
　　　Ⅱ．"来／去"の付加による、発話者の視点の導入
　　　　　　　　　　　　　　　　　　　　　　例：(23d)、(24a－c)、(25)

などの要因により、もはや対象としての結び付きではなくなる。つまり、これらは移動をより描写的かつ実質的に捉えたものであり、それに伴いトコロとしてのLについても、より具体的な言及が可能になるため、方位詞の使用が可能になると考えられる。

2.2.2. 移動から存在への移行

　齐沪扬1998bは位置を表す空間の形状を"点、线、面、体"と分類した上で、次のように述べている（20頁）。

　　（前略）讨论物体的位移时，要引出源点和终点的概念。这样，任何一种形状的空间范围在广义上都被看成是一个"点"了。

このことはすなわち、「存在」をいうときには問題となっている空間位置に関

して、その形状をより具体的かつ明確に示すものとして方位詞を付加できるのに対し、起点・着点という点的な概念で表される「移動」の場合、

(26) 这儿太冷了，我们去食堂里吧。[4]
　　　［ここはすごく寒いので、食堂の中に行きましょう］

のように、その内部空間への移動を取り立てて強調する場合でない限り、本来的にトコロ性を有する場所詞については、通常方位詞を用いる必要性がないということである。このことについて、ここではアスペクチュアルな面から考えてみる。

限界動詞（telic verb）を述語として「期間を表す語」とともに用いた場合には、その行為自身の持続時間ではなく、その行為発生後の経過時間を表すことになる。

(27)　a.　去北京五年了
　　　　　　［北京に行って5年になる］
　　　b.　回家一个小时了
　　　　　　［家に帰って1時間になる］

これらは主体のLへの存在を意味的には含意しうるものの、そのことについて積極的に述べたものではない。これに対して、語順を入れ替えた次の例では、移動動詞を用いているものの、事態終了後（すなわち到達後）の主体のLにおける存在がより明確に表されることになる。

(27)′　a.　去了五年北京
　　　　　　［北京に5年間行っていた］
　　　b.　回了一个小时的家
　　　　　　［家に1時間帰っていた］

(27a)′では5年間北京に存在したことが、(27b)′では1時間家に存在したことが表されている。

次に、到達そのものを表す移動動詞"到"を用いた場合をみると、

(28)　a.　??到公园里
　　　b.　跑到公园（里）
　　　　　　［公園まで走る］

"到"が述語動詞となっている(28a)では方位詞"里"は用いられないのに

対し、様態性が付与され、統語的には補語の形で表される（28b）では"里"の使用が可能となる。ここでは例（23）（24）でみたような複合的な形となっている。このとき、意味的には「持続的移動」（"跑"）、「到達」（"到"）そしてその結果としてのＬへの「存在」までをも含意することとなる。先に"*回家里"が単独では不成立となることをみたが、これにアスペクチュアルな性質をもつ"到"を加えた"回到家里"であれば同様に成立する。[5]

このような存在義に関する認識を利用すると、上記で成立しなかった「移動動詞＋名詞＋"里"」の形についても、次のように連動文（V_1（ここでは"去"）＋V_2）の形式をとることによって成立するようになる。

(29) ??去图书馆里　→　a. 去图书馆查一本书
　　　　　　　　　　　　［図書館に行って本を1冊調べる］
　　　　　　　　　　　b. 去图书馆里找小李
　　　　　　　　　　　　［図書館に行って李さんを探す］
　　　　　　　　　　　c. 去图书馆里查一查
　　　　　　　　　　　　［図書館に行ってちょっと調べ物をする］
(30) ??去食堂里　→　a. 去食堂里吃饭
　　　　　　　　　　　　［食堂に行って食事をする］
　　　　　　　　　　　b. 去食堂里找他
　　　　　　　　　　　　［食堂に行って彼を探す］

存在義を表す場合、場所をより明確に示すものとして、方位詞を使用することができた。そして、(29)(30)では移動の着点がそのまま存在点（移動目的の行為の遂行の場所）となる。すなわちV_2で表された行為は、V_1で表されたＬへの移動完了後に行われるわけであり、その意味で移動のみならず、移動後の「存在」が前提となっているといえる（つまり「～に行って、そこで…する」という段階性が読み取れるということ）。連動文においては2つの動詞（フレーズ）の間に「移動＋目的（例：去商店买东西）」ほかいくつかの意味関係が存在するものの、ここではより動作の継起的な発生順に重点が置かれている。すなわち以下の実例からも分かるように、実際にはV_1とV_2の間に"逗号"（例(31e)(35a)）や副詞"就"（例(33)）があることにより、ポーズが置かれているという点で厳密な意味での連動文の定義（プロトタイプ）から外れる

ものも少なくないものの、動作の発生順に動詞（フレーズ）が並んでいるという点では同様の解釈が当てはまる（(31)〜(34)はV_1が単独の移動動詞の例、(35)は第2.2.1節でみたのと同様の、V_1に様態性が付与された例）。

"去"の例

(31) a. 〜每晚都想去食堂里偷点儿吃的，
　　　　［毎晩食堂に行って盗み食いしようと思って］
　　b. 一些通常只在宿舍和水房里出没的可爱精灵有时候也会去食堂里凑热闹。
　　　　［通常、寮と洗面所にだけ出没するかわいい妖精達は、また時として食堂に行って、集まってにぎやかに騒ぐこともある］
　　c. 你快去学校里看看吧……
　　　　［早く学校に行って見てみなさいよ］
　　d. 你可以不用去药房，去厨房里找一找，尝试一下我们介绍的新药方，
　　　　［薬屋に行かなくてもいいよ、台所に行って探して、私たちが言った新しい処方を試してごらん］
　　　　　　　　　　（a−dはインターネットでの検索例）
　　e. 她父亲每次去学校里，查问成绩的时候，师长们都是十分夸奖。
　　　　　　　　　　　　《冰心「冰心作品集・1920年」95》
　　　　［彼女の父が学校に行って成績のことを尋ねる度に、先生方はいつもとてもほめた］

"回"の例

(32) "什么时候我才能够回学校里去念书呢？"《欧阳山「三家巷」66》
　　［「いつになったら私は学校に戻って勉強ができるようになるのだろうか。」］

"进"の例

(33) 徐厂长一进厂里就被工人围了上来。《高橋1995：240》

[工場長の徐さんは工場に入るなり、労働者に囲まれた]

"上"の例
(34) 上车里休息一下
[車に乗って少し休む]

様態移動動詞が付加された例
(35) a. 赵玉林（中略）牵着那两匹，一溜烟地跑回家里，拴好马匹，拿起钢枪，《周立波「暴风骤雨」203》
[趙玉林はその2頭を引いて、一目散に家に走って戻ると、馬をつないでから銃をもって]
b. 她非常想跳进屋子里去和余永泽讲讲道理,《杨沫「青春之歌」182》
[彼女は部屋の中に飛び込んでいって余永澤に道理を説きたいと強く思った]

また、次の方位詞"里"が用いられた例は上記例（31）～（35）のように動詞フレーズが連なった形ではないものの、後続の文により、ここでも移動完了後の「存在」義は明確に読み取れる。
(36) a. 说完，他猛一转身冲进屋子里，屋门在他身后砰地关上了。
《杨沫「青春之歌」182》
[言い終えると、彼はにわかにきびすを返して部屋の中に突き進んでいった。部屋の扉が彼の背後でバタンと閉まった]
b. "～现在能回到家里和妈妈在一起多高兴。"《杨沫「青春之歌」424》
[「（あなたは）今家に戻って、お母さんと一緒にいられるのだから、とてもうれしいでしょう。」]
c. ～回到家里，屋里的坛坛罐罐虽然还摆在那儿，
《杨沫「青春之歌」18》
[家に戻ると、部屋の中の家財道具は依然としてそこに並んではいるものの]
d. 回到家里，已经快一点了。《谌容「人到中年」28》

　　　　　　［家に帰ると、もうすぐ1時になろうとしていた］
(36)の各例では移動（下線で表示）から存在する場所に関する叙述へと、場面が切り替わっている。

2.3. 起点・中間経路を表すVOの組み合わせ

　ここまでは存在場所になりうる着点との関係において、場所表現を捉えてきた。次に起点・中間経路（route）について、日本語・英語の場合も踏まえて考えてみる。

　場所表現に格助詞を用いる日本語では起点・中間経路は「ヲ」格で表すことができる。しかし「ヲ」は文法関係を表す助詞であり、その表す意味が一義的に規定されない点で、着点の場合と異なる。

　　　【起点】：〜ヲ、カラ　　　例：出る　去る　　⎫
　　　【中間経路】：〜ヲ　　　　　例：通る　　　　⎬　対格で表現可能
　　　【着点】：〜ニ、ヘ　　　　　例：行く　　　　⎭

　一方、英語では場所表現には前置詞を用いる方法と直接目的語の形をとる方法があるが、両者の表す意味は異なる。例えば「山に登る」についてみると

　　　＋前置詞：climb up the mountain
　　　直接目的語：climb φ the mountain

下の例では「山頂への到達」まで意味的に含意されうる。つまり中間経路を直接目的語として標示した場合には「その経路の全面（端から端まで）をカバーするという意味合いが強く出る」ことから、例えば"walk the street"という英語は、日本語で「道を歩く」という以上に「歩き回って、ある距離を進む」という意味が強い旨、上野・影山2001：56に記述がみられる。このような形式による他動性の高まりについては他の文法事象に関してもみられることから、直接目的語の形で表す場合、英語では全体的影響という意味合いが強く現

れるといえる。[6]

　中国語についてみると、起点・中間経路を表す場合には、まず、VOの形では語彙的に組み合わせが制限される。例えば起点を後ろにとれる"出"を用いた"出国""出门""出北京"などは成立するものの、日本語の「教室を出る」「部屋を出る」に対応する"??出教室""??出房间"などは単独のフレーズとしては成立の度合いが低く、通常は様態性を付与した"走出教室"や、介詞を用いた"从教室里走出来"のような形が使われる。この"走"の付加は移動を具体化するものであった。

　　（37）　出门　　　　≠　　　走出门
　　　　　[外出する]　　　　　[歩いて外へ出る]

また、上記着点義を表す場合でみたような、様態移動動詞や"来／去"を付加する（すなわち複合的な形をつくる）ことにより方位詞の使用が可能となる言語事実はみられないことからも、起点・中間経路を表す「移動動詞＋直接目的語」（VO）の組み合わせには、対象としての結び付きという性格が強くみられるといえる。まず起点を表す場合についてみてみると、

　　（38）　a.　下车　　　—　*跳下车上　　　（→ 跳下车／从车上跳下来）
　　　　　　　　[車を降りる]　　　　[車を飛び降りる／車から飛び降りてくる]
　　　　　　b.　下车　　　—　*下车里来　　　（→ 从车上下来）
　　　　　　　　[同上]　　　　　　　[車から降りてくる]
　　（39）　走出教室　　　—　*走出教室里　　（→ 从教室里走出来）
　　　　　　[教室から（歩いて）出る]　　　　[教室から（歩いて）出てくる]

様態移動動詞を付加した（38a）（39）、および"来"を付加した（38b）いずれの場合にも、方位詞のある形は成立しない。また、"下船"には「船に降りる」（着点指向）と「船を降りる」（起点指向）の両義が考えられるが、方向性を付与した"下船里来"は上記でみたように着点義の方で成立することになる。

　次に中間経路を表す場合についてみてみると、

　　（40）　a.　过桥　　　—　*跑过桥上　　　（→ 跑过桥／从桥上跑过）
　　　　　　　　[橋を渡る]　　　　　[走って橋を渡る]
　　　　　　b.　过马路　　—　*跑过马路上　　（→ 跑过马路／从马路上跑过）

　　　　　［道を渡る］　　　　　　　　［走って道を渡る］
　　c.　过河　　　―　＊游过河里　　（→ 游过河／从河里游过）
　　　　　［川を渡る］　　　　　　　　［泳いで川を渡る］

起点の場合と同様、これらの中間経路を表すものに様態性を付与しても方位詞を用いることはできない。中国語では起点・中間経路についてはいずれも介詞"从"でマークされ、この場合には目的語は統語的に場所であることが要求されるため、方位詞を用いることになる。

2.4.　まとめ

　場所は移動事象を構成するのに不可欠な要素の1つである。しかし（"来／去"以外の）移動動詞をVO形式で用いた場合、語彙的な制約やイディオム化という要因により、統語的にはトコロ性が明示された形としては現れない（例：＊回家里）。着点義を表す場合には、「様態性の付与」、「介詞・補語の使用」または「"来／去"の使用」などにより、移動が具体的かつ実質的なものとして示され、その結果、方位詞の使用が可能となる（例：走回家里／回家里来／回到家里来）。

　一方"来／去"を中心とする方向移動動詞を述語として用いた場合には実移動が表され、目的語にはトコロ性を具えた名詞を要求するものの、VOの形ではやはり方位詞は現れない。その場合には、「移動」（到達）後に続く「存在」という段階を意味的（例(36)）・統語的（例(1c)および(31)～(34)）に明示させることにより、方位詞の使用が可能となる。

　　注
　　1)　"来／去"については発話者の認識に影響される相対的方向を表しているので、VO形式でも実際の移動を表すことになる。
　　2)　介詞を使うと移動実義を表すことになるため、トコロ化という統語的操作が必要になる。
　　　　　彼から私に手紙が来た：他来了信　→　从他那儿来了信
　　　　　出張から帰ってくる　：出差回来　→　从出差的地方回来
　　3)　第10章および第11章参照。
　　4)　例文は中京大学の張勤氏による。

5) 「彼は家に帰った」に該当する中国語"他回家了。""他回到家了。"を比べた場合、前者は「家に到着したかどうか不明」であるのに対し、"到"を加えた後者では「家への到達」が表される。
6) 例えば"sprayed paint on the wall"と"sprayed the wall with paint"では"the wall"が直接目的語となった後者の方が、「壁全体が塗料で覆われた」という意味合いが強く出ることなどが知られている。

第 3 章 "VL"形式と"V 到 L"形式

3.0. はじめに

　本章では主として現代中国語の各移動動詞のもつ「様態性」(manner)、「方向性」(direction)という意味特徴と場所を表す語句(L)の関係に着目し、それが移動を表す構文形式にどのように反映されるのかを考察した上で、本来着点表現とは相容れない様態移動動詞が、着点句を目的語にとりうる条件を論じる。

3.1. 移動動詞の意味特徴

3.1.1. 「移動」について

　移動とは"走₁[歩く]、去、出"などのように「時間の経過とともに、(主体の)位置変化を伴う行為」である。移動動詞は起点・中間経路・着点などの場所表現を伴う。"坐"という行為も"坐椅子上"のように直接着点句をとる上から下への動態的過程ではあるものの、そこでは移動距離、移動時間などは問題となっていない。また、動作主体の存在位置自体は変わっておらず、これは移動のプロトタイプからは乖離しているといえる。"蹲、躺、跪"などのいわゆる姿勢を表すものもこの類に入る。
　こうしたことを踏まえて、例えば"跳"という動詞をみてみると
　（1）a. 跳河里了
　　　　　[川に飛び込んだ]
　　　b. 跳了三米
　　　　　[(幅跳びなどで) 3 メートル跳んだ]
　　　c. 她高興得跳起来了。
　　　　　[彼女は嬉しくて飛び上がった]

(1a)も"坐"同様に上から下への動きではあるものの、ここでは着点までの距離が感じられる。(1b)は水平方向への動きであり、具体的な移動距離が示されている。(1c)は主体の存在位置の変化を伴うものではない。ここでは(1a)(1b)を移動と捉えるのである。

また、動詞"旅游""散歩"も主体の移動を伴ってはいるものの、この場合には通常、移動の距離が数値化されるものではないことに加え、以下に示すように、移動動詞とはまた異なる振る舞いをするものである。"到＋L＋V"という形式において、Vが様態移動動詞（manner-motion verb）のときには、2つの移動が継起的に行われる。

(2) 到学校跑
　　　［学校に行ってから走る］

しかし、Vを"旅游""散歩"とした

(3) a. 他到南方旅游。
　　　［彼は南方に旅行に行く］
　　b. 他到公園散歩。
　　　［彼は公園に散歩に行く］

においてはLに至ってからVで示される移動が始まるわけではない。ここでは意味的には、家を出た時点から（つまりLに至るまでに）既にその移動という行為は進行しているにもかかわらず"到＋L＋V"形式をとることができる。もっともここでは着点Lにおける行為がメーンのものとして認識されているため、形式的にはLを行為の行われる場所とした

(4) a. 他在南方旅游。
　　　［彼は南方を旅行する］
　　b. 他在公園散歩。
　　　［彼は公園で散歩する］

という"在＋L＋V"形式による表現も可能である。しかし"旅游""散歩"は移動に主眼を置いたものではなく（つまり「常に移動を伴うわけではない」ということ）、一連の行為を指し示すものであり、その点でこれらは動作動詞（厳密には、これは移動動詞の上位概念に当たる）として、移動動詞とは区別される。

3.1.2. 「方向性」について

まず、方向性についてみる。

方向は、話者および上下・内外などの空間的基準点との位置関係によって定義される。主体の移動方向を含む動詞としては次のようなものが挙げられる。

(5) ① 来、去
   ② 上、下、登、掉、沉 ……
   ③ 进、出、过、回、到、离开、走₂［去る］……

こうした動詞の表す方向性をみると、①の"来、去"は話者の視点をどこに置くかによってどちらを用いるかが定まるという点で主観的な方向を表している[1]。これに対して②③はある基準点との位置関係であり、客観的にその方向が定められる。さらに②には"登"であれば［＋上］のように、各動詞固有の絶対的方向が含まれている。

移動動詞の自立性に関しては、方向を表すものを単独で述語に用いると、成立しないケースが多くみられる[2]。この場合、方向補語を付加することになる[3]。

(6) a. *太阳都下了。 → 太阳都下去了。
        ［太陽がすっかり沈んだ］
    b. *太阳都上了。 → 太阳都上来了。
        ［太陽がすっかり昇った］
    c. *太阳已经升了。 → 太阳已经升起来了。
        ［太陽はもう昇った］

3.1.3. 「様態性」について

次に、様態性についてみる。移動の様態を「移動に伴う手足の動きなど、移動と直接関わる付随的な要素」とすると、その様態が含まれている移動動詞として次のようなものが挙げられる。

(7) 走₁［歩く］、跑₁［走る］、游、飞、滚、滑、流、爬［這う］……

これらの動詞自体には方向性は含まれてはおらず、後ろに直接着点をとることはできない。

（8）＊走教室来　→　走进教室来　［＋方向性］
　　　　　　　　　　　　　［（歩いて）教室に入る］
方向性を含む動詞が付加された
　　（9）a.　走着去
　　　　　　　［歩いて行く］
　　　　b.　游着过去
　　　　　　　［泳いで渡る］
のような形は、移動の手段・方式を表す
　　（10）a.　开着汽车去
　　　　　　　［車を運転して行く］
　　　　b.　骑着自行车过城
　　　　　　　［自転車に乗って町へ行く］
などと平行するものであり、[4)]（7）の語彙は移動を生じさせる実際の動きを伴う様態を表しているにすぎない。中には"爬山"や"爬树"における"爬"のように、目的語との結び付きによって［＋方向性］となるものもあるものの、この場合でも明確な方向義とは相容れない。
　　（11）＊爬山顶　→　爬到山顶／爬上山顶
　　　　　　　　　　　　［山頂に登る］
　　また様態移動動詞は「行く、帰る、入る」などの方向を表す移動動詞とは異なり、語彙的意味自身の中に終了限界点がないという点で、「持続性」を有しているといえる。そのために、形式的には次のように（複合動詞の形をとらずに）単独で中間経路表現を構成することができる。
　　（12）a.　走草地
　　　　　　　［草原を歩く］
　　　　b.　在天空中飞
　　　　　　　［空中を飛ぶ］
ここで表現される事象のアスペクトタイプは継続相（durative）であるため、次の（13a）のように持続を表すアスペクト助詞"着"をとることができ、また（13b）のように数量表現を用いて（経路上での）継続距離（あるいは時間）を表すことができる。

(13) a. 在马路上跑着
　　　　［通りを走っている］
　　 b. 在地上爬了一百米
　　　　［地面を100メートル這った］

このように、様態移動動詞は［－方向性］［＋持続性］という意味特徴をもつ。
　そして述語を構成する際には、中国語ではしばしばこの様態も表現されることになる[5]。

(14) a. 从楼上走下来
　　　　［2階から（歩いて）下りてくる］
　　 b. 爬上楼梯
　　　　［（歩いて）階段を上る］
　　 c. 汽车开过桥
　　　　［車が（*運転して）橋を過ぎる］

こうした様態を表す部分は必ずしも余剰成分であるわけではなく、統語的に必要とされるものも存在する。

(15) ??出教室　→　走出教室
　　　　　　　　　［教室から出る］

様態移動動詞とLの間に第3.1.2節でみた方向を表す動詞を付加すると、全体の意味はその方向を表す動詞によって規定されることになる。

(16) 走路［道を歩く］【中間経路】
　　　　　　　→　走回刚走过的路［さっき歩いた道に戻る］【着点】

後者は「今来た道を戻る」という中間経路の意味を表すことはできない（鵜殿1987：252参照）。

3.2. Lの意味役割

3.2.1. VLの表す意味

　ここではVLにおける動詞と場所の意味関係について考える。
　移動はVL形式、あるいは介詞や補語などを用いた形式によって表現され

る。

(17) a. 回南京 → 回到南京
   [南京に戻る]
 b. 走小道 → 在小道上走
   [小道を歩く]
 c. 经过赤道 → 从赤道经过
   [赤道を通過する]

《动词用法词典 8 − 9》

"V＋到＋L"（以下"V 到 L"と記す）や"从＋L＋V"形式などでは、「"V 到"は『着点』を伴う」「"从"は『起点・経過する地点』を表す」というように各々の意味が確定される。[6] しかし、VL形式においては次のようにVとLの結び付きが起点・中間経路・着点のどの段階を表すかは、各動詞固有のものである。

   【起点】：下飞机、离开重庆
 【中間経路】：过桥、走楼梯、穿胡同
   【着点】：到北京、跳海

しかし、Lの意味役割が一義的なものがある一方で、同一の動詞であっても、Lにくるものによって V との関係が変わる場合がある。

(18) a. 下$_1$ ［〜から下りる］
   下车、下楼、下台阶   Lは【起点】
 b. 下$_2$ ［〜に下りる］
   下地、下水   【着点】
 c. 下$_3$ ［〜を下りる］
   下坡   【中間経路】
(19) a. 跳$_1$ ［〜から飛ぶ］
   跳楼   【起点】
 b. 跳$_2$ ［〜に飛ぶ］
   跳台阶上、跳沙坑里   【着点】

　　　　c. 跳₃ ［〜を飛ぶ］
　　　　　跳水沟　　　　　　　　　【通過点】
　(20) a. 他跑遍了各个商场。
　　　　　［彼は各マーケットを全て駆け回った］
　　　　b. 他跑遍了广州。
　　　　　［彼は広州中を駆け回った］

(20a)は「マーケットからマーケットへ」という起点と着点とを繰り返し結んだ移動であり、これは線的な広がりから(20b)のように場所化していく。

　また、方向動詞をさらに付加することにより、VL形式の意味の可能性が広がる（前述例(16)もあわせて参照）。

　(21) a. 跳河　［川に飛ぶ］【着点】
　　　　　→ 跳过河　［川を飛び越える］【通過点】
　　　　b. 上₁山　［山を登る］【中間経路】
　　　　　→ 上₂山去　［山に行く］【着点】

(21b)では"去"の付加により、動詞"上"の意味に変化（つまり"上₁"［登る］→"上₂"［行く］）が起こっているが、Lが"街、北京"などの場合には同じ意味を表すことができる。

　(21)′b. 上₂街　＝　上₂街去
　　　　　　［街に行く］

3.2.2. Lに対する意味解釈

　もっとも、このような移動の各段階を表す区分は連続的なものであるが故に、複数の解釈が可能である。例えば

　(22) a. 走上了台阶儿
　　　　　［石段を上った］
　　　　b. 爬上了树
　　　　　［木に登った］

鵜殿1987：252はこの二例のLについて「通過点とも到達点とも解釈できそうだ」としている。

また"从"は起点と通過点のいずれをマークする場合にも用いられる。

 (23) 阳光从窗口射进来。
   ［日の光が窓から射し込んでくる］

これは部屋の中からの描写だが、ここでは太陽から窓までの過程は視野に入っておらず、窓が起点の如く捉えられている。これは現実の現象に基づくと通過点と解釈されるところである。つまり通過点として捉えるか起点として捉えるかということは、その通過点に至るまでの部分をスコープに入れるかどうかということである。また

 (24) 气球升到了半空中。
   ［気球が空中に昇った］

この例では"到"が用いられてはいるものの、"半空中"は無限定（unbounded）の連続体として認識され、着点と中間経路が中和されている。[7]

3.2.3. VLのイディオム化

多種の意味関係を有するVL形式は、VとLの関係が自由な結び付きから成り立っているもの以外に、両者の意味が特定化した結果、イディオム化しているケースが多くみられる。例えば"下地"の"地"はただの地面ではなく農地を指し、従って全体は「野良仕事に出る」という意味になる。VL形式は介詞フレーズと等価のものではなく、介詞・補語などを用いた形式に書き換える際には、通常「Lの場所化」「方向の付加」といった統語的な操作が必要となる。

 (25) 过桥［橋を渡る］
    → 从桥上过去［橋の上を通り過ぎる］

これに伴いVL形式で表されるイディオム的な意味が、実質を伴った総和的な意味へと移行する場合もある。例えば

 (26) a. 下地［野良仕事に出る］
    → 下到地上［地面に下りる］
   b. 跳河［川に身投げする］
    → 跳进河里［川に飛び込む］

c. 跑码头［港町で商売して回る］
→ 在码头上跑［波止場で走る］
d. 走冤枉路［無駄足を踏む］
→ *在冤枉路上走

(26d)においては"冤枉路"が具体的な形を有する道ではないため、介詞フレーズを用いた"在〜上"の形では成立しない。[8]

3.3. 着点と方向

VL形式において、Vに第3.1.2節でみたような方向性を含む"回、去、上、到……"などを用いることにより、移動主体の着点への到達を表すことができる。しかし、"到"［着く］のような着点指向の移動動詞を除いて、移動方向の表現が必ずしも着点への到達を含むものではない。例えば"回家"は"回到家"とすることにより、着点への到達が明確となる。ここでは着点と方向についてみてみる。

着点と方向はそれぞれ"到""向"などを用いて表される。

(27) a. 跑到火车站
　　　［駅に走っていく］
　　b. 向火车站跑
　　　［駅の方へ走る］

(27b)の"向"は着点が必ずしも駅であるとは限らないという意味で単なる方向を表しているにすぎない。また、Lが明確な到達区域を想定できない空間であっても、着点と方向の区別は保持されうる。例えば、(28)では"前边儿"の指し示す領域が異なる。

(28) a. 跑到前边儿
　　　［前に走っていく］
　　b. 向前边儿跑
　　　［前の方へ走る］

(28a)では

(28)′ a. 跑到（楼房的／小王的）前边儿

　　　　　　　[（建物の／王さんの）前まで走る]
のように前提とされているある着点の側の前方を指しているのに対し、(28b)
では移動主体の漠然とした前方一帯を指している。(28a)ではあくまで特定
の領域に到達しているのである。また次の(29)において
　　(29) a.　退到后边儿
　　　　　　　[後ろに下がる]
　　　　 b.　向后边儿退
　　　　　　　[後ろへ下がる]
それぞれに「さらに」を意味する副詞"再"を加えると
　　(29)′a.　*再退到后边儿
　　　　 b.　再向后边儿退（実際は"再向后退"という表現が多用される）
　　　　　　　[もっと後ろへ下がる]
となって(29a)′は成立しない。(29a)では当事者の頭の中に想定された着点
位置に、既に達しているからである。
　"向"は一般に方向を示すが、
　　(30)　这条河流向大海
　　　　　　[この川は海へ流れている]
のような場合にはLが方向の延長線上の当然の着点として認識されるため
　　(30)′这条河流到大海
　　　　　　[この川は海に流れている]
との差異は曖昧になる。同様の理由により"开往北京""飞向上海"なども（ルー
トが定まっていることもあり）Lを着点とみなすことができる。
　このような、方向の先に意識される着点について考えてみると、例えば
　　(31) a.　沙子沉盆底了。《人机通用　现代汉语动词大词典 119》
　　　　　　　[砂がたらいの底に沈んだ]
　　　　 b.　硬币沉（到）海里了。
　　　　　　　[硬貨が海の中に沈んだ]
(31a)の"盆底"は着点である。(31b)の"海里"は着点のようにみえるが、
現実には中間経路である。そして硬貨が視界から消えているにもかかわらず、
（重力という知識を背景にして）当然そこに至るものとして海底という着点が

暗に示されうる。「山に登る」という行為も最終的な着点として山頂が想定できる。しかし、動目関係にある"爬山"における"山"は「ふもと ─ 途中 ─ 山頂」という過程的側面をプロファイルしたものであり、

 (32) 今天我们爬山了。
   ［今日私たちは山に登った］

には「山に登ったが途中までしか登らなかった」という可能性も存在する。これに対し、

 (32)′ 今天我们爬<u>上</u>山了。
   ［同上］

では頂上まで達している。つまり方向性を有する"上"が着点指向であるため、(32)′は結果的側面が焦点化された"爬上山頂"と同義になる。

3.4.　様態移動動詞と着点の関係

3.4.1.　英語・日本語・中国語における様相

 ここでは様態移動動詞と着点との関係についてみてみる。

 移動という出来事を構成する要素について、宮島1984は「移動について動詞でなにをいわなければならないかということは、(中略)その言語にとって、いっそう本質的であろう」(467頁)と述べている。移動の諸要素を文のどの要素によって表現するかは各言語によって異なる。例えば日本語と英語の移動動詞を比べたときに、前者は方向性を重視し、後者は様態を重視するという対立がみられる。「歩き方」を例とすると、英語では速度や様態は1つの動詞に組み込まれている（第1章参照）。

 (33) a. amble
     ［ゆっくりと歩く］
   b. toddle
     ［よちよち歩く］
   c. ramble
     ［ぶらぶら歩く］

中国語でも"踱"［よろよろ歩く］のように様態が含意された語も存在はするものの、一般にはそうしたものを日本語や中国語で表そうとすると、副詞的要素を加える必要がある。

そして着点に関する問題については、様態移動動詞が用いられた場合、英語と日本語の間で明確な差がみられることはしばしば指摘される（前述第1.4節もあわせて参照）。

　　(34)　英語：He ran to the station.
　　　　　日本語：?彼は駅に走った。

英語では様態移動動詞はto句と共起することから中間経路に加えて着点までも表しうるが、日本語では「駅に走っていった」のように複合動詞で表現しなければならない。日本語の様態移動動詞は「地を這う」「坂を転がる」のようにヲ格によって中間経路はとれるものの、通常はニ格の着点句と共起しないことから中間経路をカバーしているにすぎない。従って、日本語では方向性を付与するための形態的な合成（複合）という操作（つまり「行く」「入る」などの付加）が必要となるのである。また距離表現についても

　　(35)　He ran 500 meters to the station.　《影山1996：106》

この英語の文が表す意味は「500メートル走って、駅に着いた」であるのに対し、日本語の「駅へ500メートル走った」では走った距離が500メートルなのであって、駅には到達していない。このように英語では特定の語彙形式を明確な形で表現しなくても済むことに関して、影山1996は「英語では語彙概念構造（引用者注：意味構造のレベル）において『移動』と『結果位置』を合成する操作が働いている」（118頁）と分析している。

　中国語の様態移動動詞は、"去、進"などを用いた場合とは異なり、通常VLの形で着点句をとることができない。

　　(36)　a.　*他跑₁学校了。
　　　　　　　［?彼は学校に走った］
　　　　　b.　*他游対岸了。
　　　　　　　［?彼は対岸に泳いだ］
　　　　　c.　*他走教室了。
　　　　　　　［?彼は教室に歩いた］

こうしたものは"到"あるいは方向補語を用いて方向性を付与することにより、着点と結び付けることができる。

(36)′ a. 他跑到学校了。
　　　　　［彼は学校に走っていった］
　　　b. 他游到对岸了。
　　　　　［彼は対岸に泳いでいった］
　　　c. 他走进教室了。
　　　　　［彼は教室に（歩いて）入った］

ここでは形態的な複合動詞の形が用いられている。

"V到L"形式とは、未完了相である様態移動動詞と完了相である"到"の合わさった、つまり、「移動」という行為と「到達」という結果を組み合わせた複合事象である。例えば冒頭の第3.1.1節で挙げた動詞"散步""旅游"についても

(37) a. 我昨天散步到了公园。
　　　　［私は昨日散歩して公園まで行った］
　　 b. *我上个月旅游到了中国。

(37a)は散歩が公園に着くまで持続して行われている。(36b)の"旅游"ではこうした事態は不可能であり非文となる。また、持続の部分は次のように副詞"一直"などを用いて引き出すこともできる。

(38) 他一直跑到火车站。　→　他一直跑 ＋ 他到火车站
　　　［彼はずっと走って駅に着いた］

つまり"到"が様態移動動詞の表す持続性に終結点を与えているのである。

また中国語では英語（例(35)）のように移動距離と着点という2つの事柄を凝縮して言い表すことはできず、

(35)′ 他跑了五百米跑到火车站。

のように移動とその終了をそれぞれ切り離された事態として表現する必要がある。

"V到L"の"V"と"到L"は別個の段階の動作を表す。そのことは、

(39) 走楼梯到一层
　　　［階段を通って1階に行く］

のように間に中間経路を挿入できることからも明らかである。そこで、順序を入れ替えて

 (40) 跑到 L［走って L に至る］
    → 到 L 跑［L に至ってから走る］（例（2）参照）

のようにすると、移動の発生順序も変わる。

3.4.2.　様態移動動詞＋着点

到達を表す形式"V 到 L"あるいは存在場所を表す形式"V 在 L"は、"到""在"が落ちた"放桌子上""坐椅子上"といった VL 形式での表現が可能である。移動動詞でも（主として口語では）着点に関する語はしばしば省略されるという現象がある。

 (41) a. 爬（到）山顶
    ［山頂に登る］
  b. 掉（到）地上了
    ［地面に落ちた］
  c. 爬屋里（去）《动词用法词典 525》
    ［部屋の中に這っていく］

そしてこのことは次のような目の前で起こった出来事を描写するのに用いられた様態移動動詞にも当てはまり、その結果、直接着点句を目的語にとった形（VL 形式）になる。

 (42) a. 皮球滚马路中间（了）《沈阳 1998：248》
    ［ゴムまりが道の真ん中に転がった］
  b. 滚沟里了《动词用法词典 316》
    ［溝に転がった］
 (43) a. 一只麻雀飞屋里了。《动词用法词典 261 改》
    ［1 羽のスズメが部屋の中に飛んでいった］
  b. 燕子飞（到）竹林里了《袁毓林 1998：38》
    ［ツバメが竹林の中に飛んでいった］
 (44) 蚂蚁爬洞里了。《动词用法词典 525 改》

　　　　［アリが穴の中に這っていった］
（45）　鱼游深海里了。
　　　　［魚が深海に泳いでいった］
（46）　眼泪流嘴里了。
　　　　［涙が口の中に流れ込んだ］
（47）　他滑水里了。
　　　　［彼は（坂などから）滑って水に落ちた］

様態移動動詞は［−方向性］［＋持続性］という意味特徴をもっており、"V到L"形式における"到"がそれに到達という方向性を付加し、かつ持続に終了限界点を与えたがために（「完結性」の付与）、着点句をとることができた。この"到"などがないために、着点を示せないものがある一方で（例（36））、（42）〜（47）のように"到"なしでも着点を示せるものもみられる。後者においては"中間、里"などによる、Lの側からの具体的な方向付けがなされている。さらに（36）とは異なり、移動そのものは比較的短時間のうちに、表現者の眼前で完結している。つまり着点への到達は確認できるのである。この点は文末の語気詞"了"による事態発生の確認ということとも関連している（例文ではいずれも"了"が必要）。このように「方向性」と「完結性」が付与された結果、様態移動動詞であっても直接着点句をとることが可能となる。

　先に"跑"が「走る（跑₁）」という様態移動動詞としては着点句をとれないことをみたが（例（36a））、次のように「逃げる（跑₂）」「奔走する（跑₃）」という意味では着点をとることは可能である。

（48）　a.　他跑₂关外了。《动词用法词典 540 改》
　　　　　　［彼は東北に逃げた］
　　　b.　他跑₂亲戚家了。《动词用法词典 540 改》
　　　　　　［彼は親戚の家に逃げた］
（49）　我是一名出租车司机，经常要跑₃火车站，跑₃机场等地。
　　　　［私はタクシーの運転手だ。いつも駅や飛行場などへと駆け回っている］

（48）（49）の動詞が表しているのは具体的な様態ではない。《动词用法词典》（540頁）には"跑₂"の用例として"跑树林里了"が挙がっているが、これを

用いた次のような文の容認性についてはインフォーマントによって可否が分かれた。

　　(50)　?兔子听见声音，就跑树林里了。
　　　　　［ウサギは物音を聞くと、すぐに林の中へ逃げてしまった］

これは、この表現の「逃げる」という行為から、実際に「走っている」という様態が容易に連想されうるからであろう。すなわち不成立とする者は"跑₁"の要素を強く読み取っているのである。

移動様態を表す"爬"［這う］は"山、树、绳、云梯、墙"などと結び付くことにより、方向性を含むようになる。つまりVLの形をとることができる。その場合には必ずしも具体的に手足を使う動作ではないものの、様態はイメージとして表現されている。

　　(51)　a.　爬树
　　　　　　　［（手足を使って）木に登る］
　　　　　b.　爬上楼梯
　　　　　　　［（ゆっくりと）階段を上る］

3.5. まとめ

本章では主として移動動詞と着点との関係についてみた。そして、本来着点表現とは相容れない様態移動動詞を用いた場合、「L＋方位詞」や"了"によって「方向性」「完結性」の意味を付与するという手段により、直接着点句をとれるようになることを示した。

同じ動詞であっても語義により（例："跑₁〜跑₃"）、またLとの結び付きにより（例："爬＋L"）様態が認識されるかどうかが異なり、その差異がVL形式の成立の可否に影響するといえる。

注
　1)　"The road goes from Tokyo to Osaka." および "The road goes from Osaka to Tokyo." においては物理的な移動は関わっておらず、その方向性は話者の視点あるいは主体的解釈による。このような同一対象に対する異なる概念化の例として、視線ヴェクトルの方向の違いによる「上り坂」—「下り坂」や、その機能を方向

に基づいて区分した「入口」―「出口」などが挙げられる。
2) 方向を表す移動動詞のうち"进、出、回、过"は単独では使いにくく、"进来、进去"における"来、去"はfree formにする働きもしているという点については、荒川1989：13に記述がみられる。
3) (6c)や"浮上""沉下去""掉下去"などは意味の似通った語が合成されたものであるが、方向補語を付加することによって、移動の過程［＋動き］が表されるようになる。次のbでは"下去"があるために過程が表される。
　　a. 我的笔掉了。【結果】
　　　［私のペンが落ちた］
　　b. 我的笔掉下去了。【過程】
　　　［私のペンが落ちていった］
従ってbでは起点"从三楼"などを用いてその移動距離を表すことができるが、aでは用いることはできない。
　　a'. *我的笔从三楼掉了。
　　　［私のペンが3階から落ちた］
　　b'. 我的笔从三楼掉下去了。
　　　［私のペンが3階から落ちていった］
4) この"开车""骑车"について、その操作行為自体が（動力による）移動につながることは速度に関する状語を付加して"慢慢地开车""慢慢地骑车"といえることからも窺える。
5) 次のような場合には、命令文という語用論的な制約もあり、様態に言及する必要はない。
　　*就要上课了，你们快走进教室吧。
　　　→ ～，你们快进教室吧。
　　　　［もうすぐ授業だ。君たち早く教室に入りなさい］
6) 次のような例においては介詞がなくても、方位・方向・場所を表す語が状語として機能している。
　　【起点】：
　　　他哪儿来的？ ― 他是杭州来的。
　　　［彼はどこから来たの？ ― 杭州から来たんだ］
　　【方向】：
　　　ⅰ）起点指向的方向
　　　　a. 太阳东升
　　　　　［太陽が東から昇る］
　　　　b. ～远远的来了一队武装的警察。《老舍「骆驼祥子」255》
　　　　　［遠くから武装した警察の一団がやって来た］
　　　ⅱ）着点指向的方向

　　　　　a. 太阳西沉
　　　　　　［太陽が西に沈む］
　　　　　b.（往）左拐
　　　　　　［左に曲がる］
　　　　　c.（往）后退
　　　　　　［後ろに下がる］
　　　　　d.（往）下跳
　　　　　　［下に跳ぶ］
 7) このことは池上 1993：44 にみられる次のような記述に相当する。
　　　「移動の〈目標〉となるものが明確に限定された輪郭を有する〈固体〉として概念化されなくなるにつれて，移動は完結性を失わない，〈連続体〉として概念化される移動の〈目標〉は，次第に移動の〈経路〉として概念化されるようになる．」
 8) 動詞 "走" は中間経路である "大街" などと結び付くが，"走路" における "路" は情報量の低い "同源宾语" の類である。従って
　　　螃蟹怎样走路？《现汉语八百词 653》
　　　［カニはどのように歩くのか］
　　　における "路" は形骸化しており、介詞を用いた次のような形にはできない。
　　　??螃蟹在路上怎样走？
 9) もっとも、この "踱" も
　　　倒出四五粒，慢慢地踱到中门前。《曹禺「蜕变」381》
　　　［(瓶を)逆さにして(薬を)四五粒出し、のろのろと中央のドアの前へやって来る］
　　　にみられるように "慢慢地" のような状語を付加できることから、この動詞自体が様態性を明確に含むものではないといえる。
10) この日本語の表現を容認する者もいるが、その場合には「駅の方に歩いた」という「方向・方角」としての読みであり、「到達」の意味ではやはり不自然となる。
11) 「駅まで走った」だと成立するが、これは「まで」が着点というより、到達範囲を表しているためである。すなわち、移動が動作の過程として捉えられ、経路上の限定された移動範囲は、行為が（持続的に）行われた場所として解釈されることになる。
12) 影山 1996：102 参照。
13) 動詞 "飞" が着点と結び付いた "飞北京"［北京に飛ぶ］は成立するものの、目的語は地名に限られるなど、フリーな結び付きではない。影山 1996 は日本語の「大統領はパリに飛んだ」という表現について、「『飛ぶ』が『急いで行く』という意味に変化しているように思える」(99頁)としている。このように移動とい

う（客観的な）事実を表してはいるものの、気持ち・態度の方に焦点が当たっているものに"奔电影院"［映画館に急ぐ］や"赶火车"［列車に間に合うように急ぐ］などがある。
14) 様態移動的側面をもつ動詞"跳"がVLの形で着点を表せる（例（1a）（19b））問題についていえば、その移動を引き起こすのは主体の意志であるものの、移動自体は重力に支配される。その意味で"跳"は、方向性を含む"下、掉"などと通じるところがある。従って、着点句をとれるものと思われる。
15) 例（45）における着点は、視界から消えたことからの連想による。例（31b）参照。

第4章 "V＋到＋L"形式と"V＋在＋L"形式

4.0. はじめに

"V＋到＋L"形式（以下"V到L"と記す）は動作主体あるいは対象がその動作（V）を通して、ある場所（L）に到達することを表す。

（1）〔丁大夫读完，把信一团，扔到桌上，厌恶地长嘘一声。

丁　昌　　我听说你要走。

丁大夫　　哪个告诉你的？

丁　昌　　（随手拿起那团纸，又扔到桌下纸筐内）是不是为着这个医院太黑暗了。

《曹禺「蜕变」271》

〔（丁先生は読み終えると手紙を丸めて机の上に投げて、うんざりした様子で長いため息をついた）

丁　昌　　出ていくつもりなんだって？

丁先生　　誰が言ったの？

丁　昌　　（無造作にその丸められた紙を取り上げて、また机の下の紙くずかごに投げ捨て）この病院には闇の部分が多すぎるからなの？〕

（2）他百无聊赖地翻着一本大字典，又百无聊赖地把字典合上，放到一边。

《「读者1996」18》

〔彼はどうにもやるせなく1冊の大字典をめくり、また退屈そうに字典を閉じると、傍らに置いた〕

これらの例文中の"V到L"を"V在L"と変えても、その表す意味はほぼ同じである。

（1）′～又扔在桌下纸筐内

（2）′～放在一边

これは"V在L"にも動作の着点を表す用法があるためである。

　本章においては"V到L"の表す意味について、それを構成するVの語義特徴に留意しつつ、"V在L"との比較を通して、主にそれぞれの表す「動態義」「静態義」という観点から考察を試みる。あわせて"V到"の表す意味についても考える。

4.1. "V到L"の表す意味

4.1.1. "V到L"の表す移動

　Vが"走、跑、飞、流、逃……"（以下"V_1"と略す）など主に主体の移動時の様態を表すものであるとき（"逃"は一種の状況説明）、"V_1到L"はV_1という動作を経た結果、Lに到達したことを表す。

　　（3）　许宁和小崔跑到院子里放起鞭炮；《杨沫「青春之歌」107》
　　　　　［許寧と小崔は中庭に走っていくと、爆竹を鳴らし始めた］
　　（4）　～逃到数千里外的一个异乡。《曹禺「蜕变」174》
　　　　　［数千里も離れた異郷まで逃げた］

V_1自身は、方向性に関しては中立である。着点を表す"到"と結び付くことにより、その方向が明確となる。

　"抱、扛、背……"（以下"V_2"と略す）などは動作主体の（手を使っての）対象に対する働きかけを表す動作動詞であるが、"V_2到L"とすることにより、その対象を伴った動作主体の移動を表すようになる。

　　（5）　把行李抱到屋里《动词用法词典33》
　　　　　［荷物を抱えて部屋に運ぶ］
　　（6）　把粮食扛到房间里
　　　　　［穀物を担いで部屋に運ぶ］

このV_2という動作は、移動の間継続される。このことは（5）（6）の"把O＋V_2到L"（Oは対象）を"V_2着O＋到L"と変換できることからも明らかである。

　　（5）'　抱着行李到屋里

（6）′扛着粮食到房间里

また、先にみた（3）（4）を"V_1在L"を用いて書き換えることはできない。

（3）′＊许宁和小崔跑在院子里放起鞭炮

（4）′＊〜逃在数千里外的一个异乡

"V_1在L"という形が成立する場合には、Lが表すのは方向性を伴わない中間経路となる。

（7）走在东华门小吃夜市可以发现,这百八十个小摊儿后面没几个北京人。
　　　　　　　　《「北京晚报1996」9/26》（≠走到东华门小吃夜市可以发现）
［東華門の軽食の夜市を歩いていると、この百足らずの露店の後ろには北京人がほとんどいないことに気付く］

（8）（跑在道旁，跳跃欢呼）火车！火车！火车来了。
　　　　　　　　《曹禺「原野」29》（≠跑到道旁）
［(道の端を走りながら、飛び跳ね、歓喜の声をあげて) 列車だ！列車だ！列車が来たぞ！］

"V_1到L"においては、V_1という動作が完了した結果、主体が到達した地点としてLが示される。しかし（5）と（6）の"V_2到L"というのはV_2が実現すると同時にその動作の持続という状態に入り、そのまま対象を伴った主体の移動（S＋O）が始まる。つまり、V_2自体は着点Lとは直接関係のあるものではなく、"V_2到L"においては「V_2＋移動」という2つの過程が表されているわけである。そしてここでは、"V在L"とすることができない。

（5）″＊把行李抱在屋里

（6）″＊把粮食扛在房间里

これは（3）（4）の場合と同様、主体の移動を伴うからである。しかし、Lを身体の一部を表す語句にすると対象のみの移動となり、"V_2在L"は成立するようになる。

（9）　把行李抱在怀里（→抱到）[1)]

　　　［荷物を懐に抱える］

（10）　把粮食扛在肩上（→扛到）

　　　［食糧を肩に担ぐ］

この場合、V_2という動作の完了点がすなわち対象の移動の着点であり、かつ

存在場所でもあるため、"V₂到L""V₂在L"いずれの形も成立する。これは、例えば"拾""抓"という動詞では、その手で行う動作の遂行と同時に対象が手の中に移動・存在する形となるため両形式が成立するのと同様のことである。

(11) 拾在手里《动词用法词典654》（→ 拾到）
　　　［手に拾う］
(12) 把笔抓在手里《动词用法词典930》（→ 抓到）
　　　［筆を手につかむ］

4.1.2. 動態義・静態義

一般に"V到L"は到達（動作の過程）に、"V在L"は存在（状態）に焦点が置かれたものだとされる。つまり、その動作によって生じる事態のどの局面を取り立てて表現するのかという点において、両形式には「動態義 — 静態義」という意味的な対立がみられる[2]。例えば

(13) a. 我把钱都锁到抽屉里了。
　　　　［私はお金を全て引き出しにしまって鍵をかけた］
　　 b. 我把钱都锁在抽屉里了。《汉语动词 — 结果补语搭配词典366》
　　　　［私はお金を全て鍵をかけて引き出しに入れておいた］

(13a)は「お金をどうしたのか」という処置に対しての回答として、(13b)は「お金は一体どこにあるのか」という所在に関する回答として捉えることができる。ここでは動態義・静態義について考えてみる。

(14) 人群渐渐挤到马路边上，《老舍「骆驼祥子」254》（→ *挤在）
　　　［群衆は押し合いへし合いして次第に道にはみ出し］
(15) 他坐在椅子上一直没动。（→ *坐到）
　　　［彼は椅子に座ったままずっと動かない］

(14)は"渐渐"があることからも動態義が表されていることは明白であり、"挤在L"とすることはできない。一方、(15)では静態義が表されており、"坐到L"は成立しない。この場合には、例えば"以后"を用いて2つの事象に切り離すことにより、文は成立するようになる。

(15)′ 他坐到椅子上以后一直没动。

　　　　［彼は椅子に座ってから、ずっと動かない］

ここでは動態義から静態義への転換が起こっている。

　もっとも、"V 在 L"の形でも動態義は表しうる。

(16)　有人给她让了个位子，她便坐在炕沿上，由许多女犯人包围着她。

　　　　　　　　　　　　《杨沫「青春之歌」212》（→ 坐到）

　　　　［誰かが席を譲ってくれると、彼女はオンドルのへりに腰掛けた。大勢の女囚たちが彼女を取り囲んだ］

　そして、次のような対象の移動を表す文についても"V 在 L"の形は成立する[3]。

(17)　把麦穗拾在筐子里（→ 拾到）

　　　　［麦の穂を拾ってかごに入れる］

(18)　把苹果摘在筐里《动词用法词典 891》（→ 摘到）

　　　　［リンゴをもぎ取ってかごに入れる］

(19)　把水淘在盆里《动词用法词典 710》（→ 淘到）

　　　　［水をくんでたらいに入れる］

(20)　把面条捞在锅里（→ 捞到）

　　　　［うどんをすくって鍋に入れる］

(17)〜(20)にみられる動詞はV_2の"抱、扛"のような持続可能な動詞ではなく、それ自体は瞬時にして完結する主体の動作を表しており、"V 到"や"V 在"の形を用いることにより対象の移動先が示され、2つの異なった過程が表される。

　つまり"V 在 L"は静態義・動態義ともに表すことができ、動態義を表すときには"V 到 L"とすることができるといえる。次の例における"扔在地上"は（21a）では動態義を、（21b）では静態義を表している。

(21)　a.　书扔在地上了。《平井 1987：67》（→ 扔到）

　　　　　［本は地面に投げ捨てた］

　　　b.　书扔在地上呢。《平井 1987：67》（→ *扔到）

　　　　　［本は地面にほうってある］

平井 1987：67 の指摘にもあるように、動態義・静態義ともに表しうるVから

なる"V在L"は多義であるといえる。

このようなVとしては他に"插、放、挂、画、刻、貼、搁……"（以下"V_3"と略す）などが挙げられ、これらは通常

$$対象＋V_3＋在＋L$$

という形を用いて静態義を表すことができる。このとき"V_3在L"を"V_3到L"とすることはできない。

(22) 镜子挂在墙上。（→ *挂到）
　　［鏡は壁に掛けてある］
(23) 名字写在答卷上。（→ *写到）
　　［名前は答案に書いてある］

しかし、(22)(23)をこのままの形で命令文として用いると"V_3到L"も成立するようになるが、この場合には動態義を表すことになる。

(22)' 镜子挂在墙上！（→ 挂到）
　　［鏡を壁に掛けなさい］
(23)' 名字写在答卷上！（→ 写到）
　　［名前を答案に書きなさい］

ここでは発話者の意図が表されている。

以上のように、動態義とは動作主体のLに対する働きかけを捉えたものである。それが行為そのもの、あるいはそれに伴う主体（S）や対象（O）の移動として実現される。一方、静態義を表す場合には動きの過程は背景化され、その行為が発生した後の結果としての存在場所が問題となっている。これは例えば

　　　　　　　　　その結果
握在手里　　つかむ　→　Oは手のひらに接触（存在）している
坐在椅子上　座る　　→　Sは椅子の上に存在している

のように一連の出来事の発生順（自然な成り行き）として認識される動詞の意味の表す連続性に基づくものである。そしてこうした時間的な近接から、「原因 ― 結果」という関係が派生してくると考えられる。

4.1.3. 姿勢を表す動詞を用いた場合

"蹲、跪、躺、坐、站、停、住、睡……"（以下"V_4"と略す）など姿勢を表す動詞については"V_4到L"とすることにより、動作者がLに到着した後にV_4という動作を行う、またはその状態が始まることを表している。

(24) a. 站到前排（→ 到前排站）
   [列の前に行って立つ]
   b. 睡到里屋（→ 到里屋睡）
   [奥の部屋に行って寝る]

実例でみてみる。

(25) "主席说：'请专员讲话！'专员站起来走到主席刚才站着的地方，主席坐到专员刚才坐的那一位上。"《舆水1980：113》
   [議長が「専門員にお話をお願いします。」と言うと、専門員は立ち上がって議長が今まで立っていた所へ行き、議長は専門員が今まで座っていた席へ行って座った]

(26) "～我想你们的东房里东西不多,是不是可以叫他来这里住呢？"糊涂涂说："可以！住到咱家自然相宜,不过谁知道人家愿不愿到咱家来住？"《赵树理「三里湾」367》
   [「あなた達の東側の部屋に大して物はないんだし、彼をここによんで泊められるんじゃないの？」「いいよ。私たちの家に来て泊まってくれればちょうどいいんだけど、向こうがそれを望むかどうか分かるもんか。」と"大バカ"は言った]

(25)は"到专员刚才坐的那一位上坐下"、(26)は"到咱家住自然相宜"と変換できることからも、どちらも"到L"がV_4以前の実際の移動を表していることが分かる。これを"V_4在L"とすると、移動の過程は表現されず、単に移動後の状態にのみ焦点が当たることになる。例えば

(27) 不久以后人们发现,原来路西那家的一名"资深"服务员站到了路东那家的门里,而且,路西那家还贴出了"招聘服务员"的启事。
   《「北京晚报1996」9/26》
   [しばらくすると、元は道の西側の店の「古参」だった従業員が道の

東側の店の中に立っており、さらに、西側の店には「従業員募集中」
と貼り出してあるのに、人々は気付いた]

例(27)において"站到L"が表しているのも移動の過程ではあるものの、ここで強調されているのは「勤め先をかえた(鞍替えした)」という事実であり、ただ単にLに移動後に「立っている」という意味にとどまらない。これを"站在L"とすると、文字通り「立っている」姿勢を描写しているだけであって、これでは筆者がその行為を風刺しているといったニュアンスを伴うような修辞的効果は生まれないとインフォーマントはいう。

荒川1980：22は"躺、坐、蹲"などが実際に使われる場合には"V在""V着"のように［＋状態的］な接辞を必要とするbound formであることを根拠に、これらを一種の「状態動詞」とみなしている。また中川1990は動詞の意味する動作を『発生－持続－帰着－（結果の）存続』の4段階に分けた上で、こうしたVについて「『発生』地点と『帰着』点とが極めて接近して行なわれる動詞である」(231頁)としている。V_4自体持続の意味をもち、また"V_4在L"は動作者の存在場所を表しているわけであるから"V_4在L"は静態義を表すことになる。しかし、例えば"坐在椅子上"についてみてみると、その「座っている」という状態も中川1990の記述からも分かるように、「椅子」に至るまでの上から下への瞬間的な「座る」という動きを経た結果であることは明白である。V_4中の"蹲、跪、躺、坐"などの姿勢を表す動詞は"V_4到L"とすることにより離れた地点への水平方向の移動のみならず、その場での垂直方向(上から下へ)の移動をも表しうるわけであり、"到"を用いて方向性をもたせることにより、その動作の過程が強調されることになる。従って、状語が動作の過程を描写しているときなどには"V到L"の形が多く用いられる。

　　(28)　慢慢儿地坐到椅子上
　　　　　［ゆっくり椅子に座る］

"到"を用いることにより動作の方向が示され、立っている状態から腰をおろすまでの移動の過程が明確となる。とはいうものの、実際、口語ではこうした場合にもしばしば"V在L"の形は用いられる。

　　(28)′慢慢儿地坐在椅子上
　　　　　［同上］

第4章 "V＋到＋L"形式と"V＋在＋L"形式　75

つまり"坐在椅子上"が状態を表すのか、動作を表すのかはコンテクストによるといえる。こうしたことも"V在L"が動態義を表せることを支持する。

4.1.4. Lとの接触という概念

　ここでは着点としてのLと、存在場所としてのLについて考えてみる。先にみたように"V到L"が動態義を表すというのはVという動作の過程に焦点があり、"V在L"が静態義を表すというのは動作完了後の状態に焦点があるということである。

　(29)　a. 他把画挂到墙上。
　　　　　［彼は絵を壁に掛けた］
　　　　b. 他把画挂在墙上。
　　　　　［彼は絵を壁に掛けてある］

(29a)は「壁に掛けた」という動作者のそのときの1回きりの動作を描写しているだけで、その後の「絵」の状態は(29b)で表されることになる。従って次のような形も成立する。

　(29)′ b. 他把画挂在墙上一年了。（→ *挂到）
　　　　　［彼が絵を壁に掛けて1年になる］

つまり着点に達した動作主体もしくは対象は、その瞬間から必然的にLに存在するわけである。しかし動態義・静態義ともに表せるV_3とは異なり、V_1のような動作は移動自体に焦点があり、Lに到達すると同時にV_1という動作は完了し、その後の動作者の状態については問題となっていない。"V_1在L"が表すのも移動後の静態ではなく、移動の中間経路であった（例(7)(8)参照）。しかし、同じく主体の移動を表すためにV_1に属すると思われる"跳、蹦"などは、"V_1在L"を用いてその着点を表すことができる。

　(30)（跳到井石上，举起两手）啊，天哪！《曹禺「原野」138》（→ 跳在）
　　　　［（井戸の石の上に飛び上がって、両手を挙げて）ああ、何てこった！］

これは中間経路が空中となっていることが自明であることはもとより、着点Lにおいて主体とその面とが接触することによるものである。先にみた"V_2在

L"が、Lが身体の一部であるときに成立したのも、対象とLとが接触することによるものだと考えられる。

　Lとの接触という概念を用いて考えてみると、例えば"踢、砸、撞"などはLとの衝突（接触）の瞬間を捉えているのであり、衝突に至るまでの過程や持続を表すことはできない。このため"V到L"と"V在L"は同じ意味を表すことになる。

　（31）　撞到汽车上（→ 撞在）
　　　　［車にぶつかる］
　（32）　一锤子砸在脚上了《动词用法词典879》（→ 砸到）
　　　　［いきなり金槌が足にぶつかった］

　一方、"打［弾を打つ］、掉、溅、射"などについても上と同様にLとの衝突を表しており、"V到L""V在L"ともにほぼ同じ意味を表せるとはいうものの、インフォーマントによっては、やはり動態義・静態義の区別は存在するとする者もいる。

　（33）　快把裤腿儿卷起来吧，不然泥水都溅到裤子上了。
　　　　　　　　　　《汉语动词 — 结果补语搭配词典84》（→ 溅在）
　　　　［早くズボンのすそをまくり上げて。さもないと泥水が全部ズボンに跳ね上がるよ］
　（34）　子弹打到胸口上（→ 打在）
　　　　［弾が胸に当たる］

これは、これらのVについては動作の開始からLに達するまでは瞬間的であるとはいうものの一定の距離があり、その間を持続として捉えることができるからであろう。

　"集中、结合、拢、团结、组织……"（以下"V_5"と略す）などの動詞を用いた"V_5＋到＋一起"は、散らばっていた主体または対象がある一点に集合することを表している。

　（35）　把全部劳力集中到一起《动词用法词典353》（→ 集中在）
　　　　［あらゆる労働力を合わせてひとつにする］
　（36）　秦仲义　把本钱拢在一块儿，开工厂！《老舍「茶馆」15》（→ 拢到）
　　　　［秦仲義　元手を合わせて、工場を開こう！］

ここでの移動は抽象的なものであり、その過程を実際の動きとして捉えることはできない。また、本来着点義を表す語が置かれる位置にある"一起"が表しているのも状態であって、対象どうしが必ずしも互いに接触しているわけではない。こうした場合には"V_5＋到＋一起"と"V_5＋在＋一起"は同じ意味を表すことができるといえる。[4)]

4.2. "V 到"の表す意味

4.2.1. 範囲を表す"到"

"V 到"を用いて動作・行為の目的の達成および獲得の意味を表すことができる。

(37) 幸亏有了这个孩子，也使得我们夫妇学到了很多事情，能成为真正的大人。《「读者1996」19》（→ ?～也使得我们夫妇学了很多事情）
[幸いにもこの子がいてくれたおかげで、私たち夫婦は多くのことを学んで、真の大人になることができた]

インフォーマントはここでの"到"は省略しない方がよいという。これに対して、次の例文においては"到"は省略可能である。

(38) 我体会到了农民的辛苦。《动词用法词典726》（→ 体会了）
[私は農民の苦労がよく分かった]
(39) 一个月以后，我终于收到了他的回信。
《汉语动词 — 结果补语搭配词典95》（→ 收了）
[1ヶ月後に、私はついに彼の返事を受け取った]

これは (37)"学"は「学ぶ」という行為を表すだけで"学到"とすることにより「(学んだ結果)得るところがあった」という意味を表せるようになるのに対し、(38)"体会"はそれ自体で「身にしみてよく分かる」という意味合いを含んでおり、"到"が表しているのはその程度の深さであることによる。また (39) のように、"V 了"という行為の実現がそのまま目的の達成を表すことになる場合にも"到"は省略できる。

一般に単に"V 了"という形だけでも、行為の結果を含意することは可能で

ある。
　　（40）　今天我买了一本书。
　　　　　　［今日私は本を1冊買った］
ここでは数量詞があることもあり、本を「実際に手に入れた」ということまで含意されている。しかし、次のように何らかの前提がある場合には"买了"だけでは目的の達成まで含むことができず、"买到了"としなければならない。
　　（41）　*这本书我到处托人买，今天可买了一本。
　　　　　→ 这本书我到处托人买，今天可买到了一本。
　　　　　　　　　　　　　　　　　　　　　　　《刘月华等1983：330》
　　　　　［この本は、私が買っておいてくれるようあちこちで頼んであって、
　　　　　　今日やっと1冊手に入れた］
例えば"打听"や"找"などは"V了"という形自体では「尋ねた」「探した」という行為しか表しておらず、"V到了"とすることにより、その予期した目的である「分かった」「見付かった」という別の段階にまで達したことが示される。このようなVとして"猜、想、争夺"なども挙げられる。
　　（42）　流动红旗被他们争夺到了《动词用法词典911》（→ *争夺了）
　　　　　　［持ち回り優勝旗は彼らに争奪された］
しばしば指摘されるように、中国語の動詞自体は動作・行為を表しているだけで、目的の達成に関しては不問となっている。従って、

　　　V了，可是没V到

という形式も成立する。この形式において"没"が否定するのはその行為（V）ではなく、その目的の達成についてである。
　　（43）　你要的那本书我给你借了，可是没借到。
　　　　　　［?君が欲しがっていたあの本は、借りたけど、借りられなかった］
　　（44）　我看了，可是没看到。
　　　　　　［見たけど、見えなかった］
しかし以下の例においては"V到"となっているにもかかわらず、その結果は含まれていない。
　　（45）　几个大商场我都买到了，也没买着《动词用法词典490》

［大きなマーケットをいくつか回ってみたが、買えなかった］
(46)　他的下落，几方面我都打听到了，可是还没有结果。
　　　［彼の行方についていくつかの方面に尋ねてみたが、まだ分からない］
(47)　二春　娘子，看见二嘎子没有？
　　　娘子　怎能没看见？他给我看摊子呢？
　　　二春　给……这可倒好！我犄里旮旯都找到了，临完……不知道他得上学吗？
　　　　　　　　　　　　　　　　　　　　　　　《老舍「龙须沟」107》
　　　［二春　奥方、二嘎子を見なかった？
　　　　奥方　見なかったも何も、彼は露店の番をしてくれているわよ。
　　　　二春　えっ……やれやれ！私が至る所全て探したっていうのに、挙げ句の果てが……あの子が学校に行かなくちゃならないのが分からないの？］

ここでの"到"が表しているのは上でみたような目的の達成ではなく、範囲の広さである。従って、例文中の範囲を表す語（"几、都"など）がなければこれらの文は成立しない[5]。

(45)′＊大商场我买到了，也没买着
(46)′＊他的下落，我打听到了，可是还没有结果。
(47)′＊～这可倒好！我找到了，临完……

また次のような例においても"到"は省略可能とはいうものの、「全て」という範囲を強調する意味で、しばしば用いられる。

(48)　每个同志都要通知到《动词用法词典 750》
　　　［全ての同志に知らせなければならない］
(49)　该擦的地方都擦到了《动词用法词典 60》
　　　［拭くべきところは全て拭いた］

4.2.2. Lの有無

"买、捡、抓、娶……"（以下"V_6"と略す）などそれ自体で［＋獲得義］と

いう語義特徴をもっているものも、Ｖによっては時として行為のみを表す場合もある。そして"V_6到"とすることにより、確実にその行為の目的の達成まで含意されるようになる。"看、听、闻"など人間の感覚を表すものについても同様である。一方、これらの各動詞と反対の意味を表す"卖、扔、放、嫁……"（以下"V_7"と略す）は［＋放出義］という共通の語義特徴をもっているが、この場合"V_7到"によって示されるのは"V_6到"のような目的の達成ではなく、対象の行き先である。例えば

 （50） a. 我把书买到了。

    ［私は本を買った。］

    b. 我买到了书。

    ［同上］

(50a)(50b)の"买"（V_6）を"卖"（V_7）にすると、文は成立しなくなる。

 （50）′ a. *我把书卖到了。

    b. *我卖到了书。

このとき（50a）′にＬを加えることにより、文は成立するようになる。

 （50）″a. 我把书卖到了旧书店。

    ［私は本を古本屋に売った］

動作主体の立場から対象についてみてみると、"V_6到"においては「無から有へ」、"V_7到"においては「有から無へ」の変化として捉えることができる。"V_6到"が獲得の意味を表すのは、その移動先Ｌが動作者自身であることによる。このＬとしての動作者とは観念的なものであり、直接表示されることはない。とはいうものの、次のようにして帰属を表すことは可能である。

 （51） 我把书买到<u>手</u>了。

    ［私は本を手に入れた］

"V_7"についても"V_6"と同様、"Ｖ了"（例：我把书卖了。）という形で動作の完了を表すことはできるわけであり、"V_7到"とすることにより、その着点に言及する必要が生じてくるのである。しかし、同様に移動を伴うといっても"寄、运、飞、送、走"などのＶについてはＬの省略が可能となる。

 （52） 我把稿件寄到了北京。

    ［私は郵便で原稿を北京に届けた］

(52)′ 我把稿件寄到了。
　　　［私は郵便で原稿を届けた］
(53)　好容易走到了火车站
　　　［やっとのことで駅まで歩き着いた］
(53)′ 好容易走到了《现代汉语八百词151》
　　　［やっとのことで歩き着いた］

こうしたVによって引き起こされる移動というのは一定の時間続くものであり、"V了"という形だけでは移動するものが目的地に達したかどうかについては触れられていない。"V到了"とすることにより、主体あるいは対象が目的地に到着すると同時に、その動作も完了したことが示される。すなわち、"到"が「到着する」という実質的な意味を有しているわけである。一方、"卖"などのV_7の対象も結果的には移動しているとはいうものの、V_7という行為自体は非持続的なものである。"到"の表す「到達する」という意味は移動という持続状態の完了を表しているのであり、持続のないV_7を用いては表しえない。"V_7到"において"到"が表しているのは移動の方向であるにすぎない。従って、着点としてのLが明示される必要があるのだといえよう。

4.3.　まとめ

以上、"V到L"の表す意味について、主に"V在L"との比較を通して考察した。"V在L"は静態義・動態義の両方を表せるとはいうものの、それが全ての場合について当てはまるわけではない。例えば

(54)　柳条都快垂到湖面上了。
　　　　　　　　　　　　《汉语动词―结果补语搭配词典81》(→ *垂在)
　　　［柳の枝が垂れ下がってもうすぐ湖面まで届きそうだ］

ここでは"快～了"があることにより動態義が強調され、"V在L"の形は使えないなど先ずコンテクストによる制約がある。また本文中では触れることができなかったが、移動するものが主体・対象のいずれであるかということが"到""在"の使用の可否に影響すると思われる場合も存在する。

(55)　有的台阶太矮,水已灌到屋中,大家七手八脚的拿着簸箕破碗往外淘水。

《老舎「骆驼样子」194》（→ *灌在）
[石段があまりにも低い家では、既に水が家の中に流れ込み、皆ちりとりや欠けた茶碗を手に、水を外にくみ出すのにおおわらわである]

(56) 水已灌到瓶子里。（→ 灌在）
[水はもう瓶の中に入れた]

(55)では"V在L"は成立しないが、(56)では成立する。(55)では主語である「水」が「主体」の役割を果たしているのに対し、(56)では「対象」となっており、前者においてはより移動義を強く見出すことができる。

本章で扱ったVは主体あるいは対象の移動を伴ったものであり、動態の表す動作の過程というのは、その移動の過程であるということができる。しかし、それ自体動作性をもたず、非意図的な行為を表すVである"丢、失、忘"などについても

(57) 我也不知道丢到哪儿了《动词用法词典213》（→ 丢在）
[どこへ無くしてしまったのか私にも分からない]

(58) 我把钥匙忘到房间里了。（→ 忘在）
[私は鍵を部屋に忘れた]

"V到L"を"V在L"としてもその表す意味に大きな変化はみられないなど、単に動態義・静態義という概念だけでは解決できない部分もある。

注
1) 本研究では（→Z）（→*Z）によって、その例文中の該当下線部分がZによって置き換え可能・不可能であることを示す。また（→?Z）は置き換えると不自然になることを表す。該当箇所としては第4、5、6、7、9、10、11章。
2) ここでは動態義を「動作の方向またはその過程」、静態義を「動作後の動作主体あるいは対象の位置・静止状態」を表すものと定義する。
3) この記述については、丸尾1997：107の例(12)に関する部分を修正したものである。
4) 片刻的工夫，"蓝上衣"两手空空溜了出来，三个人凑到了一起。
《「北京晚报1996」9/24》（→ 凑在）
[しばらくして「青い上着」が両手に何も持たずにこっそりと出てくると、3人は一ヶ所に集まった]
この例文においては"溜了出来"に続く動作として「集まった」という移動の過程が強調されている。このように移動するものが具体的なものであり、その

過程を目にすることができる場合には、動態義・静態義の区別が存在しているといえる。
5) 例えば次の例をみると
　　　龚静仪　喂，你找什么？
　　　田奶奶　针，一盒唱话匣子的针！（又找<u>到</u>谢先生的桌上）
　　　谢宗奋　（烦躁）针，怎么会在这儿？
　　　　　　　　　　　　　　　　　　　　　　　　《曹禺「蜕变」221》
　　［龔静儀　ねえ、何を探してるの？
　　　田婆や　針よ、箱に入ったレコードの針！（さらに謝さんの机の上まで探す）
　　　謝宗奮　（いらいらして）針？ここにあるわけないでしょ］
ここでは具体的な範囲を表す語はないものの、場所を表す"桌上"があることにより、"找"という行為が（他の場所に加えて）机の上にまで及んだことが述べられている。そういった意味で、ここでの"到"も範囲の広さを表しているといえる。

第5章 "在＋L＋V"形式と"V＋在＋L"形式

5.0. はじめに

　一般に"在＋L＋V"形式は「LにおいてVという動作が行われる（事態が発生する）こと」を、"V＋在＋L"形式は「主体あるいは対象が、動作の結果Lに到達・存在すること」を表すとされ、動詞によっては両形式での表現が可能である。特に後者については、動態・静態という立場からの議論が多くみられるが（第4章参照）、動態とは進行する動作が引き起こす移動のことであり、静態とは静止状態にある存在のことであると解釈できる。本章では"在＋L＋V""V＋在＋L"両形式の成立の可否に、「移動義」「存在義」という概念が如何に関わっているのかという観点から考察する。

5.1. 先行研究およびその問題点

5.1.1. 基本的枠組み

　議論に先立つ"在＋L＋V""V＋在＋L"両形式の機能面での役割分担に関する基本的な枠組みとして、荒川2000を挙げておく。荒川2000：81－83では次のような区分がなされている（体裁は引用者による）。

　　a. "在〜V"でしか使えないもの：
　　　　　　ある場所においてなにかをする　（例：工作、游泳、买……）
　　b. "V在〜"でしか使えないもの：
　　　　　　動作の結果ある場所に到達する　（例：掉、砸……）
　　c. "在〜V""V在〜"両方で使えるもの：
　　　　① ある一定状態を維持する

　　　　　　　（例：在沙发上坐着 → 坐在沙发上／躺、站、住……）
　　② 動作の結果モノをなにかに付着させる
　　　　　　　（例：在黑板上写字 → 写在黑板上／放、存……）
　　③ 意味的にはaであるはずのもの
　　　　　　　（例：你是在哪儿（出）生的？→ 你生在哪儿？）

5.1.2. "在＋L＋V"形式と"V＋在＋L"形式の相違点

　上記区分は現時点においては広く認められているものであるが、例えばcの③をとってみても、その言語事実の指摘にとどまるのみで、そのような表現形式をとる動機を探求する必要性が残されている。そもそもcのような両形式による表現が可能なケースについては、その意味的差異を見出そうとする先行研究は多くみられるものの、統一的な解釈を得るにはまだ至っていない。以下、"在＋L＋V"および"V＋在＋L"形式を個別に検証していく。

5.1.2.1. 類像性

　両形式の差異を類像性（iconicity）に基づいて捉えようとする立場が存在する。これは中国語ではJAMES H-Y. TAI. 1985にみられる"the principle of temporal sequence"という概念に代表され、語順による意味の相違を時間軸との関連で認知的に解釈しようとするものである。そこでは時間的前後関係（生起順序）によって"在＋L＋V"では主体のLにおける存在が前提とされ、一方"V＋在＋L"ではLへの到達・存在はVという動作の結果もたらされたものだとみなされる。次の例からもそのことが読み取れる。

（1）a. 小猴子在马背上跳
　　　　［小ザルが馬の背中で飛び跳ねる］
　　 b. 小猴子跳在马背上
　　　　［小ザルが馬の背中に飛ぶ］
　　　　　　　　　　　　　　　　《俞咏梅 1999：26》
（2）a. 在这儿排（队）
　　　　［ここで並ぶ］

b． 排在这儿
　　　　　［ここに並ぶ］（移動が前提となっている）
また次の例（3）（4）でも"在＋L"の置かれた位置に、その意味役割が反映されている。
　（3） a． 在碗里捞肉丸
　　　　　［お碗の中から肉団子をすくう］
　　　b． 把肉丸捞在碗里
　　　　　［肉団子をお碗の中にすくい入れる］
　（4） a． 在墙上刮泥巴
　　　　　［泥を壁からこそぎ落とす］
　　　b． 把泥巴刮在墙上
　　　　　［壁に泥を塗りつける］
　　　　　　　　　　　　　　　　　　　　　　（（3）（4）は《邵敬敏 1982：42》）
ここではそれぞれ"在＋L"がVの前にあるaでは起点を、Vの後ろにあるbでは着点を表している。しかし、次のような同様に両形式間での変換が可能でかつ多くの場合その表す意味に大差がみられない例については、上述の類像性による解釈は当てはまらない。
　（5） a． 别在桌子上放东西。（〜 别把东西放在桌子上。）
　　　　　［机の上に物を置くな］
　　　b． 字在黑板上写着　（〜 字写在黑板上）
　　　　　［字が黒板に書いてある］
　　　c． 死在医院　（〜 在医院死）
　　　　　［病院で死ぬ］
　　　d． 走在路上　（〜 在路上走）
　　　　　［道を歩く］
"在＋L＋V"の例をみると、対象の移動を表す（5a）のような場合には動作主体のLへの存在は前提となっていない。また、ここでは着点が前置されている[2]。（5b）では静態義が表されている。一方、（5c）は"V＋在＋L"の形をとってはいるものの物理的移動を伴わないケースであり、主体のLへの存在は動作による結果ではない。（5d）ではLは通過場所となっており、状態

的である。こうしたものについては、上述のような解釈は当てはまらないことになる。

5.1.2.2. 意図性

"V＋在＋L"形式の有する結果義という側面から、その行為が意図的なものではないということが、これまでも指摘されてきた。

　（6）　他挖土，一锹挖在石头上。《侯敏 1990：73》
　　　　［彼が土を掘ると、スコップが石に当たってしまった］

張黎 2000：106－107 はLに対する主体の意識という観点から次のように述べている（体裁は引用者による）。

　　　～"有意"和"无意"是指某一动作或动作所涉及的处所是否在动作行为主体的意识之中。（P：方所、V：动作／引用者注）
　　　（12）他在医院死了。　　（13）他死在医院了。
　　　　　　（P有意、V无意）　　　　（P和V无意）
　　　（14）他在树下蹲着。　　（15）他蹲在树下。
　　　　　　（P和V有意）　　　　　（V有意、P无意）

そして次のように結論付けている。

　　　"在PV" ……P是"有意的"
　　　"V在P" ……P是"无意的"

こうした見方の背景には張黎 2000：93 にみられるように

　　　他在沙发上坐着。　—　他坐在沙发上。
　　　【持続の状態】　　　【結果の状態】

の差異を捉えて、前者の持続を主体の意識的な行為の現れとする点に、その主張の根拠があるように思われる。しかし、これも以下のようなケースにおいて

は該当しない。

(7) a. 我想在医院死。 ― 我想死在医院。 ［＋意志］
    ［私は病院で死にたい］
   b. 我在北京出生。 ― 我出生在北京。 ［－意志］
    ［私は北京で生まれた］
   c. 书在桌子上放着。 ― 书放在桌子上。 ［－有生］
    ［本は机の上に置いてある］

5.1.2.3. 特定 ― 不特定

情報構造の面からみると、張黎2000：109は"特定""非特定"という概念を用いて、両形式を区分している（体裁は引用者による）。

　　　我在饭店住。
　　　"特定"→"已知"
　　　我住在饭店。
　　　"非特定"→"一种称谓"

ここでは"在＋L"の位置がその差異を生み出している。このようなLに対する考え方は、上でみた概念の対立とリンクしたものであることが読み取れる。

	"在＋L＋V"形式	"V＋在＋L"形式
第5.1.2.1節	存在が前提	Lへの存在は結果的
第5.1.2.2節	Lは"有意的"	Lは"无意的"
第5.1.2.3節	Lは"特定"	Lは"非特定"

また盧濤2000には「依頼表現の場合には，"在V"は不向きである」(99頁)という記述がみられる。

(29) a. 你把书放在桌子上吧
　　 b. ?你在桌子上放书吧

《盧濤2000：99》

ここではモノを取り立てた上でその移動先（着点）が新情報となっているため、"V＋在＋L"形式が用いられる。フレーズレベルでは"摆在哪儿 — 在哪儿摆"のように統語的にいずれの形でも成立するものについても、実際の文として使われるときにはこのような語用論的な制約を受けることになる。

　　（8）　这东西摆在哪儿？　—　??这东西在哪儿摆？
　　　　　［この品はどこに置きますか］

5.1.2.4.　意味の重点

　従来の研究における両形式の意味的な相違点としては、"在＋L＋V"形式の重点はVに、"V＋在＋L"形式の重点はLにあるとする見解が少なくない[3]。例（8）の成立の可否にも、そうした違いが反映されているといえる。そして以下の考察からも明らかなように、筆者もまた同様に、後者"V＋在＋L"の方にVの表す出来事とLとの結び付きをより強く見出そうとする立場をとるものである。

　"S＋在＋L"のLの後にVを続けて"S＋在＋L＋V"とすることにより、「存在表現」が「行為表現」へと転換される。"在"の品詞をみると、前者中の動詞（「いる」の意味）が虚化して後者では場所をマークする介詞（「で」の意味）となっているが、これは意味的には静的なもの（"在＋L"）より、動的なもの（V）の方が際立つものとして認識されうることを意味する（認知言語学でいう「地」（ground）と「図」（figure）の概念に相当する）。池上2000：235は認知的な観点から

　　　一般に、〈モノ〉と〈トコロ〉という対立であれば、〈有界的〉対〈無界的〉というそれぞれの相対的な特性に従って、〈モノ〉の方に認知的な注目が向けられ、〈モノ〉が〈トコロ〉で（あることを）〈スル〉という把握がまず予想され（中略）〈トコロ〉は付随的なものという扱いを受ける。

と述べている。また、"在＋L"はあらゆる動作動詞と共起可能であり、またその場合、存在場所が背景化（backgrounding）するため統語的には省略可能で

あるという点でも、"S＋在＋L＋V"における"在＋L"はVにとっては外在的な付加語（adjunct）だといえる。

一方、"V＋在＋L"は動作終了後の存在に重点が置かれているとされる。

（9）〈行為表現〉　　　　〈存在表現〉

　　　骑马　　　　→　　　骑在马背上

　　　[馬に乗る]　　　[馬の背中にまたがっている]

このように"V＋在＋L"の形で表された場合、LはVと深い関わりをもっているため、統語的に必要な項（argument）となっている。つまり動詞に"在"を付加することにより、場所補語が義務的成分となる結合価増加を引き起こすことになる（盧濤2000：94参照）。

また平井1991a：161－162は

　（10）＊孩子们跑在操场上。《平井1991a：161》

の非文性を動詞が明確に意志性をもつことによるものだとし、これに次のように状語を用いてその運動の側面を強化することにより、文が成立するようになる旨を述べている。

　（10）′孩子们三三两两地跑在操场上。《平井1991a：162》

　　　　[子供たちが三々五々運動場を走っている]

ここでは"V＋在＋L"形式の表す状態性が強調され、動作よりも存在に焦点が当たっていると考えることができる。

5.1.2.5. 統語的制約

次に統語的側面から考察する。張黎2000：108に

　〜不及物的可控状态动词构成的a式句往往是未然的、而b式是已然的。

　如：

	a		b
（28）	妈妈在东屋睡。	（30）	妈妈睡在东屋。
（29）	他在饭店住。	（31）	他住在饭店。

という記述がみられる。確かにインフォーマントによると語順の違いにより、

次のような相違が感じられるという。
　　（11）a. 在医院死　　　　…　　無標のフレーズ
　　　　　　　［病院で死ぬ］
　　　　　b. 死在医院　　　　…　　結果義を含意（すでに死んだ）
　　　　　　　［同上］
つまり、"V＋在＋L"形式自体が完成性を付与されたものであるといえる。崔希亮1996に"(前略)"他死在海外"又为什么没有"他在海外死"的対応形式？"（32頁）という一文がみられるが、これも"他在海外死<u>了</u>""他（是）在海外死<u>的</u>"などアスペクトに関わる語（"的"は"了"を前提にしている）を付加することにより、成立するようになる。こうした意味からも、Vに意味的な重点を置く"在＋L＋V"形式を用いた場合には、Vに関する情報をより詳細に付加する必要がでてくるといえる。つまり、
　　（12）a. 写在黒板上 — 在黒板上写
　　　　　　　［黒板に書く］
　　　　　b. 住在東京　— 在東京住
　　　　　　　［東京に住む］
のような単純な書き換えができるものは確かに存在するものの、大抵の場合は"在＋L＋V"の方にはVに付加成分がないとフレーズとしても不完全である（例：放在桌子上 — ??在桌子上放）。以下例を挙げる。
　　（13）　　　"V 在 L"　　　　　"在 L V ＋ α"
　　　　　a. 栽在花盆里　　→　　在花盆里栽<u>花</u>　　（＋目的語）
　　　　　　　　　　　　　　　　［花瓶に花を挿す］
　　　　　b. 搁在窗台上　　→　　在窗台上搁<u>一下</u>　（＋動量表現）
　　　　　　　　　　　　　　　　［窓台に置く］
　　　　　c. 留在北京　　　→　　在北京留<u>两天</u>　　（＋時量表現）
　　　　　　　　　　　　　　　　［北京に 2、3 日とどまる］
　　　　　d. 藏在箱子里　　→　　在箱子里藏<u>起来</u>　（＋方向補語）
　　　　　　　　　　　　　　　　［箱の中に隠す］
　　　　　　慢慢地坐在椅子上　→　慢慢地在椅子上坐<u>下</u>
　　　　　　　　　　　　　　　　［ゆっくりと椅子に座る］

e. 背在左肩　　　→　　在左肩背着　　　（＋"着"）
　　　　　　　　　　　［左肩に担いでいる］
　呆在东京　　　→　　在东京呆着
　　　　　　　　　　　［東京にとどまっている］
f. 生在上海　　　→　　在上海生了　　　（＋"了"）
　　　　　　　　　　　［上海で生まれた］
　　　　　　　　→　　在上海生的　　　（＋"的"）
　　　　　　　　　　　［上海で生まれたのだ］

この中でも例えばcについては「"V＋在＋L"形式はその後ろに時量表現をとらない」という両形式の大きな統語的相違点として挙げられるものである。

(13)′ c. 在东京住一个月　―　*住在东京一个月
　　　　　［東京に1ヶ月住む］

そもそも"在墙上挂 ～ 挂在墙上"のようなフレーズレベルにおける両形式の変換はあくまで理論上のものであって、実際の運用レベルにおいては、通常"在＋L＋V"のVに後置成分を伴うという指摘は既に齐沪扬1998b：115にもみられる。

(14) *一幅画在墙上挂　→　一幅画在墙上挂着《齐沪扬1998b：115》
　　　　　　　　　　　　　［1枚の絵が壁に掛かっている］

このような"在＋L＋V"形式における付加成分の問題に関連して、"V＋在＋L"形式についても文が不完全であるが故に機械的な変換に支障をきたすという場合がみられる。

(15) a. 我想在东京住。　―　?我想住在东京
　　　　　［私は東京に住みたい］
　　　　　　　　　　　→　我想住在东京比较好。
　　　　　　　　　　　　　［私は東京に住むのが比較的良いと思う］
　　　　　　　　　　　→　我想住在东京，不过没有钱。
　　　　　　　　　　　　　［私は東京に住みたいが、お金がない］
　　b. 我一直在海边等　―　??我一直等在海边《盧濤2000：112》
　　　　　［私はずっと海辺で待っていた］

盧濤2000で不適切とされているこの(15b)の文も、後続の文があることによ

り成立するようになる。

　　(15)′b.　我一直等在海辺，但是他没有来。
　　　　　　［私はずっと海辺で待っていたが、彼は来なかった］

5.1.2.6.　フレーズレベルでの成立の揺れ
　このように"在＋L＋V""V＋在＋L"両形式に関する各文法事象は内在的なつながりを有しており、その特徴が個別に具現化されてはいるものの、フレーズレベルでは意味の相違がはっきりしないケースが多く、両形式の棲み分けを統一的な基準によって明確に区分することは困難となっている。そもそも次の記述ひとつをとってみても、フレーズレベルでの変換およびその成立の可否については、インフォーマントによってもかなり揺れがみられることが分かる。

　　　　～戴浩一[4]把"他在北京住着"看成是合格句，这也不太符合汉语的习惯。
　　　　　　　　　　　　　　　　　　　　　　《齐沪扬 1998b：90》

　上述のような様相を呈している両形式について、ここからは移動概念からみた成立条件という立場から考察を試みる。つまり両形式の成立の可否[5]、および知的意味 (cognitive meaning) が等しくなる要因について、移動事象を構成する要素（移動主体、移動領域、移動段階、"在＋L"の意味役割など）との関連において捉えようとするものである。

5.2.　"在＋L＋V"形式で表現可能な場合

5.2.1.　Vの表す［－方向性］

　"V＋在＋L"の形をとることができず"在＋L＋V"形式でのみ用いることのできるVとしては、"吃、买、看、玩儿……"などの「主体の動作を表す動詞」が挙げられる。こうしたものについては動作の結果、到達・存在などがもたらされるものではないため、"V＋在＋L"という形は通常成立しない。

また、動作動詞の一種である移動動詞のうち、[－方向性] という意味特徴を有する"走、游、跑、飞、飘……"などのいわゆる様態移動動詞についても"在＋L＋V"の形で成立する。

(16) 他在树林里跑着。
　　　［彼は林の中を走っている］

ここで表されている持続義は、主体の移動があくまで領域内にとどまっていることを表している。従って、Lを「存在の場所」として捉えることができる[6]。これに対し、[＋方向性] という意味特徴を有する"来、去、上……"などを用いた場合には"在＋L＋V"は不成立となる[7]。

(16)′ *他在树林里跑过来。→　他从树林里跑过来。
　　　　　　　　　　　　　　［彼は林の中を走り抜けてきた］

「起点」「通過点」などは [＋方向性] という意味特徴によって表される概念であり、このような領域を超えた移動を表現する際には、"从"が用いられる。

以上、まとめると次のようになる。

$$\text{動作動詞}\begin{cases} [-移動] \quad [-方向性] \quad ① \quad\quad\quad 例：买、玩儿 \\ [+移動] \begin{cases} [-方向性] \quad ② \ 様態移動動詞 \quad 例：跑、飞 \\ [+方向性] \quad ③ \ 方向移動動詞 \quad 例：来、上 \end{cases} \end{cases}$$

　　　("在＋L＋V"形式での使用 …… ①②：可、③：不可)

つまり、"在＋L＋V"形式において使用できるVは [－方向性] の動詞であるといえる。

5.2.2. 中間経路表現

方向移動動詞は動態的な移動を表すが故に、静態的な"在＋L"フレーズとは相容れない。

(17) a. 去北京　―　*去在北京
　　　　　［北京に行く］
　　　b. 上厕所　―　*上在厕所

　　　　　[トイレに行く]
　　c. 前面一个人走来了 ─ *在前面一个人走来了《齐沪扬1998b：85》
　　　　　[前から人が1人歩いてきた]
　　d. 把鸡蛋放在筐里 ─ *把鸡蛋放进在筐里《侯敏 1990：84》
　　　　　[卵をかごの中に入れる]

一方、様態移動動詞については、V自体では[−方向性]であるため、着点義を表すものとしての"V＋在＋L"は不成立となる。この場合、"到"を用いることにより方向性が付加され、着点をとれるようになる。[8]

　(18) *跑在火车站 ─ 跑到火车站
　　　　　[駅まで走る]

しかし、着点ではなく中間経路を表す場合には、様態移動動詞であっても"V＋在＋L"という形は成立する。

　(19) a. 在大路上走 ─ 走在大路上
　　　　　[大通りを歩く]
　　b. 在路上跑 ─ 跑在路上
　　　　　[道を走る]
　　c. 在空中飞 ─ 飞在空中
　　　　　[空中を飛ぶ]
　　d. 眼泪在脸上流（着）─ 眼泪流在脸上
　　　　　[涙が顔を流れる]

こうした場合には[−方向性]となっており、移動は同一領域内にとどまっている。ここでは様態移動動詞によって"在＋L＋V""V＋在＋L"両形式による表現が可能となるケースについてみてみる。

《ケース1》
　走：a. 我正走在鼓楼前的人行道上，《杨沫「青春之歌」370》
　　　　　→ 我正在鼓楼前的人行道上走着
　　　　　[私がちょうど鼓楼の前の歩道を歩いていると]
　　b. ～她很从容地走在雨的缝隙之间。《王朔「玩主」21》
　　　　　→ 她很从容地在雨的缝隙之间走着

[彼女はゆったりと雨の隙間を縫うように歩いている]

aのような移動の場所を表すものに対し、bのような状況を表すものについても、両形式による表現が可能となっている。

《ケース2》
　　流：
　　　　a. 汚水流在渠里
　　　　　　　　　　　　　　汚水在渠里流　【中間経路】[－方向性]
　　　　　　　　　　　　　　[汚れた水が用水路を流れる]
　　　　　　　　　　　　　　汚水流到渠里　【着点】[＋方向性]
　　　　　　　　　　　　　　[汚れた水が用水路に流れる]

これも様態を表しているという点で中間経路表現を構成するが、[－意志]という点で"走、跑"などとは異なる。つまり"流"についてはVのもつ性質により「上方 → 下方」という方向性が読み取れるため、"V＋在＋L"の形で着点もとりうる。次のbは中間経路を、cは着点をそれぞれ表す実例である。

　　b. ～头发散乱,衣服湿透,眼泪同雨水流在脸上,《曹禺「雷雨」156》
　　　　[髪は乱れ、服はびしょぬれで、涙が雨水と一緒に顔を流れ]
　　c. 不能自抑的泪珠又悄悄地流在衣襟上。《杨沫「青春之歌」449》
　　　　[抑えきれない涙が、またそっと前身ごろに流れ落ちた]

そして、動詞"滚"についても"流"の場合と同様のことがいえる。

《ケース3》
　　滚：a. 在地上滚　　　[地面を転がる]【中間経路】
　　　　b. 滚在地上
　　　　　　　　　　　　[地面を転がる]【中間経路】
　　　　　　　　　　　　[地面に転がる]【着点】

5.3. "V＋在＋L"形式で表現可能な場合

次に"在＋L＋V"の形をとることができず、"V＋在＋L"形式のみで表現可能なものについてみてみる。

5.3.1. Vの表す［＋方向性］

次の"V＋在＋L"形式は、着点に到達する移動事象について言及した自動詞的な動態表現である。

(20) a. 落在地上 ── *在地上落
　　　　［地面に落ちる］
　　b. 掉在井里 ── *在井里掉
　　　　［井戸に落ちる］
　　c. 沉在海里 ── *在海里沉
　　　　［海の中に沈む］
　　d. 雨下在地上 ── *雨在地上下
　　　　［雨が地面に降る］
　　e. 阳光射在床上 ── *阳光在床上射
　　　　［日の光がベッドに射す］

ここではV自体が［＋方向性］で着点指向であるため、"在＋L＋V"は不成立となる（第5.2.1節参照）。

平井1987は「"V在L"は多義形式であり、それはVの動態と静態の違いによるものである」（65頁）としている。そして動態義を表す場合には"V在L＋了₂"は完了を表し、静態義を表す場合には"V在L＋呢"の形が成立し、また"在LV＋着"に変換できることを根拠として、Vの動態・静態について述べている。例えば動詞"掉""扔"でみてみると

｛
　a. 掉在地上（～ *掉在地上呢／ *在地上掉着）
　　　［地面に落ちる【動態義】］
　b. 扔在地上（～ 扔在地上呢／ 在地上扔着）
　　　［地面に投げ捨てる【動態義】／ ほうってある【静態義】］
｝
　　　　　　　　　　　　《平井1987：67　体裁は引用者による》

このように"掉"には動態義しかない。確かに"掉在地上了"が第一義的に意味するのは「落ちた」という動態義であって、「落ちている」という静態義は

いわゆる含意の問題にすぎない。しかし、"到"を用いた"掉到地上了"がもっぱら「落ちた」という動態義を表すということとの対比から、実際に用いられた場合には"掉在地上了"を静態義と捉える解釈の方が往々にして優先される。

(21) a. 苹果掉到地上了　【動態義】
    ［リンゴが地面に落ちた］
   b. 苹果掉在地上了　【静態義】(【動態義】は背景化)
    ［リンゴが地面に落ちている］

不特定のモノについて述べた次の例では、もはや動態義は問題となっていない。

(22) 有个钱包掉在路上了。
    ［財布が道に落ちている］

これは動態的な「落ちた」瞬間を捉えたものではない。

5.3.2. 接触義

次の例はいずれも方向性を有する動態的な表現である。

(23) a. 喷在脸上　—　*在脸上喷
    ［顔に吹き付ける］
   b. 吃在肚里　—　*在肚里吃
    ［（食べて）お腹に入れる］
   c. 子弹打在身上　—　*在身上打子弹
    ［弾が体に当たる］
   d. 箭射在靶子上　—　*在靶子上射箭[9]
    ［矢を的に射る］
   e. 把球抽在网子上了　—　*在网子上抽球了
    ［ボールを（打って）ネットにひっかけた］

上記例においてＬはあくまで着点であって、行為遂行の場所ではないので、"在＋Ｌ＋Ｖ"は成立しない。すなわち行為者は直接的にＬとは接触していない。また"Ｖ在"を"Ｖ到"と置き換えることができることからも、動態義を

表しているといえる。

(23)′ a. 喷到脸上
　　　 b. 吃到肚里
　　　 c. 子弹打到身上
　　　 d. 箭射到靶子上
　　　 e. 把球抽到网子上了

　これに対し、"在＋L＋放"類は主体がLに存在するという意味ではなく、主体とLの手を媒介とした接触があるという意味で、行為遂行の場所として捉えることができる。例えば次の例をみると"扔"を用いた（24b）の方は成立しない。

(24) a. 在纸篓子里放东西
　　　　［紙くずかごにモノを入れる］
　　 b. ＊在纸篓子里扔东西

《平井1991b：61》

（24a）においては上でみたように「対象を手で持ったままLに至らせる」という意味で「着点への到達（接触）」が保証されうるのに対し、（24b）の「ほうる」という行為では「対象が手から離れる」ことにより対象自身のLへの方向性を伴った空間移動が表現されることになり、不成立となる。このため、Vが対象の移動を引き起こすという意味ではいずれも"V＋在＋L"の形が成立する。

(24)′ a. 把东西放在纸篓子里
　　　　　［紙くずかごにモノを入れる］
　　　 b. 把东西扔在纸篓子里
　　　　　［紙くずかごにモノを捨てる］

また次の例をみると

(25) a. 痰吐在马路上　──　＊在痰盂里吐痰《平井1991b：65》
　　　　［痰を道に吐く］
　　 b. 请你吐在痰盂里　──　请你在痰盂里吐

《赵金铭1995：10　誤植引用者訂正》

　　　　［痰つぼに吐いて下さい］

左側"V＋在＋L"の形では成立するものの、右側"在＋L＋V"の形については（25a／b）ともに成立の可否はインフォーマントによって分かれる（筆者の調査では大半の者は否とした）。ここでは"痰"の移動から方向性を読み取るか否かが、成立の可否に影響を与える要因の1つとなっていると考えられる。すなわち、重力に支配される下向きの移動であるために着点への到達がほぼ確実となっているとする認識に基づくと、その行為が行われるのはあくまでLの領域内として捉えられ、(25b)の"请你在痰盂里吐"のような形も成立するものとして容認する者もでてくる。

上記のような状況に対し、"忘"のような対象の移動を伴わない動詞についても両形式による対立がみられる。

(26) a. 忘在教室里了
　　　　［教室に忘れた］
　　　b. ＊在教室里忘了

例(26a)では対象物の「存在」が表されており、移動とは関わっていないという点で静態的である。(26b)が不成立なのは、「〜に忘れる」という事態が成立するには「主体のLからの離脱」が前提となっており、そこに［＋方向性］が生じるからだと考えることができる。

次に「行為の場所」というものを「接触の度合い」という観点からみてみると、例えば衝突を表す"碰、踢、砸、撞……"などのVを用いた場合には"在＋L＋V"の形では成立しない。

(27) a. 碰在桌子角上　—　＊在桌子角上碰
　　　　［机の角にぶつける］
　　　b. 踢在腿上了　—　＊在腿上踢了
　　　　［(ボールなどが) 足に当たった］
　　　c. 砸在脚上了　—　＊在脚上砸了
　　　　［足にぶつけた］

衝突とはまさに「瞬間的な接触」の時点を捉えたものであり（その意味で(27)の"V在"と"V到"はほぼ同義となる）、通常その一瞬の出来事の後には「離脱」が続く。しかし"在＋L＋放＋O"では行為終了後はOは動作主体の支配下から離れ、Lにそのまま存在することになる。例えば朱德熙1990：9には

"针扎在手上"という表現について、針灸のような"手上"が針の存在する場所を示す状況下では"在手上扎针"は成立するが、うっかり刺してしまった場合のように、"扎"という動作の方向が表されるときには"在手上扎针"は不成立だという旨の記述がみられる。すなわちこの針灸のように意識的な行為であれば、Lは行為の場所として捉えられ、"在＋L＋V"は成立する。次の例では（27c）で不成立だった動詞"砸"が用いられている。

　　（28）　在桌子上砸胡桃
　　　　　［机の上で胡桃をたたき割る］

ここでは他動詞表現であることもあって、主体の意思は明確に読み取れる。また"拍了一下肩膀"［肩をたたく］という動目フレーズを"在～"を用いて書き換えた場合、

　　（29）　a.　在肩膀上拍了一下
　　　　　b.　拍在肩膀上

いずれの形も可能ではあるものの、（29a）では意図的な行為を表しており、（29b）では結果補語という形式により、その行為が結果的にそうなった、つまり非意図的なものであったことが含意されているという点において、対立がみられる。

　こうした行為は厳密にみた場合、個別的には（動作主体による）対象のLへの「瞬間的な接触」について述べたものであるが、主体が意志をもって行為を持続・反復的に行うことにより、「持続的な接触」として捉えることができるようになる。また"挂，放"のような他動的な行為では、Lへの働きかけは（手による）「部分的な接触」にすぎないが、自動詞的な表現においては「主体のLへの存在」という、より「全面的な接触」の形で実現される。その場合には、Lとの位置関係から

　　（30）　他坐在椅子上。
　　　　　［彼は椅子に座っている］

のようなモノの表面への接触にとどまらず、

　　（31）　a.　他坐在房間里。
　　　　　　　［彼は部屋の中に座っている］
　　　　　b.　我坐在家里《朱德熙 1982：113》

［私は家にじっとしている］

のような空間内における存在義にまで拡張することができる。これは"在食堂吃饭"のような"在＋L＋動作動詞"で表されるパターンにおける存在義と等しい。

　"V＋在＋L"形式で表される使役移動はモノの移動を伴っているものの、それはLに対する働きかけを背景にしたものである。そしてこれは例（23d）でみた"箭射在靶子上"類のような対象のLへの物理的な接触に限られるものではない。崔希亮2000：88に次のような記述がある（体裁は引用者による）。

　　（1）　圆圆的目光落在那把小提琴上。
　　（3）　足有三分钟，他的目光凝聚在一只白底蓝花的小瓷碗上。
　　（4）　全场观众的目光都盯在一个运动员身上。
　　这里的接触也不是真正的接触。但是在交际者的心理上完全可以认为这也是一种接触。

これらについては物理的な移動ではないが、その働きかけは常に主体からLへの方向性を有する状態として捉えられるため、"在＋L＋V"の形では成立しない。

5.4. "在＋L＋V""V＋在＋L"両形式で表現可能な場合

　ここからは"在＋L＋V""V＋在＋L"両形式での表現が可能な場合について考える。なお前述第5.1.2.5節でみたような成立の条件として統語的にVに付加成分が必要な場合も含めて、考察の便宜上"在＋L＋V"の形で表記することとする。

　両形式で使用可能なVとして朱德熙1990：7は"写、插、躺、漂、坐、挂、存、晾……"などを挙げ、その共通の意味特徴を［＋付着］としている。ここではVの移動義に着目すると、その方向性の有無がLの意味役割の差異をもたらしていることが読み取れる。以下、意味の異同に基づいて区分する。

【意味が異なる場合】

方向性の有無により、"在＋L＋V"形式ではLは存在場所を、"V＋在＋L"形式ではLは着点を表す。例えば

	[－方向性]		[＋方向性]
a.	在池里跳	≠	跳在池里
	[池で飛び跳ねる]		[池に飛び込む]
b.	在河里投石头	≠	把石头投在河里
	[川の中で石を投げる]		[石を川の中に投げる]
c.	在地上倒着（*在地上倒）	≠	倒在地上
	[地面に倒れている]		[地面に倒れる]
d.	在里屋收拾	≠	收拾在里屋《孙锡信 1991：101》
	[奥の部屋で片付ける]		[奥の部屋に片付ける]
e.	在小碗里打鸡蛋	≠	把鸡蛋打在小碗里
	[お碗の中で卵をかき混ぜる]		[卵をお碗の中に割り入れる]

eでは両形式で述語動詞の意味が異なる。"打在小碗里"における動詞"打"[割る]自体は方向性を有するものではないものの、動作完了（割れる）の後、卵は自らLに達するという現実から、方向性を見出すことができる。さらに次の例では"在＋L＋V"形式のLが起点を表しているため、行為の方向性が逆になる。

f.	在锅里捞（面条）	≠	（把面条）捞在锅里
	[鍋から（うどんを）すくう]		[（うどんを）すくって鍋に入れる]
g.	在桶里打水	≠	水打在桶里《蔡文兰 1997：188》
	[桶から水をくむ]		[水を桶にくむ]

【意味が基本的に変わらない場合】

このパターンには、主として次の3種類の動詞が該当する。

ⅰ）姿勢を表す動詞：坐、躺、跪……（第5.4.1節）

　　　　a. 在沙发上坐下　　—　　坐在沙发上　　　［＋方向性］
　　　　　［ソファーに座る］
　　　　b. 在沙发上坐着　　—　　坐在沙发上　　　［－方向性］
　　　　　［ソファーに座っている］

　　ⅱ）働きかけを表す動詞：挂、放、貼……（第5.4.2節）
　　　　a. 在墙上挂画儿　　—　　把画儿挂在墙上　［＋方向性］
　　　　　［壁に絵を掛ける］
　　　　b. 画儿在墙上挂着　—　　画儿挂在墙上　　［－方向性］
　　　　　［絵が壁に掛かっている］

　　ⅲ）物理的移動を伴わない動詞：住、死、生活……（第5.4.3節）
　　　　　在医院死　　　　—　　死在医院　　　　　［－方向性］
　　　　　［病院で死ぬ］

ⅰ）ⅱ）のパターンのＶについては、Ｖ自体で動態・静態の二義を表しうるものとしてしばしば言及される。例えば李临定1990：95に次のような記述がみられる（体裁は引用者による）。

　　　　　状態動詞【静態】　　　　　動作動詞【動態】
　　躺：他在床上躺着呢　　　　　　他正往下躺呢
　　挂：灯笼在那儿挂着（呢）　　　他正挂灯笼呢

以下、こうしたＶの意味特徴が"在＋Ｌ＋Ｖ""Ｖ＋在＋Ｌ"両形式において如何に反映されうるのかということについて考察する。

5.4.1. 姿勢を表す動詞

　姿勢を表す動詞として"坐、站、躺、跪、蹲、趴、靠［寄りかかる］……"などが挙げられる。これらに"住、站、睡……"などを加えて、「存在の状態」

を表す動詞としてより広い概念で捉えることもできる。荒川1980は動詞"躺、坐、蹲、趴、放、站、住"を「状態動詞」とよび、これをさらに「静態動詞」と言い換えた荒川1981では「静態動詞は静態を表わすのが主で、その静態に移る変化（過程）を積極的には表わさない」(7頁)（傍点は引用者）と述べている。確かに次のような例からも、"坐"自体は静態的な動作を表しているといえよう。

（32） 他只坐了一会儿就走了。
　　　［彼はちょっと座っただけで、すぐに行ってしまった］
ここでは「姿勢を表す動詞」を用いたケースについて考える。

1) "在＋L＋V"
　主体のLへの存在が背景化され（前述第5.1.2.4節参照）、Vで表される行為が中心に据えられた"在＋L＋V"形式において、通常Vのみで用いられた場合はbound formであり（例：??他在椅子上坐。）、Vに伴われた後続要素によって静態・動態が表されるようになる。[10]

（33）【静態義】
　　　　在椅子上坐着
　　　　［椅子に座っている］
姿勢を表す動詞自体に動的には終了限界点が内在しているため、"在＋L＋V"形式で表されるのは進行義ではない。この場合、通常統語的に持続のマーカー"着"を伴って静態義を表す。次に動態義についてみてみる。

（34）【動態義】
　　　a. 他在窗前的藤椅上坐下去。《巴金「家」109－110》
　　　　　［彼は窓の前の籐椅子に座った］
　　　b. 在床上坐起来
　　　　　［ベッドで体を起こす］
　　　c. 他在床上躺下来《俞咏梅1999：26》
　　　　　［彼はベッドに横になった］
ここでは方向動詞があることによって［＋方向性］となっているが、それはあくまで垂直方向を軸にしたその場での（上下の）動きであるため（基準点Lと

の関係でみると範囲内での動きである）[11]、"在＋L＋V"形式での表現が可能となっている。

2）"V＋在＋L"

　姿勢を表す動詞についてはその動作が確かに主体の該当部分に関わる位置変化を引き起こしてはいるものの、それは瞬間的に動作完了後の状態の持続へと移り変わるものであり、そこでは移動距離、移動時間などは問題となっていない。しかし、こうした動詞を用いた表現はプロトタイプ的な移動というものからは大きく乖離してはいるものの着点指向であり、形式的にも直接場所目的語と結び付いた"VL"の形をとれることからも（例：坐椅子上、躺床上）、［＋方向性］を伴った移動に準じる動きであるということはできよう。

　命令文ではその動作性が示されるが[12]、描写文においては動態義・静態義の区分は他の要素（例えば副詞的成分や"了"の付加など）によって示されうる。

動作主体		"V＋在＋L"		
二人称	命令文	你坐在床上。 ［ベッドに座りなさい］	【変化】	未然の事態
三人称	描写文	他一下子坐在床上。 ［彼は急にベッドに座った］	【変化】	已然の事態
		他坐在床上了。 ［彼はベッドに座った］	【変化→状態】	
		他坐在床上（呢）。 ［彼はベッドに座っている］	【状態】	

語気詞"了"によって表される変化とは、着点への移動を伴った姿勢の変化であり、これは動態的に捉えられる。中川1990は動詞の意味する動作を「発生－持続－帰着－（結果の）存続」の4つの段階に分けた上で、"他在桌子上跳"の"跳"がカバーするのは『発生－持続』のみであるのに対して、"在椅子上坐"が『帰着－存続』に読めるのは、「坐」が『発生』地点と『帰着』点とが極めて接近して行われる動詞であるからに過ぎなく、実際は『発生－持続』し

かカバーしていないのではないか」(231頁)と述べている。"坐"の表す移動は瞬時に完結して結果の存続へと移り変わるため、話者の認識においては静態義までもが含意されうる。

(35)　　　　　　　　　　　　　　その結果として
　　　他坐在床上。　　【動態】座った　（→【静態】座っている）
　　　［彼はベッドに座った］

この場合"已经"などが用いられることにより、その静態義が顕在化されることになる。

(36)　他已经坐在床上了。　【静態】
　　　［彼はすでにベッドに座っている］

結果の状態については張黎2000：92（体裁は引用者）に

70)　他死在厨房。　―　　他死在厨房了。
　　　［彼は台所で死んだ］　［彼が台所で死んでいる］
　　　加不加"了"意思不一样，没有"了"时表示说话时已然的状态，加了"了"可以表示说话时的状态。

という記述がみられる。この"他死在厨房了"の例も含めて、眼前で起こった一連の出来事を描写する場合には、動態・静態ともに表しうる。そのため、動詞自体では移動を前提としないようなものについても、両義は存在しうる。

(37)　他站在那儿了。　　【動態】　（Lまで移動して）そこに立った
　　　　　　　　　　　　【静態】　　　そこに立っている

つまり"V在L"形式の表す二義性とは「Lへの到達」について述べているのか、「到達後の存在」について述べているのかということである。例えば李临定1986b：25の次の例ではコンテクストによりそれが明らかとなっている。

(38)　a.　一个下午，他都坐在板凳上帮我干活　　【静態義】
　　　　　［午後ずっと、彼は腰掛に座って私の仕事を手伝ってくれた］
　　　b.　说完话，他便坐在（了）板凳上帮我干活　　【動態義】
　　　　　［言い終わると、彼は腰掛に腰を下ろして私の仕事を手伝ってくれた］

《李临定1986b：25》

ここでは"坐"のもつ動態義・静態義が反映されている。

【動態義】 —— 変化：〜する
【静態義】 —— 状態：〜している

5.4.2. 働きかけを表す動詞

"在＋L＋V""V＋在＋L"両形式をとりうる第2のグループの代表的なものとしては、"放、挂、貼……"などの使役移動動詞が挙げられる。これらは、主体の行為が対象（O）の移動を引き起こす他動詞である。

俞咏梅1999：22に"在＋L＋V"形式を用いたパターンが記述されている（体裁は引用者による）。

【起点】　　在菜板上拿了块肉
　　　　　　[まな板の上から一塊の肉を取った]　　　　　
【終点】　　在菜板上放了块肉　　　　　　　　　　　　　[＋Oの移動]
　　　　　　[まな板の上に一塊の肉を置いた]
【原点】　　在菜板上剁肉　　　　　　　　　　　　　　　[－Oの移動]
　　　　　　[まな板の上で一塊の肉をたたき切る]

この中で"V＋在＋L"形式に変換可能で、かつ同義を表しうるものはOの移動を伴って、Lが着点を表すパターンである。この場合の「動作がLで行われる」というのは、「Lとの接触」という意味においてであることは既に述べた（第5.3.2節参照）[13]。

"在＋L＋V""V＋在＋L"両形式において使用できる他動詞は移動の有無、Oの性格およびLとの関係において、大きく次のようなパターンに区分できる。

1．物理的移動を伴うもの

① Oは「受事目的語」
　例：把（一幅）画挂在墙上 ― 在墙上挂一幅画
　　　［絵を壁に掛ける］
Vの例：放、挂、贴、摆、藏［隠す］、搁、栽、种、盖、晾、摊、铺、吊、撒、存、盛、扔、堆、埋、靠、插、架、罩、塞、涂、绑、洒、钉［打ち込む］、安、垫、设、搭［引っかける］、灌（水）、安装、陈列

② Oは「受事目的語」（Lは一般に身体部位）
　例：把孩子抱在怀里 ― 孩子在怀里抱着
　　　［子供を懐に抱く］　［子供は懐に抱いている］
Vの例：抱、扛、背、搂、拎、戴、穿、叼、夹、披［はおる］、捧［抱える］

2．移動を伴わないもの
　③ Oは「結果目的語」
　　例：把字写在黑板上 ― 在黑板上写字
　　　　［字を黒板に書く］
　Vの例：写、画、刻、缝、记、绣、印、抄、盖（房子）、建、织、发表、搭（房子）

　④ Oは「受事目的語」
　　例：把鱼养在池子里 ― 在池子里养鱼
　　　　［魚を池に飼う］
　　　　把肉煮在锅里 ― 在锅里煮肉
　　　　［肉を鍋の中で煮る］
　Vの例：养、煮、烤、熬、烧、煎、蒸、焖、酱、握、捏、关、锁、保存

以下、それぞれのVの意味特徴の統語構造への反映について、主体の行為からOの存在（状態）への段階の移行に伴うヴォイスの転換という観点から、個別に考察する。

5.4.2.1. "放、挂、贴……"類（①類）

　対象の移動を伴い、Lが着点を表す①および②類はその対象の移動方向が対称的であることから、概念的には「放出義」対「獲得義」として捉えることができる。①類の行為はLとの接触の瞬間に実現・完了する。そして"V＋在＋L"の形では動作しか表しえない"放"についても、語気詞"了"を付加することにより状態を表すようになる[14]。

　　（39）a.　放在哪儿　　　〈動作〉
　　　　　　　［どこに置くの］
　　　　　b.　放在哪儿了　　〈完了→状態〉
　　　　　　　［どこに置いてあるの］

また、他動詞表現における「動態から静態へ」の転換については、Oの変化に着目したヴォイス的側面が関わっている。すなわち、形態論のレベルにおいて自動詞・他動詞の区別を有していない中国語では、構文（語順）の違いが、この意味の転換をもたらす。例えば"V＋在＋L"の形を用いて、次のように両義を表しうる。

　　（40）a.　你把那个东西放在哪儿了？　　　【動態義】
　　　　　　　［あの品物をどこに置きましたか］
　　　　　b.　那个东西放在哪儿了？　　　　　【静態義】
　　　　　　　［あの品物はどこに置いてあるのですか］

ここでの動態義とは主体の行為、およびそれに付随するOの移動を表し、静態義とはOの存在を表す。①類では行為によるOのLへの到達後、Oは主体の支配下から離れてLに存在することになる。そしてその対象（O）を主題として前置することにより、モノの状態に焦点が当たることになる。これは例えば次のような構図で表されるものである。

　　【動作】　他正在开门。　　…　主体の行為
　　　　　　　［彼はちょうどドアを開けている］
　　【状態】　门开着呢。　　　…　モノの状態（モノ中心の記述）
　　　　　　　［ドアが開いている］

①類の行為の遂行はOのLへの付着の瞬間であり、その意味で着点への到達は保証される。そして動作の完了とともにOは主体の支配下から離れ（Oは［－意志］）、以後焦点はOの存在段階へと移り変わる。移動主体がLに到達すればそのままLに存在することになるという意味で、着点と存在場所の表示が表層的に中和されて同じ形で表されることは、他の言語でもみられる現象である。移動と存在については次のように図式化できる。

```
    移動    →    到達    →    存在（状態）
   【動態】              【静態】
  ┌─────────┐┌─────────────────→
   ［＋方向性］    ［－方向性］
```

【動態】　主体の行為およびそれに伴うOの移動
【静態】　Oの状態（主体の行為は完了 → 主体は背景化）

「主体の行為からOの状態へ」という意味の転換は統語的には上でみたように「"把OV在L"から"OV在L"へ」という変換によって表されるものの、Oが前置された後者の形についても、次の例のように命令文として使用され動作主の意志が前景化（foregrounding）されるときには、やはり動態義となる。

　　(41) a.　镜子挂在墙上！　　【変化】（→ 到）
　　　　　　［鏡を壁に掛けなさい］
　　　　b.　镜子挂在墙上（呢）。【状態】（→ *到）
　　　　　　［鏡は壁に掛けてある］

(41a)は話者の相手に対する意志を表しており、"挂到"と同義であるのに対し、(41b)の描写文では動作主体は背景化しており、"挂到"は成立しない。

5.4.2.2.　"抱、扛、背……"類（②類）

②類の動詞を用いた場合、動作主体（S）を主語にたてた"S＋在＋L（身体部位）＋V＋O"の形はやや不自然となる。こうした場合、通常"在"は現れない。

　　(42) a.　?她在怀里抱着孩子 → 她怀里抱着孩子

　　　　　　　　　　［彼女は懐に子供を抱いている］
　　　b. ?他在肩上扛着麻袋 → 他肩上扛着麻袋
　　　　　　　　　　［彼は肩に麻袋を担いでいる］
"在＋L＋V"の形で用いられるのは、Oを主題として文頭に置いた場合である。

　　(42)′ a. 孩子在怀里抱着　　（"孩子抱在怀里"も可）
　　　　　　［子供は懐に抱いている］
　　　　b. 麻袋在肩上扛着　　（"麻袋扛在肩上"も可）
　　　　　　［麻袋は肩に担いでいる］

つまり、動作主が背景化され、対象の存在状態に焦点が当たっているこの形は、上記第5.4.2.1節でみた場合と同様である。ただし、①類の行為がLとの接触の瞬間に実現・完了するのに対し、②類ではLが動作主体の身体の一部であるが故に、対象の存在は主体の（意識的な）行為の持続として認識される。次の例も同様に解釈できる。

　　(43)　含在嘴里　―　在嘴里含着
　　　　　　［口に含んでいる］

5.4.2.3. "写、画、刻……"類（③類）

「到達から存在へ」の過程をOのLへの出現として捉えると、①、②類のようなモノの実移動を伴うケースに対して、Oが「結果目的語」を表す③類の場合には、物理的な移動ではなく、主体によるLへの働きかけを表すことになる。

　　(44) a. 在黑板上写字
　　　　　　［黒板に字を書く］
　　　　b. 把字写在黑板上
　　　　　　［同上］

ここでは、LはOが出現する空間位置となっている。
　①類の"贴""摆"などについては対象を前置した場合、"在＋L＋V""V＋在＋L"両形式による表現が成立した。

　　(45) a. 画儿在墙上贴着呢。

[絵が壁に貼ってある]
b. 画儿贴在墙上呢。
[同上]
(46) a. 菜在桌子上摆着呢。
[料理が机の上に並べてある]
b. 菜摆在桌子上呢。
[同上]

これに対し、③類ではフリーコンテクストの文としてはすわりの悪いものが多い。[17]

(47) a. ?画儿在墙上画着呢。
b. ?画儿画在墙上呢。
(48) a. ?字在桌子上刻着呢。
b. ?字刻在桌子上呢。
(49) a. 字在黑板上写着呢。[18]
[字が黒板に書いてある]
b. ?字写在黑板上呢。
(50) a. *花儿（在衣服上）绣着（呢）《李临定1986a：90》
b. *花儿绣在衣服上呢。

(45b)と(47b)の成立の可否の差異はVの意味によってもたらされているといえる。③類のVを用いた場合、通常存在を表すのには"L＋V着＋NP"という形式を用いることになる（李临定1986b：30参照）。

(47) c. 墙上画着画儿。
[壁に絵が描いてある]
(48) c. 桌子上刻着字。
[机に字が刻んである]
(49) c. 黑板上写着字。
[黒板に字が書いてある]
(50) c. 衣服上绣着花儿。
[服に花が刺繍してある]

しかし上記(47b)〜(50b)で不成立だった"V＋在＋L"形式で表された例についても文末の"呢"を"了"とすることにより、文は問題なく成立

ようになる。
　　(47)　d.　画儿画在墙上了。
　　　　　　　［絵が壁に描いてある］
　　(48)　d.　字刻在桌子上了。
　　　　　　　［字が机に刻んである］
　　(49)　d.　字写在黑板上了。
　　　　　　　［字が黒板に書いてある］
　　(50)　d.　花儿绣在衣服上了。
　　　　　　　［花が服に刺繍してある］
すなわち、文末の語気詞"了"は新たな事態の出現という観点から、結果の状態を捉えたものだといえる。

5.4.2.4.　"养、煮、烤……"類（④類）
　④類におけるＶも、③類同様にモノの移動を伴ってはいない。[19]従って［－方向性］であるが故に、Ｌは"原点"（動作が発生する場所）となっている。そしてこの④類では、料理方法を表す動詞が多くみられる。これらを（上記第5.4.2節で挙げた"把肉煮在锅里"の例も含めて）"Ｖ＋在＋Ｌ"の形で使うことに抵抗を示すインフォーマントは少なくないものの、実例は数多く存在する。
　　(51)　晚上把肉煮在锅里，想给怀孕的妻子补补身子。
　　　　　　　　　　　　　　　　　　　　　（インターネットでの検索例）
　　　　　［夜には肉を鍋で煮て、妊娠中の妻に体力をつけさせてやりたい］
　　(52)　我们把鳝鱼焖在锅里，然后出去玩，忘了熄火。
　　　　　　　　　　　　　　　　　　　　　（インターネットでの検索例）
　　　　　［私たちは鍋にふたをして田ウナギを長時間煮たまま遊びに行き、火を消すのを忘れていた］
④類の動詞は持続的なものであり、その行為が行われている間、ＯはＬに存在している。そしてＯを主題としたとき、この状況を静態的なものとして捉えることができる。
　　(53)　"鱼煎在锅里，所有的调料都放了，远远地能闻到烧鱼的味。～"

（インターネットでの検索例）
[「魚は鍋の中で焼いている。あらゆる調味料を入れた。遠くから魚の焼けるにおいがする」]

以上まとめると、次のようになる。

	在＋L＋V	V＋在＋L	
Sの行為を叙述	S＋在LV＋O	S＋把＋O＋V在L O＋V在L（命令文）	動態義
S／Oの存在を叙述	S／O＋在LV＋着	S／O＋V在L	静態義

5.4.3. 物理的移動を伴わない動詞

ここからは移動を前提としない自動詞についてみていく。"在＋L＋V""V＋在＋L"両形式で使用可能なVとして"呆、生活、生長、流伝、流行、住、睡……"など状態を表すものが挙げられる。これらはいずれも［－方向性］のものなので、平叙文においては静態義を表すことになる。そしてLは主体の存在する場所を表している。

純粋な存在義を表す場合、Vは少なくとも存在の「主体」と「場所」の2つの"论元"（actant）を必要とする。

(54) a. ??他的书在。　→　他的书在桌子上。
　　　　　　　　　　　　［彼の本は机の上にある］
　　 b. ??他住。　→　他住在北京。
　　　　　　　　　　　　［彼は北京に住んでいる］

ここではLが必要となる。もっとも人間の所在をいう場合には

(55) 他在。　　　—　　　他不在。
　　　［彼はいます］　　［彼はいません］

のようなLを欠いた表現も可能だが、この場合には明らかに言語化を経ない場所（"家"など）が存在している。

中国語では存在を表現する形式として、主に"L＋有＋NP""NP＋在＋L""L＋是＋NP"（NP：名詞フレーズ）などがある。前者二系統について、その

機能的役割分担は次のようになっている。

	L＋有＋NP	NP＋在＋L
NP	不特定	特定
表現機能	モノの有無（存在）	モノの位置（所在）
例	墻上有一幅画。	他的画在墻上。

これらに個別のVを用いて、存在の有様をより具体的に描写した形がそれぞれ"L＋V着＋NP"と"NP＋V在＋L"形式である。

　　　　　　　　　より具体的に
　　L＋有＋NP　　⇒　　L＋V着＋NP（例：墻上｛有／挂着｝一幅画。）
　　NP＋在＋L　　⇒　　NP＋V在＋L（例：画｛在／貼在｝墻上。）

ここでは右側の形について、それぞれみていく。

5.4.3.1. "L＋V着＋NP"形式

まず"L＋V着＋NP"形式によって表される事態を、アスペクトとの関連においてみてみる。

行為の完了とともに結果の持続へと事態が推移することにより、助詞"了"と"着"の交換が可能であることはしばしば指摘される。

(56) 开了窗戸睡覚　　—　　开着窗戸睡覚
　　　［窓を開けて寝る］　　［窓を開けたまま寝る］

このことによって、完了形存現文の形で静態義を表すことができる。

(57) a. 床上躺了一个病人　—　床上躺着一个病人
　　　　［ベッドに病人が横になっている］
　　 b. 椅子上坐了两个人　—　椅子上坐着两个人
　　　　［椅子に2人座っている］
　　 c. 桌子上放了只台灯　—　桌子上放着只台灯
　　　　［机の上に電気スタンドが1つ置いてある］
　　 d. 黒板上写了两个字　—　黒板上写着两个字

　　　　　［黒板に字が２つ書いてある］

ただし、こうした静態義は次の例から分かるように、必ずしも「移動から存在へ」という変化を前提としたものではなく、あくまで静態的存在義が前面に現れた形式である。

　（58）　笼屉里蒸着一碗蛋羹　⇔　笼屉里蒸了一碗蛋羹《聂文龙 1989：98》
　　　　　［せいろで"蛋羹"（茶碗蒸しの一種）を蒸している］

これに対し、存在が行為自体の持続として動態的に捉えられている場合には、"了"は使用できない。

　（59）　a．马路上走着一群人　―　*马路上走了一群人
　　　　　［通りを一群の人々が歩いている］
　　　　b．天上飞着一群小鸟　―　*天上飞了一群小鸟
　　　　　［空を一群の小鳥が飛んでいる］
　　　　　　　　　　　　　　　　　　　　　　　《齐沪扬 1998b：80》

"V着"と"V了"が交換可能なものとして同義的に捉えられてきた静態的な存在文については、異なった文型間での変換や、状語・補語など共起成分との関連から両者の差異を見出そうとする試みが先行研究においてもなされてきた[20]。齐沪扬 1998b：77－79は主体について述べた"床上躺了一个人"を動作の完了ではなく状態の持続を表すものとして"床上躺着一个人"と同義に捉える一方で、客体について述べた"墙上挂了一幅画"は（明示されていない）動作主体による動作の完了を表すもので、"墙上挂着一幅画"とは同義ではないとしている。ここではおそらく他動詞による客体への働きかけという観点から行為中心に捉えているのであろうが、特定の動作主を想定せずに、結果状態のみに焦点を当てて状態義を表すことは可能である（例：你看，墙上挂｛着／了｝一幅画。）。ここでは「存現文」という形式により、その機能がもたらされている。

　また、静態動詞"住"が完了相（perfective）の形で用いられた場合には、動態的な「出現」として認識され、このことが次の例においては「以前は住んでいなかったのに今では住んでいる」という「発見」のムードにつながることになる。

　（60）　楼上住了一对年轻的夫妻。　―　楼上住着一对年轻的夫妻。

［上の階に1組の若い夫婦が住んでいる］
　一方、第5.3.1節でみた動態義のみを有すると平井1987が述べる動詞"掉"についても存現文という形により、動態義を前提としつつも静態義が前景化されることになる。
　（61）　院子里掉了好多树叶。
　　　　　［庭にたくさんの木の葉が落ちている］

5.4.3.2. "NP＋V在＋L" 形式

　次に"NP＋V在＋L"形式についてみてみる。この形を"NP＋在＋L"形式と比べてみると、例えばモノの状態をいう"画儿｛貼／挂｝在墙上"は"画儿在墙上"の有様をより具体的に描写したものだといえるが、これが例えば"书放在桌子上"であれば、"书在桌子上"との間にはそれほど情報量の差異は見出せない。前者は存在の直接的な原因となった行為を行った主体の関与が提示された形となっている。[21]

　存在表現"NP＋在＋L"の"在"の前にVを加えた"NP＋V＋在＋L"は、その因果関係が移動を生み出す。そして移動を表すのか、移動後の状態を表すのかが、動態・静態の区分をもたらす。しかし、例えば"醉在床上"が表すのは「酔って（その結果）ベッドに存在する」という因果関係から「倒れこむ」という動態義を表すのではなく、あくまで"在床上醉着"とパラフレーズ可能な静態義を表すことからも、"醉、活、病、昏迷……"などの方向性を含意していない状態動詞を用いた場合には"V＋在＋L"形式であっても移動は生じない。

　（62）　a.　老孟病在广州了《动词用法词典51》→ 老孟在广州病了
　　　　　　　［孟さんは広州で病気になった］
　　　　　b.　昏迷在路旁《动词用法词典347》→ 在路旁昏迷着（了）
　　　　　　　［道端で意識不明になる］

（62a）の"病在广州了"では「病気の状態で今も広州にいる」ことが表される。
　以下、存在を表す表現について、移動の有無という観点から次のように区分した上で考察する。

存在を表す表現 ⎧ 移動 …… 動態存在
　　　　　　　　 ｜ ⅰ）経路表現（中間経路）
　　　　　　　　 ｜ ⅱ）位置表現
　　　　　　　　 ⎩ 非移動 …… 静態存在
　　　　　　　　 　 ⅲ）状態表現

ⅰ）経路表現（中間経路）

"走、跑、飞……"などの様態移動動詞を用いた場合には、"V＋在＋L""在＋L＋V"両形式で表現可能である。

　　(63) a. 走在路上 ― 在路上走
　　　　　　［道を歩く］
　　　　 b. 飞在空中 ― 在空中飞《例(19c)再録》
　　　　　　［空中を飛ぶ］
　　　　 c. 飘在天上 ― 在天上飘
　　　　　　［空を漂う］
　　　　 d. 奔驰在大路上 ― 在大路上奔驰
　　　　　　［大通りを疾走する］

こうした様態移動動詞は第5.2.2節でみたようにVが［－方向性］であるが故に、経路表現の一種である中間経路を表すのに用いられる。Lとの関係において、例えば次の存現文でも動作者は（話者の方に）向かってきている途中であり、（ここでは認識における）同一領域から出ていない。

　　(64) 大路上走过来一个人。
　　　　　　［大通りを人が１人歩いてきた］

この意味で中間経路表現は存在表現であるといえる。そのLにおける移動を行為の持続と捉えると、「動態存在」の部類に属する。

ⅱ）位置表現

Lに相対的な位置関係を表す語を用いることにより、主体の存在位置が示される。

　　(65) 我们看到几只非常大的鳄鱼从容的游在河中间, 完全不理会我们的汽

艇发出的响声。（インターネットでの検索例）
［私たちは数匹の非常に大きなワニがゆったりと川の真ん中を泳いでいるのを目にした。我々のモーターボートの発する音など全く意に介していなかった］

すなわちＬという空間は主体の存在地点であるため、ここでも次のような両形式による表現が可能となる。

　（66）a.　走在最后　—　在最后走
　　　　　　［最後を歩く］
　　　　b.　小张一直跑在前头《动词用法词典 539》—　小张一直在前头跑
　　　　　　［張君はずっと前を走っている］
　　　　c.　游在前面　—　在前面游
　　　　　　［前を泳ぐ］
　　　　d.　跟在他的后边　—　在他的后边跟着
　　　　　　［彼の後ろに付き従っている］

この意味において、例えば（66a）をみると、"在最后"という存在の様子を"走"の付加によって、より詳細に描写したものが"走在最后"であるといえる。こうした表現は知的意味を等しくするものの、インフォーマントによると例えば（66c）の"游在前面"と"在前面游"を比べた場合、前者からは「競争のニュアンス」が感じられるという。これは後者が動作を中心とした無標のフレーズであるのに対して、前者は"Ｖ＋在＋Ｌ"形式の含意するアスペクトの影響によるものだと考えられる。すなわち存在義"在前面"の具体的な様態を描写したものが"游在前面"である。このことは次のような文の成立の度合いに反映される。

　（67）a.　每次比赛他都游在最前面《动词用法词典 870》
　　　　　　［試合の度に、彼はいつも先頭を泳ぐ］
　　　　b.　?每次比赛他都在最前面游

すなわち（67a）は試合時の様子を捉えたものであり、強調されているのは主体の存在位置である。

またＬの形状に対する認識の違いにより、"Ｖ＋在＋Ｌ""在＋Ｌ＋Ｖ"両形式の成立の可否が異なる。

(68) 我正走在鼓楼前的人行道上，《杨沫「青春之歌」370》（第5.2.2節 例再録）　→ 我正在鼓楼前的人行道上走着
　　　［私がちょうど鼓楼の前の歩道を歩いていると］
(69) 前几天，我正走在他门口，就听老刘嫂在屋里边大声地叨叨呢：
　　　《「北京晚报」1993》　→　*我正在他门口走着
　　　［数日前、私がちょうど彼の家の入口のところを歩いていたとき、劉おばさんが部屋の中で大声で愚痴を言っているのが聞こえた］

(68)の「中間経路表現」ではLは線的に、(69)の「位置表現」ではLは点的に捉えられている。そのため(69)では持続的な移動と相容れず、存在位置を表す"V＋在＋L"形式が用いられる。

iii) 状態表現

　動作の持続を「積極的にその動作で表される状態を保ち続ける」ものとして捉えると、"跑着"と"坐着"を比べた場合、前者の方により多大な労力を要することは明らかである。この意味で、後者は状態の持続としての存在に近い。また"放着"については、主体による行為後は対象を主題化することなどにより、動作主の支配から切り離されたモノの存在を表すこととなる。

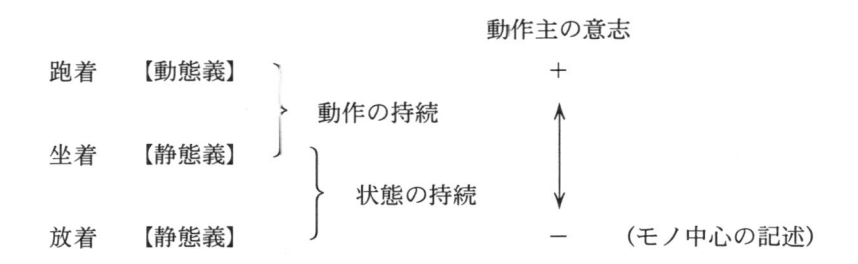

```
                              動作主の意志
跑着　【動態義】╲                  ＋
              ╲動作の持続         ↑
坐着　【静態義】╱                  │
              ╲状態の持続         ↓
放着　【静態義】╱                  －　（モノ中心の記述）
```

こうした場合はいずれも自動詞的用法の「存在」を表すものとして捉えられるが、そこには移動という概念が関与していた。これに対し、以下のものは移動を前提としておらず、"V＋在＋L""在＋L＋V"両形式で同義となる。

【静態存在】

住	住在北京	—	在北京住
	[北京に住む]		
睡	睡在床上	—	在床上睡
	[ベッドで寝る]		
呆	呆在家里	—	在家里呆着
	[家でじっとしている]		
挂	月亮挂在天上	—	月亮在天上挂着
	[月が空にかかっている]		
卡(qiǎ)	卡在里边	—	在里边卡着
	[中に引っかかっている]		
横	有一条大河横在前面	—	有一条大河在前面横着
	[1本の大きな川が前方に横たわっている]		
生活	生活在中国	—	在中国生活
	[中国で生活する]		
生长	生长在北京	—	在北京生长
	[北京で育つ]		
漂浮	漂浮在水面	—	在水面漂浮着
	[水面に浮かんでいる]		
流传	流传在人民中间	—	在人民中间流传
	[人々の間に広く伝わる]		
流行	流行在青年人中间	—	在青年人中间流行
	[若者の間で流行する]		

　これらは先の中間経路表現でみたような移動中の状態とは異なり、「静態存在」を表している。例えば"流传""流行"からも移動のイメージは連想されうるものの、主体が具体的なモノではないため、状態的となっている。

　范継淹 1982：186 にみられる

　(70) a. 车停在门口一小时了

　　　　[車が入口のところに停まって1時間になる]

b. 他躺在床上三天了
　　　[彼がベッドに横になって3日になる]

《范继淹1982：186》

のような例については、第5.1.2.5節でみたように「V＋在＋L＋時量表現」という形が用いられており規範的ではないものの、ここでは文末に語気詞の"了"があることによって現在の状態（存在義）が明確となっているため、この形を容認するインフォーマントも少なくない。そして次の例でも"了"があることが文としての成立条件となっている。

　(71) a. ??他住在北京好几个月。
　　　b. 他住在北京好几个月了。
　　　　[彼は北京に住んで何ヶ月にもなる]

また刘一之1994：182にみられる

　(72) 躺在床上三天，高烧不退。《刘一之1994：182》
　　　　[ベッドに横になって3日になるが、高熱はまだ下がらない]

という例においては語気詞の"了"はないものの、後続の文により、状態の持続が明確に読み取れる。そして同様の操作を行うことにより、上記例（71a）も成立するようになる。

　(71)′a. 他住在北京好几个月，一次也没回家。
　　　　[彼は北京に住んで何ヶ月にもなるが、一度も家に帰っていない]

　ここでLに該当する部分が場所ではない"V＋在＋一起"という形についてもあわせてみてみると、Vとして"合、混、聚、凑、捆、拧、扭、皱、连接、集合、结合、收集……"などが用いられた場合には、「Vの結果（主体あるいは対象が）一緒になる」という因果関係を表しているが、"死、睡、走、坐、生活、玩儿、学习、工作……"などについては動作とその結果もたらされる状態の間には必然的なつながりは見出せず、動作遂行の際の状態について述べているにすぎない。

　(73) 学习在一起，生活在一起，玩儿在一起
　　　　[一緒に勉強し、一緒に暮らし、一緒に遊ぶ]

さらに具体的な動詞で考えてみると、例えば"工作"は

　(74) a. 在北京工作

[北京で働く]
    b.　??工作在北京

のように、通常"在＋L＋V"形式をとるものの、"V＋在＋L"を存在を軸とした表現であるとみなし、"工作＋在＋L"という表現にその解釈を適用することは可能である。実例でみてみる。

(75) 连微机也没有摸过的孙教授<u>常常</u>白天坚持正常工作，晚上<u>通宵达旦</u>地工作在机房。《人民日报》
　　　[パソコンにすら触ったことのなかった孫教授は、いつも昼は普通に働き、夜は徹夜でコンピュータールームで働いている]

(76) 可为了抢时间，保证内燃机车能够顺利出厂，他<u>日夜</u>加班工作在机车旁，直到顺利完成所负责的各种管道的修理和制作任务才回家。
　　　　　　　　　　　　　　　　　　　　　　　　　　　《人民日报》
　　　[しかし大急ぎでディーゼル機関車が順調に出荷できるようにするために、彼は日夜残業して機関車の傍らで働き、責任を負っている各種パイプの修理と製作の任務を順調に終えてから、帰宅するのであった]

(77) 爱说爱笑的雷永红今年23岁，曾谈过一个男朋友，因为她<u>常年</u>工作在野外，与男朋友很少见面，最后只好分手。《人民日报》
　　　[おしゃべりでよく笑う雷永紅は今年23歳で、かつて1人のボーイフレンドと付き合っていたが、彼女が年中野外で仕事をしていたため、ボーイフレンドとはほとんど会えず、最後には別れるしかなかった]

例文中では幅をもった時間を表す副詞的成分（二重下線部分）が共起していることからも、ここでは動作義よりも動作主の存在義が焦点化されていることが読み取れる。こうした考え方を用いると、先にみた不成立だった例（74b）についても、フレーズレベルでも成立するようになる。

  (74)′b.　<u>一直</u>工作在北京
　　　　　　[ずっと北京で働いている]

　同じくLにおける存在を表す動詞"等"についても"V＋在＋L"の形は通常用いられない。

(78) *等在电影院门口 → 在电影院门口等着
　　　　　　　　　　　　［映画館の入口のところで待っている］

しかし、次の実例のように、状態の持続が強調されている場合には、この語順も成立する。

(79) 大家早早<u>等在会场</u>，但都离他远远的，仿佛对他陌生了。《人民日报》
　　→ 大家早早在会场等着，
　　［みんなはとっくに会場で待っていたが、彼からは遠く離れており、まるで彼とはなじみがないかのようであった］

(80) 群众有的<u>等在大门外</u>，也有走进院里来的。《老舍「龙须沟」141》
　　→ 群众有的在大门外等着，
　　［民衆のうち、ある者は門の外で待っており、またある者は庭の中に入ってきた］

例（79）では"早早"があることによって存在義が一層明確となり、"V＋在＋L"の形が成立している。また例（80）でも"在＋L＋V"の語順は成立するものの、ここでは動きの有無という観点から場所が対比的に強調されており、原文のように存在義寄りの"V＋在＋L"形式で表現する方がふさわしい。

これに対し、動詞"散步""旅行"などを用いた場合には"V＋在＋L"による表現がフリーコンテクストのフレーズレベルでも比較的自由に成立する。

(81) a. 散步在大理古城
　　　　［大理の古城を散歩する］
　　 b. 散步在绿色的草坪上
　　　　［緑の芝生の上を散歩する］
(82) a. 旅行在中国
　　　　［中国を旅行する］
　　 b. 旅行在新疆的"丝绸之路"上
　　　　［新疆の「シルクロード」を旅行する］

これはその移動を伴った動作がLという領域を広くカバーしうるという認識により、存在義が前景化されるからであろう。例（81）（82）の実例を挙げておく（いずれもインターネットでの検索例を一部変更）。

(81)′ 那天，当我俩<u>散步在</u>公园里时，我才知道自己真的爱上他了。

[あの日、私たち2人が公園を散歩していたときに、私は自分が本当に彼を愛してしまったのだとようやく気付いた]
(82)′ 所有旅行在这块土地上的人们都必须即时地购买一些必需品，
[この地を旅行する人たちは、皆すぐにいくつかの必需品を購入せねばならず]

5.4.4. 状態変化を表す動詞

存現文 "L＋V＋NP" 形式によって表される「存在義」「出現義」「消失義」の中で、状態変化を表すものとして区分される「出現義」「消失義」の2つからはLとの関連において方向性を読み取ることができる。

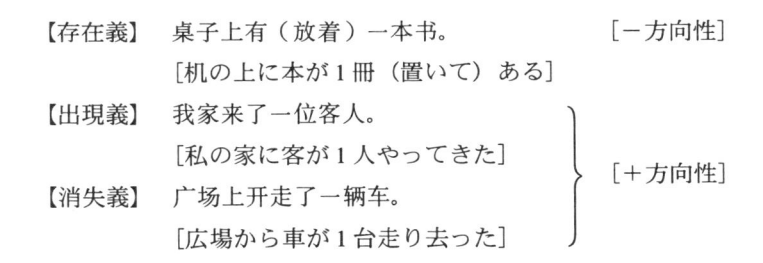

【存在義】　桌子上有（放着）一本书。　　　　　［－方向性］
　　　　　［机の上に本が1冊（置いて）ある］
【出現義】　我家来了一位客人。
　　　　　［私の家に客が1人やってきた］　　　　　　　　　［＋方向性］
【消失義】　广场上开走了一辆车。
　　　　　［広場から車が1台走り去った］

三者の関係を図式化すると次のようになる。

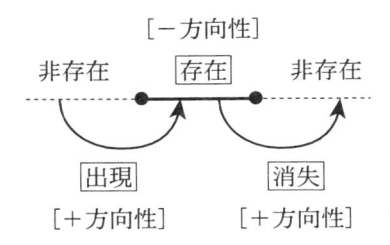

```
              ［－方向性］
   非存在      存在       非存在
   ──────●──────●──────
         ↑出現   ↑消失
      ［＋方向性］［＋方向性］
```

領域間の境界を越えることにより、［＋方向性］となる。上記出現義・消失義を表す例では、方向動詞によって方向性が明示されているが、この方向性を "V＋在＋L" 形式を用いても表すことができる。そして、この出現義・消失義を表すVについても "在＋L＋V" "V＋在＋L" 両形式で用いることがで

きる。先の存在義とあわせて、両形式で使用可能なVをまとめると次のようになる。

　　　状態　　【存在義】呆、生活、生长、栖息、活、住、睡、跟随、等待、陷
　　　　　　　　　　　　［はまる］、长［生える］、流传、活动、流行……
　　　状態変化 ｛【出現義】出现、发生、浮现、产生、呈现、生、出生……
　　　　　　　 ｛【消失義】消失、溶化、藏、躲、埋、埋没、沉没、死……

「状態変化」「時間」といった概念は、認知言語学においては「移動」「空間」という概念からの意味拡張として捉えられており、その点でも、「状態」と「状態変化」の対立の背後から「存在」と「移動」という対立を読み取ることは可能である。以下、出現義・消失義について考える。

ⅰ）【出現義】
　これは動作主のLへの到達を表す。到達は［+方向性］によってもたらされる概念である。
　　(83) a. 出现在舞台上　　——　在舞台上出现
　　　　　　［舞台に現れる］
　　　　 b. 浮现在眼前　　——　在眼前浮现
　　　　　　［眼前に浮かび上がる］
"V+在+L"のLは着点と同時に存在場所として認識されうる。このような連続性により、次の"停"を用いた描写においては動詞自体の表す「動から静へ」の状態変化（動態的）に加えて、状態（静態的）を表すことも可能となっている。
　　(84) 车停在门口了。
　　　　　［車が入口のところに停まった／停まっている］
　　　　 a. 车突然停在门口了。【動態】
　　　　　　［車が突然入口のところに停まった］
　　　　 b. 车早就停在门口了。【静態】
　　　　　　［車はとっくに入口のところに停まっている］

次に動詞"生"についてみると、この場合にはこの世への出現を表すものの、起点（ここでは母体）そのものが既にLに存在していることが前提となっている。

(85) 生在北京　─　在北京生的
　　　[北京で生まれる]

また"発生"についても同様に、起点はLで示される領域内部である。

(86) 发生在北京　─　在北京发生
　　　[北京で発生する]

先の第5.4.1節および第5.4.2節でみた"坐、放"などの表す動作主、あるいは対象のLへの到達についても、それらのLにおける出現をそのままLへの存在として捉えることができる。さらに第5.4.2.3節でみた"写、画、刻"などのいわゆる「結果目的語」をとる動詞については対象の物理的移動を伴う"放"類とは異なり、行為が対象を生み出すという点で、まさに出現であるといえる。[22]

ⅱ) 【消失義】
　消失義は次のように図式化できる。

図X.

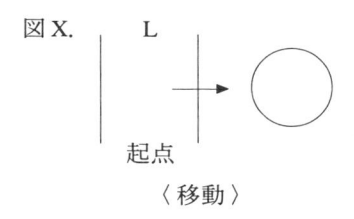

起点

〈移動〉

図Y.

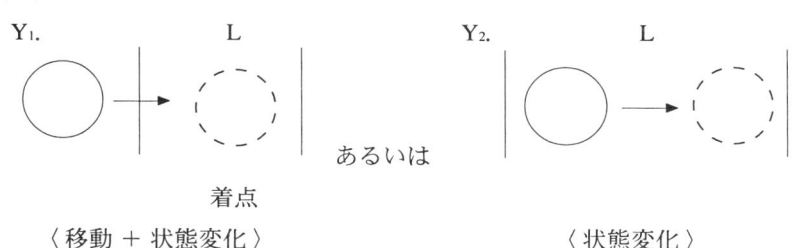

Y_1.

着点

〈移動 + 状態変化〉

あるいは

Y_2.

〈状態変化〉

図Xは主体が元の存在場所（L）から離脱していなくなるという異領域にわたる物理的な移動を表したものである。例えば方向性を有する移動動詞（例："出去、进来"など）が用いられた場合が、これに該当する。これに対し、眼前である事態が発生していることを描写するという話者の立場から、そのモノが物理的に見えなくなったということを一種の状態変化として捉えることができる。これは図Yで表される事態であり、この場合"在＋L＋V""V＋在＋L"両形式での表現が可能となる。例えば"消失"を用いた例をみると

(87) a. 在<u>人群中</u>消失
  ［人込みで消えた］
 b. 消失在<u>人群中</u>
  ［人込みに消えた］

(87a)はLからの離脱という点で起点的に捉えられるものの、実際には話者の視界から見えなくなったにすぎない（Y_2のパターン）。(87b)ではLは着点的となっており、Lの中に移動することにより、視界から消失している（Y_1のパターン）。これらはいずれも話者の認識において捉えられたものであり、移動主体とLとの関連では、あくまでLは発生場所、すなわち存在の場所となっている。また"沉没"を用いた場合にも、これと同様の解釈が当てはまる。

(88) a. 在<u>海洋里</u>沉没了
  ［海の中に沈んだ］
 b. 沉没在<u>海洋里</u>
  ［同上］

そして"溶化"を用いた場合には

(89) a. 在<u>水里</u>溶化（了）
  ［水に溶けた］
 b. 溶化在<u>水里</u>
  ［同上］

ここでは主体は視界からは消失したものの、それは形が変わったにすぎず、話者はその存在を知覚しうる。すなわち状態変化である。

　つまり"消失""溶化"いずれの場合にも主体はLに存在したままであり、"V＋在＋L"のVは話者の視界から消えるその消え方を述べたものであると

いえる。
　次に"丟"についてみると
　　（90）a. 书包在公共汽车上丟的。
　　　　　　［かばんはバスの中でなくした］
　　　　 b. 书包丟在公共汽车上了。
　　　　　　［かばんをバスの中でなくした］
（90a）は行為の主体がLに存在している際に事態が発生したという意味で、Lは"原点"である。この点で先の例（26）でみた"*在＋L＋忘"が不成立なのとは異なる。（90b）ではモノがLに存在している（という可能性を前提としている）ものの、見つからない（視界に入っていない）ことが表される。従って存在義を媒介として、"在＋L＋丟"と"丟＋在＋L"は知的意味を等しくする。

　このように、Lにおける状態変化については存在が前提となっているといえる。存現文を論じる際に、消失義を表すものとして通常挙げられる動詞"死"についても（例：村子里死了一头牛）、生命の消失という意味ではあくまで状態変化であり、その事態発生時点において、主体は物理的にはLに存在している。そのため存在表現として"V＋在＋L"形式で表現できる。
　　（91）　死在医院
　　　　　　［病院で死ぬ］
例（91）では、事態発生時点においては主体は病院に存在している。
　このように移動概念を転用した出現・消失義も、一種の存在義として捉えることができる。

5.5.　まとめ

　以上、"在＋L＋V""V＋在＋L"両形式によって表しうる意味についてまとめると次のようになる。

移動義　　【動態】　　　［＋移動］［＋方向］　　例：坐、挂、放（動作義）
　　　　　┌【動態】　　　［＋移動］［－方向］　　例：走（中間経路表現）
存在義　┤　【静態】　　　［－移動］［－方向］　┌例：坐、挂、放（状態義）
　　　　│　　　　　　　　　　　　　　　　　　　└例：住、生活
　　　　└【動態】（移動義からの意味拡張である）状態変化
　　　　　　　　　　　　　　　　　　　　　　　　例：出現、消失、生、死

　本章では"在＋L＋V""V＋在＋L"両形式の表す移動義・存在義について、動詞で表される行為に伴う「方向性」という意味特徴に着目して考察した。［＋方向性］の場合とは物理的移動を伴う位置変化を表し、［－方向性］の場合とは存在状態を表す。静態的な存在義は動作の結果の状態を描写した"坐、放"の類や、移動を前提としない"住、生活"の類によって表される。一方、動態的存在義は、様態を表す"跑"などの領域内での持続的な移動、および出現・消失などの状態変化によって表される。こうした存在義を媒介として、両形式による表現が成立しているといえる。

注
1) 李临定1986b:30は"绣、织、印、刻……"などの動詞を用いて存在を表す場合
    a. 睡衣上绣着朵朵小花
       ［パジャマにたくさんの小さな花が縫い付けてある］
    b. ＊朵朵小花在睡衣上绣着
    c. ＊朵朵小花绣在睡衣上
   b、cのようにNPが文頭に置かれたものは不成立となり、NPが後置されたいわゆる存現文の"L＋V着＋NP"形式が用いられることについて
       因为"小花"～等在"绣"～等的动作之前并不存在，所以这些动词不能构成静态句（1）和（2）"（30頁）
       （(1)は"在＋L＋V"、(2)は"V＋在＋L"形式を指す：引用者注）
   と述べているが、この解釈も時系列の類像性の概念に通じるものである。
2) 類像性という立場から分析している俞咏梅1999はLが着点となっているケースにおいて、"V＋在＋L""在＋L＋V"両形式の語順にアスペクト的働きを認め、着点の前置された後者の形について"～并不是已然的,而是说话者一种预期的动作方向"（26頁）と述べている。
3) 王还1957、山口1988ほか参照。またLi & Thompson1981は"在＋L"と場所フレーズの位置関係について論じた部分で、

第5章 "在＋L＋V"形式と"V＋在＋L"形式　133

　　"〜 nouns of this type（"学校、医院"など人々によく知られた場所を表す名詞：引用者注）may occur in a locative phrase without a locative particle only if the locative phrase precedes the verb. If the locative phrase follows the verb, these nouns must take the locative particle："（394頁）
と述べて、次のような例を挙げている（原文例はピンイン表記）。
　　a.　在教堂里跪着
　　　　［教会の中でひざまずいている］
　　b.　在教堂跪着
　　　　［同上］
　　c.　＊跪在教堂
　　d.　跪在教堂里
　　　　［同上］
山口1988や平井・成戸1994で既に指摘されているように、このことも"V＋在＋L"が場所（L）に重点を置く表現であることを示した言語事実の1つであるとはいえるものの、Li & Thompson1981：394自身が同様の理由で成立不可としている"睡在警察局"が筆者の調査では成立するなど、方位詞の有無には揺れがみられる。
4) 戴浩一1981.〈現代汉语处所状语的两种功能〉，宋玉柱译，《徐州师范学院学报》第2期。
5) 例えば同じ「泳ぐ」意味の動詞を用いた場合、"＊游泳在河里"は不成立であるが"游在河里"という言い方は可能である。
　　游在河里的余某再也无路可逃，索性就游到岸边，
　　　　　　　　　　　　　　　　（インターネットでの検索例）
　　［川の中を泳いでいた余の何某はもはや窮地に陥り、ままよとばかり岸辺に泳ぎ着き］
同様に"睡在＋L""走在＋L"は成立しても、二音節動詞の"＊睡觉在＋L""＊走路在＋L"（ここでは"同源宾语"（cognate object）をとった形となっている）では通常は成立しない。张赪1997にも指摘があるように、両形式の成立に関わる要因の1つとして動詞の音節数が挙げられるが、本章では意味の面から考察する。
6) 動詞"逛""转"などがとる場所目的語は意味的に"原点"（動作が発生する場所）を表す（すなわち［−方向性］である）ために、"在＋L"の形をとることができる。
　　逛了逛颐和园　―　在颐和园逛了逛
　　［頤和園をぶらついた］
　　转了转百货商场　―　在百货商场转了转
　　［デパートをぶらついた］
　　　　　　　　　　　　　　　　《李临定1990：156》

7) 次のような方向移動動詞と"在＋L＋V"形式の組み合わせは成立する。
　① "V来V去"：［－方向性］
　　　例：她独自在屋中走来走去。《老舎「骆驼样子」169》
　　　　　［彼女はただ1人、部屋の中を行ったり来たりし］
　② "过"：通過の状態（継続相）を捉えた、「同一領域内での移動」の意味
　　　例：？火车在隧道中通过。→ 当火车在隧道中通过时、
　　　　　　　　　　　　　　　　　　　　　　　　《丸尾2003b：70》
　　　　　　　　　　　　　　　［列車がトンネルを通り抜けるとき］
　詳細については第6章参照。
8) このことは対象の移動が主体の移動を伴う他動詞についても当てはまる。
　　　＊把行李运在房间里 → 把行李运到房间里
　　　　　　　　　　　　　［荷物を部屋に運ぶ］
　また徐丹1994：180にも、次のような記述がみられる。
　　　动词表达"移动"概念，不指明方向，这类动词是一个封闭的类，如"搬、送、
　　　领、陪"等等（中略）只能选用"到"
　　　　（4）他搬到／＊在二里沟了。
9) このようなフレーズについても
　　　他在靶子上射箭，在墙垛子上打枪《赵金铭1995：12》
　　　［彼は的には矢を射り、壁の出っ張りには銃を撃つ］
　のように、並列・対比の意味で用いられた場合には成立することが、赵金铭
　1995：12に記述されている。
10) "你在椅子上坐！"は成立するが、これは"坐"が"躺、趴"などと異なり、"你
　　坐吧！"のように単独で命令文となれることによるものである。
　　　＊你躺吧。— 你躺下吧。《荒川1980：22》
　　　　　　　　　　　　［君横になりなさい］
11) 次の例の組み合わせにおいて、両形式で表現した際に意味の異同に差が生じる
　　のは、Lの有する領域に対する認識の違いに基づく。
　　　a.　在路边摔了一交　＝　摔在路边
　　　　　［道端で転ぶ］　　　［道端で転ぶ］
　　　b.　在坑里摔了一交　≠　摔在坑里
　　　　　［くぼみで転ぶ］　　［くぼみに転ぶ］
　すなわち、aにおいて意味が等しくなるのはLが連続的な空間となっており、"V＋
　在＋L"形式においても着点とは捉えられないことによる。蔡文兰1997：191参照。
12) 静態動詞"住"についても、命令文で用いられると動態義を表すことは可能で
　　ある（愛知大学荒川清秀氏の指摘による）。
　　　今天晚上你住（在）我那儿吧。
　　　［今晩私のところに泊まりなさいよ］

13) 物理的な移動表現ではないものの、対象への働きかけも"在＋L＋V"形式で表すことができる。
　　　　他在香烟上点了火。《平井・成戸 1993：170》
　　　　［彼はタバコに火をつけた］
　　この場合もやはり接触義を媒介として文が成立しているが
　　　　＊他把火点在香烟上了。《平井・成戸 1993：184》
　　とはできない原因を、平井・成戸 1993：184 は連語としての"点火"の結び付きの強さに求めている。
14) 両形式の意味の相違は荒川 2000：83 より。
15) 例えば日本語では格助詞「ニ」で「着点」(例：〜ニ行ク) と「存在点」(例：〜ニイル) の両義を表しうる。池上 1981：127 参照。
16) 丸尾 1997：109 参照。
17) 例えば例 (48a) についても、次のようなより具体的な場面が設定できれば成立する。
　　　　你的名字在那个桌子上刻着呢，不知道是谁刻的。
　　　　［君の名前が向こうの机の上に刻んである。誰が刻んだのだろう］
18) (49a) の例文についてはほとんどのインフォーマントが成立可としたが、同様のタイプの例が李临定 1986a：90 では不適切とされている。
　　　　？字（在墙上）写着（呢）── 墙上写着字《李临定 1986a：90》
　　　　［壁に字が書いてある］
　　(49a) では"字"と"黒板"という近接性が文の成立に影響していると考えられる。
19) "握、捏"などを用いた場合には、Lが②類同様身体部位であることもあって、対象のLへの存在は、主体による持続的な行為として捉えることができる。この場合にも、やはり動作主体が主語となった"在＋L＋V"における"在"は通常用いられない。
　　　　把铅笔握在手里 ── （？在）手里握着铅笔
　　　　［鉛筆を手に握る］
20) 戴耀晶 1997 ほか参照。
21) 石村 2000 は "V 在 L" 形式の複合化の動機を「後項述語の使役動詞化（他動詞化）にある」とし、中国語の結果表現を「『結果から原因を捉える』という視点の方向性を備え」(106 頁) たものとしている。
22) こうした動詞のもつ出現義のために、齐沪扬 1998b：72 では
　　　　黑板上写出几行大字
　　　　［黒板に何行か大きな字が書き出してある］
　　　　袖口上绣出一朵小花。
　　　　［袖口に小さな花が刺繍してある］
　　のような（方向動詞を付加した）形をとれることが指摘されている。

第6章 "从／在＋L＋VP"形式（1）
― 主体の移動を表す場合

6.0. はじめに

次の例（1）〜（3）では介詞"在"が用いられており、成立しない。
（1） *<u>在</u>桥上过去　　　　（→ 从）【主体の移動】
（2） *<u>在</u>地上捡起了一个钱包　（→ 从）【対象の移動】
（3） *<u>在</u>商店买来　　　　（→ 从）【主体＋対象の移動】

このような[＋方向性]の意味特徴を有する動詞フレーズを用いた表現では場所をマークするのに介詞"在"ではなく、"从"が用いられる。本章では「主体の移動」を表すケースについて、介詞フレーズ"在＋L"と「方向性」を有する移動動詞が共起しうる条件を論じつつ、客観的な空間移動を、話者が如何にして自らの認識が反映された主観的な「領域」と関連付けて捉え、"(S＋)从＋L＋VP""(S＋)在＋L＋VP"両形式（以下必要のない限り、動作主体Sは省略する）で表現しうるのかということについて考察する。

6.1. 主体の移動について

まず"从＋L＋VP"形式と"在＋L＋VP"形式を比べてみる。"从＋L＋VP"は移動表現である。例えば動目構造を介詞"从"を用いた形で表すと、往々にして「方向移動動詞"来／去"の付加」といった統語的操作が必要となってくる。
（4） a. 下车［車を降りる］
　　　　→ 从车上下<u>来</u>［車から降りてくる］
　　 b. 走出屋子［部屋を出る］
　　　　→ 从屋子里走出<u>去</u>［部屋から出ていく］
一方、"在＋L＋VP"は方向性を有する移動を伴わない動作表現であり、"在

"＋L"は単独で用いられた方向移動動詞"来／去"と共起できない。この"在＋L＋V"形式で使われるVは動作動詞であり、時間の経過とともに動作は進行しているものの、主体の空間的な位置変化を伴うものではない。

　　（5）　他在家吃饭。
　　　　　［彼は家でご飯を食べる］
　　（6）　他在床上躺着。
　　　　　［彼はベッドで横になっている］

（6）は「状態」的である。主体の移動を生じさせる動きを伴う「様態」を表す様態移動動詞（例：走₁［歩く］、跑、飞、游……）については、［＋持続性］［－方向性］[2]という語彙のもつ意味特徴により"在＋L"と共起可能ではあるものの、その移動は"在"で限定された空間内にとどまっている。

　　（7）　a.　他在树林里跑了一趟。
　　　　　　　［彼は林の中を走った］
　　　　　b.　他在树林里跑着。
　　　　　　　［彼は林の中を走っている］
　　　　　c.　＊他在树林里跑过来。（→ 从）

（7b）では動作の持続が表されており、Lの外へは移動していない。（7c）では方向性の付与により、Lの領域を越えている。異領域にわたる移動とはLが起点・通過点と認識されるケースであり（後述第6.3.1節参照）、この場合には"从"が用いられる。

6.2.　「起点」と「着点」

　空間的起点を表す場合、通常"从"の使用により「名詞の場所化（例（4）（8））」[3]、あるいは「方向移動動詞"来／去"の付加（例（4）（9））」といった操作が必要となる。

　　（8）　a.　他来了一封信。［彼から1通の手紙がきた］
　　　　　　　→ 从他那儿来了一封信。［彼のところから1通の手紙がきた］
　　　　　b.　跟他借了一本书　［彼に1冊の本を借りた］
　　　　　　　→ 从他那儿借了一本书　［彼のところから1冊の本を借りた］

(9) ??从山上下
　　　→ 从山上下来（去）［山から下りてくる（いく）］
「"来／去"の付加」により、"V＋L"形式において表される「Lとの位置関係」に加えて、「話者との位置関係」も表示されることとなる。
(10) 下车［車を降りる］
　　　 ⎧ a. 从车上下来［車から降りてくる］
　　　 ⎨
　　　 ⎩ b. 从车上下去［車から降りていく］
(10a)では話者の位置は「車外」であり、(10b)では「車内」である。そして話者の認識においては"从＋L＋V＋来"形式は「出現義」に、"从＋L＋V＋去"形式は「消失義」に相当する。
　出現を表す場合、着点は言語化されなければ、話者の存在位置あるいは当事者間で既知となっている位置である。
(11) 从北京来
　　　［北京から（ある場所に）来る］
従ってこれは次の(12)と同様、二点間の組み合わせとみなすことができる。
(12) 从这儿到火车站很近。
　　　［ここから駅まで近い］
　一方、(11)(12)のような二点間の組み合わせとは異なり、「上下前後左右」などの経路と連続的で漠然とした空間は、点的に捉えることができない。
(13) 从前边来
　　　［前から来る］
(14) ～，象从天上落下的鹤唳。《老舎「骆驼祥子」237》
　　　［空から降ってきた鶴の鳴き声のようだ］
「上下前後左右」などの空間は話者・主体との相対的位置関係に基づく現場に立脚したものであり、表現も描写的なものとなる。例えば次の出現を表す存現文の例をみてみると
(15) 屋里来了一个人。
　　　［部屋の中に人が1人来た］
(16) 前边来了一个人。
　　　［前から人が1人来た］

(15)(16)ともに"V了"という完了の形を用いてはいるものの、(16)の"来了"が表すのはこちらに向かっている途中という「進行」の意味であり、"来到了"とは異なる。この差異は移動領域の異同（例(15)は"屋外"から"屋里"へ、例(16)の"前边"は前方一帯）によってもたらされる。

　一方の消失を表す場合には、必ずしも二点を組み合わせる必要はない。つまり着点はなくとも起点は認識できる。これは消失をその領域からの離脱と捉えて、Lを点的に解釈できるためである。

　　(17) a.　大家快从这儿离开！
　　　　　［皆早くここから離れろ］
　　　　b.　他从村子里消失了。
　　　　　［彼は村から消えた］
　　　　c.　（从）广场上开走了一辆汽车。
　　　　　［広場から車が1台走り去った］

6.3.　通過点

6.3.1.　「起点」と「通過点」

　空間位置を認識する場合、「起点」と「通過点」の捉え方に関しては次のような意味的な曖昧さがみられる。

① 指示する空間域の相違
　　(18)　从这儿能过去吗？
　　　　　［ここから／ここを渡れますか］
川または道を渡ろうとしている場合、"这儿"は意味的に「話者の存在場所」（起点）とも「目の前の渡る場所」（通過点）とも解釈可能である。

② 視点の相違
　　木村1996は"面包车从桥上开过去"の例を挙げ、「～中国語では、河のこちら側にいたバスが「橋」を〈起点〉にしてむこう側に移った、という認識で捉

えられ、〈通過点〉も〈起点〉の一種と見なされる」(155頁) と述べている。つまり起点として捉えるか通過点として捉えるかということは、その通過点に至るまでの部分をスコープに入れるかどうかということに他ならない。例えば

(19) 阳光从窗口射进来。
　　　［日の光が窓から射し込んでくる］
(20) 有一股雨天的风从阳台上刮进来，《叶辛「家教」265》
　　　［雨の日の風がベランダから吹き込んできて］

(19) は部屋の中からの描写だが、ここでは太陽から窓までの経路は視野に入っておらず、窓が起点の如く捉えられている。要はその地点を境とした空間における領域の問題であり、異領域にわたる移動での通過点が起点となりうる。

6.3.2. 通過部分

主体が通過する部分 (L) には次のようなパターンがある。

(ⅰ) 移動主体が瞬時にして通り抜けるもの【点的】

(21) 阳光从窗口射进来。（例（19）再録）
　　　［日の光が窓から射し込んでくる］
(22) 阳光从树缝中射进来。
　　　［日の光が木のすきまから射し込んでくる］

このような L として「窓・ドア・すきま……」などが挙げられる。

(ⅱ) 通過領域が幅をもったもの【線上の一部】

(23) 面包车从桥上开过来。
　　　［マイクロバスが橋を渡ってくる］

(24)　火车从隧道开过来了。
　　　　　［列車がトンネルを通り抜けてきた］
このようなLとしては「橋・トンネル・階段……」などが挙げられる。
　この（ⅰ）（ⅱ）においてLはその本来の機能として「通過する場所である」という性質をもっている。つまりLは異領域をつなぐものであり、それが起点として認識されうることは前述のとおりである。

（ⅲ）通過領域に明確な区切りのないもの【線的】

　　　　　　　　━━━━━━━━▶

　　(25)　从马路上走过来
　　　　　［大通りを歩いてくる］
　　(26)　从天空中飞过
　　　　　［大空を飛ぶ］
　　(27)　日光从干凉的空气中射下，《老舍「骆驼祥子」237》
　　　　　［日の光が乾いた冷たい空気の中を降り注ぐ］
これは同一領域内での移動で、Lは中間経路である。このようなLとしては「道路・河川・空気中……」などが挙げられる。以下、この区分（ⅰ）〜（ⅲ）を用いて考察する。

6.3.3.　領域の異同

　上記区分（ⅰ）と異なり、空間的な広がりをもつ（ⅱ）（ⅲ）のケースでは、主体は持続的動作をもって移動することができる。その（ⅱ）（ⅲ）における移動空間の差異を線上で考えた場合には、「異領域 ─ 同領域」という対立になる。例えば
　　(28)　从这条河游过去吗？
の意味として「この川を泳いで渡ることができるか」「この川を流れに沿って泳ぐことができるか」という二通りの解釈が可能であることが、平井・成戸 1996：116 に記載されている。これは前者が本章でいうところの（ⅱ）的、後

者が(iii)的に解釈したものだといえる。すなわち(iii)は水平方向の運動(同領域の移動:図1)であり、垂直方向であれば(ii)のパターンに該当する(異領域の移動:図2)。

───────▶ ［図1］　　　├──── ［図2］

同様の多義は例えば
　(29)　从马路上走过
　　　　［道を通る／横切る］
についてもいえる。そして通過部分がその一部に限定された次の例(30)は(ii)のパターンであり、異領域にわたる移動のため"在"は使えない。
　(30) a. 从浅滩过河　(→ *在)
　　　　　［川を浅瀬で渡る］
　　　b. 从人行横道过马路　(→ *在)
　　　　　［道を横断歩道で渡る］

6.3.4. 意味の拡張

次の例は一見したところ、(iii)の同領域内における移動として捉えられる。
　(31)　从高速公路走₂　("走₂"は「通過する」の意味)
　　　　［高速道路を行く］
　(32) a. 从海上运送
　　　　　［海上を輸送する］
　　　b. 从空中运输
　　　　　［空中輸送する］
しかし、(31)においては高速道路も全経路のうちの一部分にすぎない(つまり、例えば「一般道 → 高速道路 → 一般道」のようなケース)という意味では(ii)の通過パターンであり、(32a)でも輸送経路全体のうちで最も目立

つ部分として「海」が取り立てられている。この場合、その部分が「陸路・空路」と対比させられた結果、輸送方式へと意味の焦点がシフトすることになる。[4] そうした意味では、通常（iii）の同領域における移動に相当すると解される"从马路上走"［大通りを行く］という無標の表現も、"从公路上走"［自動車道路を行く］などとの対比で用いることができる。

6.4. "在"と"从"

6.4.1. 方向性

"在＋L"で表される場所表現は通常、動作動詞と結び付く。様態移動動詞も、あくまで移動を生じさせる主体の動作を表したもので、かつ［－方向性］であるため、"在＋L"とは共起できる。その場合、方向が不定であり、動詞自体が直接起点・着点をとらないが故に、移動はその領域を出ない。このような動詞として"飞舞、飘、徘徊、转、逛……"なども挙げられる。

(33) 在天空中飞舞（→ *从）
　　［空中を舞う］

一方、方向移動動詞を用いた場合でも"V来V去"のような文法的手段を用いることによってLにおける状態を表し［－方向性］となるため、次の例のように"在"の使用が可能となる。

(34) a. 燕子啾啾地叫着，在天空里飞来飞去，寻找吃的东西
　　　　　　　　　　　　　　　《周立波「暴风骤雨」116》
　　　　［ツバメがチッチッと鳴いている。大空を飛び回り、食べ物を探している］

　　b. 她独自在屋中走来飞去，《老舍「骆驼祥子」169》
　　　　［彼女はただ1人、部屋の中を行ったり来たりし］

(35) 在弄堂里走出走进，《叶辛「家教」159》[5]
　　［路地を出たり入ったりして］

(36) 在石阶上走上走下
　　［石段を登ったり降りたりする］

6.4.2. "在＋L＋(V)过"

　このように"在＋L"と方向性は相容れない。その方向性は主として話者・聞き手との位置関係が関わる直示的移動動詞"来／去"によって表される。しかし対象物との位置関係を表す方向移動動詞"过"との関係でみたときには、通過を表す"在＋L＋(V)过"という形も成立する。ここでは"在＋L"によって表される通過義について考察する。

　次のようなケースでは移動主体がLを通過しているにもかかわらず、"在"の使用が可能である。

① 移動主体（S）が連続体（不変のもの）である場合
　(37) 大清河<u>从</u>我们村前流过《动词用法词典476》（→ 在）
　　　［大清河が我々の村の前を流れている］
　(38) 大路<u>从</u>我家前面通过（→ 在）
　　　［大通りが私の家の前を通っている］

例(37)について、水の流れは動的なものであるが、川全体としては動きのない静的な存在として認識されうる。つまり、主語で表されるものが実際に移動するわけではない。このような範囲占有経路（coverage path）表現においては、主体の動きは状態的な［－方向性］のものとして解釈可能であるため、"在"を使用することができる。

② Lが（ⅲ）的に解釈できるものである場合
　(39) 假设有一群鸟在田野上觅食，这时一只老鹰<u>在</u>远处飞过，
　　　　　　　　　　　　　　　《「读者2001」55》（→ 从）
　　　［仮に鳥の一群が野原でえさを探しているとして、このときトビが1羽遠くを飛んでいて］
　(40) 他看见一只花蝴蝶<u>在</u>他头上飞过，舞着红黑斑点的黄翅膀，
　　　　　　　　　　　　　　　《巴金「春」132》（→ 从）
　　　［彼はまだら模様の蝶が1匹、彼の頭上を飛んでいくのを目にした。赤と黒の斑点のついた黄色い羽を動かしながら］

(41) 时时有枪子在屋顶上飞过，"嗖嗖"地响着，
　　　　　　　　　　　　《巴金「家」187－188》（→ 从）
　　　［絶えず銃弾が屋根の上を飛んでいく。「ヒュンヒュン」と音を立て
　　　ながら］
上記例における通過域は連続的な広がりをもつ空間である。

③　移動主体がＬを通過するのに時間がかかる場合
　　(42)　队伍在憨憨身边走过。《「黄土地」83》（→ 从）
　　　　　［隊列は憨憨のそばを通り過ぎた］
　　(43)　小风吹过，似一种悲叹，轻轻的在楼台殿阁之间穿过，
　　　　　　　　　　　《老舍「骆驼祥子」91》（→ 从）
　　　　　［かすかな風が吹き抜けた。まるで悲しみ嘆くかのように、高い建物
　　　　　の間をそっと通り抜けた］
このような通過に関しては
(42)は隊列（S）が長い
(43)は"楼台殿阁之间"の説明として、その直前に次のようなたくさんの
　　　建物を描写した文がある
　　(43)'　禁城内一点声响也没有，那玲珑的角楼，金碧的牌坊，丹朱的城门，
　　　　　景山上的亭阁，都静悄悄的好似听着一些很难再听到的声音。
　　　　　［城内は物音ひとつしなかった。あの精巧なすみやぐら、華麗な牌
　　　　　楼、朱色の城門、景山の亭などが全て静まり返って、再び聞くこと
　　　　　が難しい音を聞いているかのようであった］
といった要因により通過に時間を要する（すなわち［＋持続性］という意味特
徴を有する）ため、行為が遂行される場所として捉えられる。すなわち、これ
らは広域な範囲にわたる通過として、同領域の通過（(ⅲ)的な見方）と同等
にみなすことができる。その結果、Ｌにおける移動を静態的に捉えて"在"の
使用が可能になる。また次の例では、移動の繰り返しによって通過地点が行為
の場所として捉えられている。
　　(44)　二楼工役室的屋门半开着，宪兵们在这儿过来过去地走过好几趟，
　　　　　　　　　　　《杨沫「青春之歌」147》（→ 从）

［２階の雑役夫の部屋の扉が半開きになっており、憲兵たちがそこ（その前）を行ったり来たりして何度も通りすぎ］

6.4.3. 領域内での移動

Lに強い通過義が認められる場合（例：橋、トンネルなど）、移動は異領域にわたるものとして捉えられる。次の例では通過を表すのに"在"が用いられているため、不適格である。

(45) ?火车在山下通过。（→ 从）

しかし平井・成戸1996はこの文を「実際に山のふもとを汽車が通っている様子を山の上から見たコトガラを表現する場合に限り、自然な表現として成立する」(117頁)としている。"从＋L"の形で表現されるのは、通過の動作の達成である。異領域にわたる移動でも、通過の状態(継続相)を捉えればまだ同一領域内である。すなわち通過を表す動詞"过"類は、語義としては「持続義」を有していないものの、その領域内を通過しきっていないという意味で(ⅱ)の通過域をクローズアップして(ⅲ)的に捉えることにより、"在"の使用が可能となる。[8]

(46) a. ?火车在山下通过。　　→ 当火车在山下通过时，……
　　　　　　　　　　　　　　　［列車が山のふもとを通り過ぎるとき］
　　　 b. ?火车在隧道中通过。→ 当火车在隧道中通过时，……
　　　　　　　　　　　　　　　［列車がトンネルを通り抜けるとき］
　　　 c. ?火车在桥上通过。　→ 当火车在桥上通过时，……
　　　　　　　　　　　　　　　［列車が橋を通り過ぎるとき］

"当～时"によって表されたこれらの例は、進行の状況を客観的に描写した領域内での移動である。[9]次の実例においては、コンテクストによってまさにこの性質が明確となっているが故に"在"が用いられていると考えられる。

(47) 觉新朝四周看了一下，他看见克明在旁边走过，便换上一副笑脸跟克明说了两三句话，《巴金「家」311》
　　　　［覚新はちょっと周りを見た。克明がそばを通り過ぎるのが目に入ると、彼は笑顔になって克明に二言三言話しかけた］

(48) 那时候，方鸿渐也到甲板上来，在她们前面走过，停步应酬几句，
　　　　　　　　　　　　　　　　　　　　　　　《钱钟书「围城」6》

［そのとき方鴻漸も甲板に上がってきた。彼女たちの前を通りかかり、立ち止まって二言三言ことばを交わした］

そして、この「領域内での移動」という概念は次のような場合にも適用できる。

  (49) 从头顶上飞过（→ 在）   【狭い領域の通過】
    ［頭上を飛ぶ］
  (50) 从城市的上空飞过（→ 在）   【広い領域の通過】
    ［街の上空を飛ぶ］
  (51) 从天空中飞过（例（26）再録）（→ 在）【通過領域に区切りなし】
    ［大空を飛ぶ］

第6.3.2節で分類した（ⅰ）のような点的（瞬間的）な通り抜けや、（ⅱ）のようなL自体から通過義を読み取れるような場合には異領域にわたる移動となるため、通常"在"は使用できない。(49)(50)でも「頭、街」という基準点の周辺的空間（ここでは上空）を通過しているものの、そこはあくまでも同領域中に取り込まれた部分であるため異領域とは認識されず、"从"を"在"と置き換えることができる（例(40)(41)もあわせて参照）。そして"从"を用いた場合、「頭・街の上空を中心とした全域にわたる通過」という移動を表現しているのに対し、"在"を用いた場合、「発話時にはそれぞれ頭上(49)・街の上空(50)にちょうどさしかかっている状態」を描写することとなる。これは、同領域（ⅲ）中に基準点（頭・街）を導入して通過部分を限定した上で（（ⅱ）のモデル）、移動を(46)のケースと同様、その領域内のものとして捉えているからである。

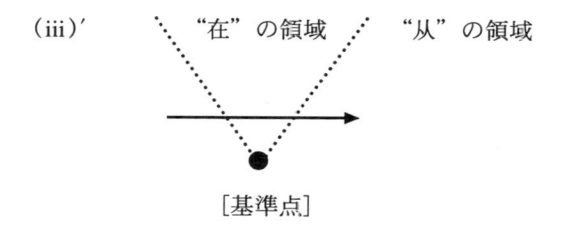

  （ⅲ）′   "在"の領域 "从"の領域

       ［基準点］

一方(49)(50)のような基準点がない(51)では（個別に再録）、

(51) a. 从天空中飞过
　　　b. 在天空中飞过

(51a) が直線的な移動を表した無標の表現であるのに対し、(51b) からは曲線的な動きまでもが連想されうる。"在" の使用により、活動の場所としての解釈が生じてくるからである。具体的な例でみると

(52) a. 有一队白鹭从蓝蓝的天空里飞过。《森1998：125 改》
　　　　［列をなしたシラサギが真っ青な空を飛んでいった］
　　　b. 有一队白鹭在蓝蓝的天空里飞过。
　　　　［列をなしたシラサギが真っ青な空を飛んでいく］

インフォーマントによっては両者の違いを「群れがもう見えなくなった (52a)」、「まだ見える (52b)」とするが、これは (52b) を広大無辺な空間における持続的な移動として (iii) 的に捉えているのに対し、(52a) では話者の視界という基準区域を導入することにより、通過域を設定して (ii) 的に解釈しているためである。[10]

6.5. まとめ

主体の移動を表す場合、"*在＋L＋(V)来／去" という話者・主体との位置関係が明示された形は成立しない。移動動詞の中でも様態を表すものを単独で用いた場合には、"在＋L" フレーズと共起できる。これは動作・行為が原動力となって主体の移動を引き起こす様態移動動詞が、[＋持続性][－方向性] という意味特徴を有しているためである。この点に着目すると、対象物との関係の一種である通過を表す "在＋L＋(V)过" という形は成立するが、これは同一領域内での移動を意味的な [＋持続性] と捉えることによる。この継続相を方向移動動詞 "来／去" を付加した形で表すことはできない。

"在" の使用が可能になるということは、L を如何にして動作・行為の場所として捉えるかという話者の認識と関わっているといえる。

注
1) 「対象の移動」については第 7 章参照。
2) [＋持続性] とは "着" をとれる、[－方向性] とは起点・着点を直接目的語と

してとれないという統語的性質に基づくものとする。
3) 中国語では、起点としての動作も空間的に捉えて場所化する必要がある。例えば日本語の「{出張／旅行／買い物}から帰ってきた」はそれぞれ次のように表される。
　　　从{出差／旅行／买东西}的地方回来了
4) 森1998：129参照。
5) 単独では持続義をもたない動詞"进、出"が結び付くことにより、持続的な動作の状態を表している（故に"在＋L"が使用可能となる）例が李临定1986a：81にみられる。
　　　那时，在旋转的玻璃门口进出着多少美国和中国反动派的丑角
　　　［そのとき、回転するガラス戸の出入口のところでは、どれだけのアメリカと中国の反動派の道化役者が出たり入ったりしていたことか］
6) 松本1997：207〜参照。
7) 例(37)(38)は存在について述べたものであるが、次の例のように通過義に焦点が置かれた場合には、"在"は使用できない。
　　　河水从桥下流过（→ ??在）
　　　［川の水が橋の下を流れている］
8) 通過義を表す動詞の中で"穿行"は"从"ではなく"在"と組み合わさることから、これは動作のプロセスを重視したものだと考えられる。
　　① 一个像幽灵一样的人影从桥上走过，在人群里穿行。
　　　《曹昌「日出」》インターネット上の小説より引用）（→ *从）
　　　［1つの幽霊のような人影が橋の上を通り過ぎ、人込みの中を通り抜けた］
　　② a. 小船在桥下穿行。（→ *从）
　　　　　［小船が橋の下を通り抜ける］
　　　 b. 小船从桥下穿过。（→ *在）
　　　　　［同上］
9) 描写という点からみると、一人称を用いた次のaの例は通常不適格である。
　　　a. ??有一辆车在我身旁开过。
　　　b. 有一辆车在他身旁开过。
　　　［1台の車が彼のそばを通り過ぎた］
　　先に"*在＋L＋(V)来／去"は"来／去"があるが故に成立しないことをみたが、"来／去"は話者・主体などとの関係において捉えられる方向である。対象物との関係において捉えられた"在＋L＋(V)过"では、移動を傍観者的に描写することが可能となるため、三人称を用いたbが成立する。
10) 「視界」という境界線については森1998：126にも記述がみられる。

第7章 "从／在＋L＋VP"形式（2）
―対象の移動を表す場合

7.0. はじめに

次の例では"(S＋) 在＋L＋V＋O"形式を用いて「OのLからの移動」が表されている（S：意味的には動作主体を指す、O：意味的には対象を指す）

（1） 在墙上起钉子《俞咏梅 1999：21》
　　　［壁から釘を抜く］
（2） 他在书包里拿出一本书。《王占华 1996：32》
　　　［彼はかばんの中から1冊の本を取り出した］
（3） 魏占奎又在北房里伸出头来问：《赵树理「三里湾」441》
　　　［魏占奎はまた北の部屋から首を出して尋ねた］
（4） 在锅里盛饭 《原田・滑 1990：48》
　　　［鍋から飯を盛る］（同論文中では"从"は不適格とされている）

インフォーマントによってはこれらの文においては介詞"在"でなく"从"を用いるべきだ（例（4）については"从"も適格だ）とする。主体の移動を表す場合[1]と比べて、対象の移動を表す場合には起点をマークする"在""从"の使用に関してインフォーマントの間でかなり揺れがみられる。そこには移動事象に関わる要素（移動物、位置関係、距離、方向、イメージなど）に対する発話者の認識が多分に影響を与えていると思われる。本章では対象の移動を表す"(S＋) 在＋L＋V＋O""(S＋) 从＋L＋V＋O"両形式における介詞フレーズ"在＋L""从＋L"の使用に関わる認識について考える。そして、両フレーズの使用に関してはS・OのLに対する位置関係が重要なファクターとなっていることを述べる。

7.1. "S＋在＋L＋V＋O" について

7.1.1. S・Oの存在

介詞フレーズ"在＋L"については、その「文法機能」「意味特徴」といった観点から論じた先行研究が数多くみられる。その中の1つ、李临定1988：13はS・O・Lの関係について述べたものである（体裁は引用者による）。

　　Ⅰ．我在岸上钓鱼（我在岸上，鱼不在岸上）
　　　　［私は岸で魚を釣る］
　　Ⅱ．我在桶里捉鱼（鱼在桶里，我不在桶里）
　　　　［私はバケツの中の魚を捕まえる］
　　Ⅲ．我在河里摸鱼（我和鱼都在河里）
　　　　［私は川で魚を（手探りで）捕まえる］

このパターンについて、Vで表された動作の遂行時にS・OがLに存在しているか（＋）否か（－）を、（±　±）を用いて表すと、次に示したようになる（以下、意味的なS・OのLへの存在も含めて、この形式を用いて表すこととする）。[2)]

　　　　　　　S　O
　　Ⅰ．（＋　－）……　SはLに存在するが、OはLに存在しないパターン
　　Ⅱ．（－　＋）……　SはLに存在せず、OがLに存在するパターン
　　Ⅲ．（＋　＋）……　S、OいずれもLに存在するパターン

7.1.2. "在＋L"の意味役割

通常"在＋L＋V"形式で用いられるVは動作動詞であり、"在＋L"は当該形式に［－方向性］という意味特徴を付与するものである。従って"在＋L（＋V）＋来／去"のように方向移動動詞を用いて移動を表すことはできず、介

詞"从"を用いて"从＋L（＋V）＋来／去"としなければならない。しかし、主体の移動のような明確な移動として捉えられない場合、"在"が用いられている実例が散見される。

（5）祥子，经过这一场，<u>在</u>她的身上看<u>出</u>许多黑影<u>来</u>。
　　　　　　　　　　　　　　　　　《老舎「骆驼祥子」212》
　　　［祥子はこのことを通して、彼女の身の上に多くの暗い影を見出した］
（6）魏占奎又<u>在</u>北房里伸<u>出</u>头<u>来</u>问：（例（3）再録）
　　　［魏占奎はまた北の部屋から首を出して尋ねた］

インフォーマントによると、こうした例でもやはり"在"より"从"を用いた方がよいという。そして次の例では方向補語の付加により方向性が明示されており、"在＋L"は不適格である。

（7）他<u>从</u>抽屉里拿<u>出</u>手提包（→？在）
　　　［彼は引き出しからハンドバッグを取り出した］
（8）他<u>从</u>书本里找<u>出</u>例句《齐沪扬1998b：103》（→？在）
　　　［彼は本の中から例文を探し出した］
（9）他<u>从</u>地上把石头捡<u>起来</u>（→＊在）
　　　［彼は地面から石を拾い上げた］

また、動詞自体に方向が含まれている場合も同様である。

（10）<u>从</u>几千米高空<u>投下</u>炸弹（→？在）
　　　［数千メートルの高さから爆弾を投下する］

除去義を表す補語"掉"も移動の方向と結び付くため、"在＋L"は不適格である。

（11）把字<u>从</u>黑板上擦<u>掉</u>（→ ＊在）
　　　［字を黒板から消す］

しかし、方向移動動詞のように語彙として明確に方向義が示されているものではない場合、"在＋L"フレーズを用いて対象の移動を表現することは可能である。俞咏梅1999：22は"在＋L"の形で"起点""终点""原点"（行為の場所）を表せるとして、以下の例を挙げている（体裁は引用者による）。

【起点】<u>在</u>菜板<u>上</u>拿了块肉

　　　　　　［まな板の上から一塊の肉を取った］
　【終点】在菜板上放了块肉
　　　　　　［まな板の上に一塊の肉を置いた］
　【原点】在菜板上剁肉
　　　　　　［まな板の上で一塊の肉をたたき切る］

ここでは"在＋L"の意味役割の差異はVによってもたらされている。"起点・終点"と"原点"の対立は対象の移動を伴うか否かである。他動詞構文においては、あくまでその行為はLで行われているものの、その行為の結果として意味的に対象の移動を伴っているため、例えば次の俞咏梅1999に挙げられている「起点」の例では、"在"を"从"に置き換えることが可能である。

　（12）　在菜板上拿了块肉（再録）（→ 从）
　　　　　　［まな板の上から一塊の肉を取った］
　（13）　在闹钟上拆零件（→ 从）
　　　　　　［目覚まし時計から部品をはずす］
　（14）　在墙上起钉子（例（1）再録）（→ 从）
　　　　　　［壁から釘を抜く］
　（15）　在顶棚上卸灯泡（→ 从）
　　　　　　［天井から電球をはずす］
　（16）　在猫身上抓跳蚤（→ 从）
　　　　　　［猫の体からノミを取る］
　（17）　在锅里捞饺子（→ 从）
　　　　　　［鍋の中から餃子をすくう］

　　　　　　　　　　　　　　　　　　　　　　（以上《俞咏梅1999：21－23》）

7.1.3. 起点を表す"在＋L"

　ここでは移動を伴う"(S＋)在＋L＋V＋O"形式をS・OのLに対する位置関係に基づいて分類した上で、起点義を表す"在＋L"について"从＋L"との置き換えという観点から分析を試みる。

まずS・O・Lの関係について区分する。

Ⅰ．(＋　－) のパターン
 ① a. 在船上打点儿河水（→ 从）
   ［船の上から川の水をくむ］
  b. 在山顶上能看到城市（→ 从）
   ［山頂から町が見える］
  c. 在窗口看外面的风景（→ 从）
   ［窓から外の風景を見る］
  d. 在窗外跟他说（→ 从）［Oは"他"］
   ［窓の外から彼に言う］

Ⅱ．(－　＋) のパターン
これはOのLへの存在という観点から二分できる。
 ② a. 菊英一见他两个人在这盒子里拿东西，便拦住他们说：
         《赵树理「三里湾」372》（→ 从）
   ［菊英は彼ら2人がその箱の中からモノを取り出しているのを見て、彼らをさえぎって言った］
  b. 在书包里拿书（→ 从）
   ［かばんの中から本を取り出す］
  c. 我是在报纸上知道这个消息的。（→ 从）
   ［私は新聞でこのニュースを知ったのだ］

（先に挙げた起点の例である（12）～（17）も、この②のパターンに該当する）

 ③ a. 他在桌子上放了些钱《李临定1988：18》（→ *从）
   ［彼は机の上にいくらか金を置いた］
  b. 在桌上摆花瓶（→ *从）
   ［机に花瓶を置く］
  c. 在墙上挂画（→ *从）

　　　　　［壁に絵をかける］
　　d. 在黑板上写字　（→ *从）
　　　　　［黒板に字を書く］
すなわち②③については、第7.1.1節でみたように
　　② b. S不在书包里，O（书）在书包里
　　③ c. S不在墙上，O（画）在墙上
という形が成立するために統語的にはいずれも（－　＋）のパターンに区分されうるものの、それはそれぞれ②は行為前、③は行為後のOの位置でもある（②cはモノの移動ではないのでその限りではない）。

　　　　　行為前　　　行為遂行時　　　行為後
　　②　（－　＋）　～　（－　＋）　⇒　（－　－）
　　　　　　　　　　　　　　Oの移動
　　③　（－　－）　⇒　（－　＋）　～　（－　＋）
　　　　　　Oの移動

Ⅲ．（＋　＋）のパターン
　　これはSに対するOの移動方向に基づいて二分できる。
　　　④　他在地上捡石头　（→ 从）
　　　　　［彼は地面から石を拾った］

　　　⑤　a. 在北京发了一封信　（→ 从）
　　　　　　　［北京で手紙を1通出した］
　　　　b. 在防护网对面投球　（→ 从）
　　　　　　　［フェンスの向こうから球を投げる］
　　　　c. 在屋顶上扔石头　（→ 从）
　　　　　　　［屋上から石を投げる］
　　　　d. 在窗口扔垃圾　（→ 从）
　　　　　　　［窓からゴミを捨てる］
⑤はOを所有するSがLに存在するという意味で（＋　＋）のタイプに区分

される。④⑤ともに、その行為によりOがLから離脱することになるため、"从"の使用が可能となる。

　Vで表される行為の遂行時には、S・OはⅠⅡでは異領域、Ⅲでは同領域中に存在している。そして②－③、④－⑤はそれぞれ、行為の結果としてのOの移動方向が生み出す「②OのLからの離脱」－「③OのLへの付着」、および「④Oの獲得」－「⑤Oの放出」という概念で対立している。
　上記例①～⑤では、③を除いて"在"を"从"と置き換えることができる。③はVという行為により、OをLの位置に移動させることを表す。統語的には結果補語"在"を用いて"把＋O＋V＋在＋L"と変形することができるが、これはこの形式で用いられる動詞"放、摆、挂、写"などが［＋付着］という意味特徴を有するためである。
　　　　③′把肉放了菜板上
　　　　　　把一些钱放了桌子上
　　　　　　把花瓶摆在桌上
　　　　　　把画挂在墙上
　　　　　　把字写在黑板上
つまり③はLが「着点」のパターンであるため、"在"を"从"と置き換えることができず、これは本章での考察の対象とはしない。以下③を除いた①～⑤について個別に考察する（本章で以下用いる①～⑤は、この第7.1.3節での分類に基づくものである）。

7.1.4. "在＋L"および"从＋L"の使用認識

Ⅰ.（＋　－）のパターン
　　①の例：在船上打点儿河水（→ 从）
　　　　　　［船の上から川の水をくむ］
　その行為はLで行われているものの、SがLから領域外に存在するOに働きかけているという点で、Lは「働きかけの起点」を表している。従って"在＋L"を"从＋L"と置き換えて、"从船上打点儿河水"とすることができる。こ

こでは働きかけの結果としてのOの移動をその方向に基づいて、「獲得」として捉えることができる。

　知覚動詞（verb of perception）は直接的なOの移動を伴わないために方向性については曖昧な面があるものの、例えば"看"［見る］のもつ視線からは放出義が感じとれる。"从山顶上能看到城市"では、視線の「SからOへの軌跡」を「働きかけ」と捉え、見た結果、対象物という映像を捉えたという「OからSへの軌跡」を「獲得」として認識することが可能である。これに対し、"听"［聞く］では（Oから発せられる）音声のキャッチという性質により獲得義の方が際立っているように思われる。しかしこの場合にも、やはりOへの働きかけを表していることは"<u>从</u>外面听"［外から聞く］（→ 在）という表現が成立することからも分かる。こうした関係は次のように図式化できる。

```
         看                           听
   S  ←--------→  O          S  ←--------→  O
   L                          L
```

※ 右向きの矢印は「働きかけ」、左向きの矢印は「獲得」、破線は「移動が背景化していること」を表す。

Ⅱ.（− ＋）のパターン
　②の例：<u>在</u>书包里拿书（→ 从）
　　　　［かばんの中から本を取り出す］

　第7.1.3節でみた②ではその行為を行った結果として、意味的にOがLから離脱している。この移動は第7.1.2節でみたような方向移動動詞によって示されるものではない。この場合SがLに存在していないため、Lを「来源」（モノの出どころ）と捉えて"从＋L"を用いることができる。動詞"拿、抓、捞"などによって表されるOのLからの離脱は動作主体による「獲得」として捉えられる。そうした意味で知覚を表す動詞"发现""知道"なども、この②のパターンに分類される。

　（18）小青年们早<u>从</u>汪书记的一番话里知道了倪院长是谁，
　　　　　　　　　　　　　　　　　《叶辛「家教」233》（→ 在）

　　　　［青年たちはとっくに汪書記の話から倪院長が誰であるか知っていた］
　(19)　在她身上，他看见了一个男人从女子所能得的与所应得的安慰。
　　　　　　　　　　　　　　　《老舍「骆驼祥子」210》（→ 从）
　　　　［彼女の身の上に、彼は男が女から得ることができる、また得なければならぬ慰めを見出していた］
　(20)　有一天，我（在／从）报纸上发现了一条重要新闻。《李大忠1996：64》
　　　　［ある日、私は新聞で1つ重要なニュースを発見した］
ここでは情報を獲得している。一方、次のような例では"从"は使用できない。
　(21)　我是在报纸上看过那个消息的。（→ *从）
　　　　［私は新聞でそのニュースを見たことがある］
これは（−　＋）のパターンであり（従ってLは「働きかけの起点」にはなり得ない）、かつ獲得（OのS側への移動）には該当しない（従ってLは「来源」にはなり得ない）ためである。

Ⅲ．（＋　＋）のパターン
　④の例：他在地上捡石头（→ 从）
　　　　　［彼は地面から石を拾った］
　その行為があくまでもLで行われるという点でⅠのケース同様、"在＋L"はSの「存在の場所」であると同時に、「行為の場所」として捉えられる。しかし、Oの移動に着目した場合、"从＋L"を用いてOの移動の起点である「来源」を表すことができる。動作動詞"买""借"などは対象物の移動を明示するものではないが、獲得をOの移動として捉えることにより、"从＋L"を用いて「来源」を表すことができる。これは④のパターンの周辺的なタイプであるといえる。
　(22)　a．在商店买东西（→ 从）
　　　　　　［店でモノを買う］
　　　　b．在图书馆借书（→ 从）
　　　　　　［図書館で本を借りる］
　次に⑤のパターンについてみる。
　⑤の例：在北京发了一封信（→ 从）

　　　　［北京で手紙を1通出した］
⑤はL上に位置するSからOが発せられる場合であり、「起点」と「行為の場所」（"原点"）の交替が可能となっている。ここでのOの移動義はVの有する使役の意味によってもたらされる。また移動するものは具体的なものに限られず、⑤と同様Lが「働きかけの起点」となっている①でみた"看"の表す「視線」も、ここでいう移動物に相当する。[3]

　"在"を使用した場合には、OがLを超えるかどうかについては積極的には言及されていない。"从"を使用する背景には着点の存在が想定され、その二点間を結ぶことによってLという空間が点的に捉えられ、それがOの移動の起点となる。[4] そして、OがLを超えた異領域にわたる移動を表すことになる。従って着点としての目標物を想定して用いられる動詞の場合には、"在""从"ともに同等の意味を表しうる。例えば（ボールを）「投げる」「蹴る」という行為についてみると

　　(23)　a.　"投"　　　　　向一定目标扔《现代汉语词典》
　　　　　　　　　　　　例：在防护网对面投球（再録）（＝从）
　　　　　　　　　　　　　　［フェンスの向こうから球を投げる］
　　　　　b.　"射门"　　　　着点はゴール
　　　　　　　　　　　　例：在线外射门（＝从）
　　　　　　　　　　　　　　［ラインの外からシュートする］

ここでは動詞（フレーズ）が着点指向であるため、"在""从"のどちらを用いても、その表す意味に大差はみられない。これに対し、次のように目標物が明確でない場合、"在＋L"ではその本来もつ［－方向性］という意味特徴により、その範囲内での行為としての読みが優先される。

　　　　　c.　在场外扔球（≠从）
　　　　　　　　［場外で（≠から）ボールを投げる］
　　　　　d.　在线外踢球（≠从）
　　　　　　　　［ラインの外で（≠から）ボールを蹴る］

"在"を用いると「領域内での行為」を表すが、これは"扔球""踢球"というのは互いにボールをやり取りして遊ぶといういわば不定の方向性を有する行為として解釈可能であるためである。一方、"从"を用いると既述のようにLが

放出の起点として点的に捉えられ、「領域を超えたOの移動」を表すことになる。

7.1.5. 小結

以上、"S+在（从）+L+V+O"形式の各構成要素についてまとめると、次の表のようになる。

S・Oの存在位置・領域	"在+L"の意味役割	"从+L"の意味役割	→ 移動方向に基づく解釈
Ⅰ（+ −）①異領域	行為の場所	働きかけの起点	Oへの働きかけ
Ⅱ（− +）②異領域	来源	来源	OのLからの離脱、獲得
（③）異領域	着点	φ	OのLへの付着
Ⅲ（+ +）④同領域	行為の場所	来源	OのLからの離脱、獲得
⑤同領域	行為の場所	働きかけの起点	OのLからの離脱、放出

①⑤について"从"を用いた場合、ともに「働きかけの起点」を表してはいるものの、①は異領域に存在するOに対する働きかけであり、⑤は同領域から異領域へのOの移動（すなわち所有しているモノの放出）だという点が異なる。②④についてはともに「獲得義」を表しうるものの、S・OのLに対する存在領域により、"在+L"の意味役割に差が出てくる。④ではSがLに存在した上での行為であり、"在+L"は「行為の場所」を表す。"从+L"を用いた場合には、Oの移動の起点としての「来源」を表すこととなる。②ではSがLに存在しないため、"在+L""从+L"ともに「来源」を表すこととなる。

7.2. 移動に対する認識

次の例では"在+L+V+O"形式により、「OのLからの離脱」が表されているものの、全ての"在"を"从"と置き換えられるわけではない。

(24) 在锅里盛饭（例（4）再録）（→?从）
　　　［鍋から飯を盛る］

(25) 在黒板上擦字（→ *从）
　　　［黒板から字を消す］
(26) 在猫身上抓跳蚤（例(16)再録）（→ 从）
　　　［猫の体からノミを取る］
(27) 在书包里拿书（再録）（→ 从）
　　　［かばんの中から本を取り出す］
(28) 我在小炕桌上端了灯《李临定1988：20》（→ 从）
　　　［私はオンドルの上に置く小机からランプを運んだ］

ここでは移動に対する発話者の「イメージ」が関わっているように思われる。例えば(24)"盛饭"という行為に発話者が対象の移動を読み取るかどうかによって、成立の度合いにばらつきがみられる。(26)～(28)の"抓、拿、端"などモノの移動が明確に認識できる場合には"从"が使えるのに対し、距離・動きを伴ったモノの移動ではない(25)"擦字"においては"从"では不成立である（例(11)をあわせて参照）。

　また、LからのS離脱をSとの関係で捉えた「除去義 — 獲得義」は方向の違いによるものであるが、"从"の使用に関して違いがみられる。次の例は抽象的な移動ではあるものの、除去義を表す場合には"从"では不成立となる。

【除去義】
(29) 我在第三页上删了两句话。《范继淹1982：175改》（→ ?从）
　　　［私は3ページ目から2語削った］
(30) 在黒板上擦字（例(25)再録）（→ *从）
　　　［黒板から字を消す］

これに対し、獲得義では"从"が成立する。

【獲得義】
(31) 我在第三页上摘了两句话（→ 从）
　　　［私は3ページ目から2語抜粋した］
(32) 我在字典查到了这个字（→ 从）
　　　［私は字典でこの字を探し当てた］

上記(26)(27)で成立した"抓、拿"なども獲得義であった。獲得という行為には「起点」（来源）と「着点」（動作主体）という二点が想定できるため、

第 7 章 "从／在＋L＋VP"形式（2）

除去義よりも移動がより明確なものとして捉えられることになる。

7.3. 移動領域

次の例ではS・Oの存在領域の違いにより、"从"の使用に関して差がみられる。

(33) a. 他在飞机上看海（＋　－）（→ 从）
　　　［彼は飛行機から海を見る］
　　b. 他在飞机上看书（＋　＋）（→ ＊从）
　　　［彼は飛行機で本を読む］

動作主体と対象が同じ場所に存在する（33b）では"从"は使えない。ここではその行為自体はあくまでLで行われており、例（33a）においては見る対象物がたまたまLとは異なる場所にあるだけにすぎないものの、異領域間の移動ではその境界が起点となりうるため、"从"を使用できる。しかし、次の例（34）はLからの働きかけによるOの異領域にわたる移動である①のパターンに相当するものであるにもかかわらず、"从"の使用は不自然となる。

(34) 在岸上钓鱼（＋　－）（→？从）[5]
　　　［岸で魚を釣る］

中川1990は「（前略）「在岸上釣魚」は日本語では「岸｛で／から｝魚を釣る」と「で／から」のいずれもが可能であるが、中国語の「從（从：引用者注）」[6]は仕手と受け手とを結ぶ線がとぎれていることが条件なので、この「在」を「從」に替えると不自然になる」（235頁）と述べている。この記述に基づくと、例（34）"在岸上钓鱼"はSとOが完全に切り離された異領域にある典型的な①とも、同領域にある④とも異なることになる。王占華1996：436－437には"他在地里拣麦穗。""他在房间里拿东西。"という例についての「OのLからの離脱」という意味特徴に基づいた"从"の使用の可否に関する記述がみられる。前者の例を本章での分類パターンに当てはめてみる（後者の例についても結果は同様）。

(35) 他在地里拣麦穗。［彼は畑で／から麦の穂を拾う］
　　　他在路旁，拣地里的麦穗。（＋　－）（→ 从）

　　　　　　他在地里，拣路旁的麦穗。（＋　－）（→ 从）
　　　　　　他在地里，拣地里的麦穗。（＋　＋）（→ *从）
つまり（＋　＋）のとき、"从"は使用できない。王占华1996の二例のL（地里、房间里）のような空間については、S・Oが同領域中に位置するため境界線となるものは存在せず、Lからの離脱として捉えられないためである。しかし（＋　＋）のパターンであっても、Oの移動をLの表面（来源を境とした空間）からの離脱と捉えることにより、異領域間の移動と認識することが可能である（(36)は前述例の再録）。
　　（36）　他从地上捡石头（＋　＋）（→ 在）
　　　　　　[彼は地面から石を拾った]
そうすると例（34）"?从岸上钓鱼"は不成立であったが、Lを来源と捉えて
　　（37）　从河里钓鱼（－　＋）（→ 在）
　　　　　　[川から魚を釣る]
とすると成立する。ここではSとOはつながっているが、Lの内面からの離脱を異領域間の移動と捉えているのである。また、（＋　＋）で獲得のパターンを表す
　　（38）　?从河里摸鱼（＋　＋）（→ 在）
が成立しないことについても、"摸鱼"という行為は「（水中で）魚を捕る」ことを表しているにすぎないためであり、さらにその捕獲した魚を自分の元へ引き寄せるところまで明確に表すには、結果補語"到"を付加してOの移動（水中からの離脱）を示す必要がある。
　　（38）'　从河里摸到鱼了（→ 在）
　　　　　　[川の中から魚を捕まえた]
①②の異領域間の移動では、その境界が起点となっていた。④では、行為遂行以前にはS・Oは同領域中に位置しているものの、行為の結果としてOがLから離脱するという意味では、①②同様、異領域間にわたる移動であるといえる。

7.4.　まとめ

　本章で扱った"在＋L＋V＋O"形式において、Lはあくまでも行為を行う

場所であり、その行為の結果として意味的に対象の移動を引き起こしている。この点では、主体の移動を生じさせる様態を表す動詞（例：走、跑、游、飞……）を用いた場合も同様であり、Lを動作・行為を行う場所と捉えて"在"が用いられる。

(39) 在天空中飞
　　　［大空を飛ぶ］

"来""去"など方向性を融合した移動動詞の場合には、"在"とは共起できない。移動様態を表す動詞は［－方向性］という意味特徴を有しているため、"从"を用いた場合、方向性を付与する必要がある。

(39)′ *从天空中飞
　　　→ 从天空中飞下来／飞到树上
　　　　［大空から舞い降りてくる／木の上に舞い降りる］

これに対し、本章でみた対象の移動では、移動の方向は動詞の意味によって規定されるため、"从"を用いた場合であっても必ずしも方向補語の付加を必要としない点が、主体の移動とは異なるといえる。

注
1) Sの移動を表す場合、"在""从"の使用は"来／去"による統語的拘束（例：在树林里跑―从树林里跑过来）、移動領域（例："?火车在桥上通过。"は一見不自然だが、進行義（移動は領域内）では成立する）などに左右される（第6章参照）。なお、S＋Oの移動（例：买来［買ってくる］／借来［借りてくる］）については第9章参照。
2) （－　－）のパターンの例として斉沪扬1998b：112－113（范継淹1982：180にも同様の記述あり）は"小明在桌子上写字"を挙げ、"小明坐在桌子前，把字写在纸上。"と説明している。しかしその紙はあくまで机の上にあることからも、意味的には（－　＋）のパターンの一種として捉えることが可能である。
3) 池上1981：166参照。
4) 「起点―着点」という二点を結び付けることにより、漠然とした空間であっても点的に捉えることが可能となる。
　　　从这儿到火车站很近。
　　　［ここから駅までとても近い］
5) 次の文では"在"でなく"从"を用いた場合、例えば「人から借りたのではなく」という対比の意味が強調される。
　　　他从银行取钱买了电视机。（→ 在）

　　　　　［彼は銀行から金を引き出してテレビを買った］
　原1998は「"从"が多元的、"在"が一元的な観点を有する」ことを述べたものである。この概念を援用すると、例（34）の

　　　　　?<u>从</u>岸上钓鱼（→ 在）

という不自然な表現についても、対比的（疑問詞による選択義）に用いられると成立するようになる。

　　　　　A：你从哪儿钓鱼? 从岸上还是从船上?
　　　　　　　［君、どこで魚を釣るの？岸から、それとも船から？］
　　　　　B：我从岸上钓鱼。
　　　　　　　［岸から釣る］

6) 日本語では仕手と受け手が明確に区切られた別の領域にあるときは「で」ではなく、「から」が使われる（例：飛行機から（*で）海を見る）。中川 1990：235 参照。

7) 「獲得義」が明確になるということは、第7.2節で言及した「着点の想定」ということに該当する。

第8章 "去＋VP"形式と"VP＋去"形式

8.0. はじめに

　いわゆる連動文（VP_1＋VP_2：VPは動詞フレーズを表す。以下特に必要のない限り、動詞のみから成る場合（本来は「V_1＋V_2」と示すべきもの）もこれで表す）においては通常行為の継起する順に動詞（フレーズ）を並べるが、一方の動詞が場所目的語を伴っていない"去"であり、「VPがその目的を表す」場合には入れ替えが可能である。

　（1）a. 我去买菜。
　　　　　［私はおかずを買いに行く］
　　　　b. 我买菜去。
　　　　　［同上］
　　　　c. 我去买菜去。
　　　　　［同上］
　　　　　　　　　　　　　　《丁声树等1961：113》
　（2）a. 我去找他问问。
　　　　　［私は彼を探しに行って、ちょっと聞いてみる］
　　　　b. 我找他去问问。
　　　　　［同上］
　　　　c. 我找他问问去。
　　　　　［同上］

丁声树等1961：113は例（1a）〜（1c）の3つの文について同じ意味を表すとしている。朱德熙1982：165－166は（1b）の"去"について軽声で発音されることから"一种虚化了的动词"とし、そのために（1c）のように、前にさらに"去"が現れることもあり得るとしている。（2）は動詞（フレーズ）が3つ並んでいるケースである。

本章では、VPが"去"の目的を表す"去＋VP"形式と"VP＋去"形式の意味的・統語的相違、およびそこから生じる表現的効果について、移動動詞"去"の表す移動段階というものを考慮に入れつつ考察する。また、それらと移動の方向が逆になる"来＋VP""VP＋来"両形式についてもあわせて考える。

8. 1. "去"とVPの意味関係について

陆俭明1985は"去＋VP"形式と"VP＋去"形式を比較して""去＋VP"较单一，只含有一种语义结构关系；"VP＋去"要复杂些，含有六种不同的语义结构关系"（120頁）と述べている。前者でいう一義というのが「VPが"去"の目的を表す」というパターンである。

　（1）a.　我去买菜。（再録）
ここでは統語的には「行って（それから）買う」という行為の順に動詞が並んでいるものの、"去"とVPの間に"了"を入れて行為を断絶させることができず（*我去了买菜）、また

　（1）b.　我买菜去。（再録）
と語順を入れ替えてもその表す意味に大差はみられないことから、意味的には行為の発生順序よりも、目的関係に主眼が置かれているといえる。

　"去＋VP"形式は「移動＋目的の行為」という2つの段階から構成されており、VPには動作動詞が用いられるが、VP自体に移動義が含まれるケースもある。例えば

　（3）a.　去中国旅行
　　　　　　［中国に旅行に行く］
　　　b.　去公园散步
　　　　　　［公園に散歩に行く］
における"旅行""散步"は［－方向性］の動作動詞であるものの、意味的には目的地に至るまでの移動経路をもカバーしている。つまり家を出た時点で既にその行為は始まっているのである。しかし"在中国旅行""在公园散步"の形が成立することからも、やはり着点における行為がメーンのものとして認識

されており（第3.1.1節参照）、その意味では"去旅行""去散步"についても行為の継起の順に動詞が並んでおり、目的関係にあるといえよう。またVPに方向移動動詞"上"［行く］を含んだ"上班""上学"については

【条件】①"在"で行為の行われる場所を導入できる（例：在公司上班）
②場所目的語（以下「L」とする）によって目的地を示せる
（例：去公司上班）
③時量表現とともに使える（例：上了三天班）

といった条件が成り立つことから、統語的には異なった振る舞いをする移動義のみならず動作義も有しているといえる。従って、

（4） a. 去上班
　　　　［出勤する］
　　　b. 去上学
　　　　［学校に行く］

これらも目的関係にあるといえる。"上街"については、上記条件①②は満たさず、③の用法に当たる"上了一会儿街"《动词用法词典632》についてもインフォーマントによると規範的とは言い難く、"*上了一个小时街"のような明確な時間量との組み合わせになるともはや成立の余地はない。つまり"去上街"という形は成立するものの、そこで感じられる「買い物をする」「街をぶらつく」といった類の動作義（つまり街に着いた後で行う動作）というものは、あくまでも「街へ行く」という行為の背景から連想されうる語用論的な要素に依存したものであり、それ自体ではやはり動作義は希薄となっている。一方、"上公园""上北京"など"上"とLが自由な結び付きになると条件①～③には該当せず、また上述の"上街"のような連想義も有さず、純粋に移動義のみを表す。故に目的関係にはなく、"去＋VP"の形は成立しない。

（5）＊去上北京

「行く」という行為にはその背景に、何らかの目的が想定可能である。移動と目的の関係については盧濤1995の「「去」は何かの目的を達成するための移動であって、目的地だけでなく、目的（行為）と関連するのがその本質的な特

徴である」(16頁)という記述にもみられるように、相互に密接な関わりをもっているといえる。同様のことは日本語でも「～シニ」とくると、主節には「行く・来る」を中心とした移動動詞が続くことからも明らかである。

8.2. "去"とVPの意味上の重点

　前述例（1a）と（1b）の二文には大きな意味的相違は認められないとはいうものの、形式の違いは意味の違いの反映であるとされる。連動文中における前後の動作の意味上の軽重の区別についてはしばしば問題となるが、語用論的にみた場合の"去＋VP"形式と"VP＋去"形式の相違については、陆俭明1985：126－127に次のような記述がみられる。

　　去＋VP　……　意在强调施动者从事什么事情，而不在强调施动者位移的运
　　　　　　　　　动趋向
　　VP＋去　……　意在强调施动者的位移，而不在强调位移后所从事的事情

つまり意味上の重点が置かれているのはそれぞれ後ろの成分であり、こうした区別は確かに筆者が収集した実例においても多くみられた。
　　（6）　他决定去拉车，就拉车去了。《老舍「骆驼祥子」7》
　　　　　　［彼は車を引きに行こうと決意すると、すぐに車を引きに行った］
　　（7）　走，咱们还是找巡警去！《老舍「龙须沟」95》
　　　　　　［行こう、やはり巡査に会いに行こう］
　　（8）　～赶紧走，躲躲去！冯狗子调了人来，还了得！《老舍「龙须沟」96》
　　　　　　［早く行くんだ、隠れに行くんだ、犬ころの馮が人をよこしたら、大
　　　　　　変なことになるぞ］
（6）では文の前半と後半における"去"と"拉车"の語順の入れ替えにより、意図された行為（計画）が、その行為を実行するための移動へと移行している様が読み取れる。（7）（8）についてはその場からの離脱を表す"走"とともに、"VP＋去"の形が用いられている。しかし、このような区別を前提としつつも、実際の使用状況においては次の例のように、どちらの形でも成立する。

（9）甲 ： 他在吗？
　　　　［彼いますか］
　　乙₁：不在，他复印去了。
　　　　［いないよ、コピーしに行った］
　　乙₂：不在，他去复印了。
　　　　［同上］

「そこにはいない」ということを強調するという意味で、"VP＋去"形式を用いた乙₁は回答としては適切であるが、現実には"去＋VP"形式を用いた乙₂の形も成立する。

　陸儉明1985の上記のような記述に対して、中川1991：139－140は「何をしに行くの？ ― 旅行に行きます」という言い方が中国語では"你去干什么? ― 我去旅行""你干什么去? ― 我旅行去"のように両方のタイプで成立し、疑問詞に対する答えの部分、つまり前者では後ろに置かれた"旅行"に、後者では前に置かれた"旅行"（本当は"旅行去"全体）に重点があることから、前後どちらに重点があるのかという議論自体を疑問視している。

　焦点というのは音声的な強調、情報構造、コンテクストなどに左右されるため、どちらに意味上の重点があるかということは一概にはいいきれない。平井・加納1991は機能面における必要度（必須要素・副次的要素）という面から

　（10）a. 不上街买菜
　　　　　［街におかずを買いに行かない］
　　　　b. 不坐车上街
　　　　　［車に乗って街に行かない］

という例文において、（10a）では"上街""买菜""上街买菜"のいずれに否定の焦点が置かれるかは文脈によるものであるのに対し、（10b）のようにVP₁が手段・方式を表す場合には文脈の助けなしに、機械的に否定の焦点がVP₁に（つまり"坐车"に）定まるとしている。ここでいう（10a）とは、本章でいう「移動＋目的」に当たるパターンである。

　日本語では通常、以下のような表現で、その否定する部分を区別することができる。

(11) a. 買いに行かなかった（「買いに行く」全体を否定）
　　 b. 買いに行ったのではない（「買う」を否定 → 見に行ったのだ）
しかし中国語では、(11b) のようにコトガラを否定する"不是"を用いた場合でも以下のように両タイプで成立するため、その区別は難しくなっている。
(12) a. 我不是去旅行，而是去学习。
　　　 ［私は旅行に行くのではなく、勉強しに行くのだ］
　　 b. 我不是旅行去，而是学习去。
　　　 ［同上］

8.3. "去＋VP"形式と"VP＋去"形式

　ここからは"去＋VP""VP＋去"両形式の統語的特徴について、個別に考察する。

8.3.1. "去＋VP"形式

8.3.1.1. "去＋L＋VP"

　前述の陆俭明1985で扱っているのは"去"が直接VPに結び付いた形（"去＋VP"）についてである。ここでは移動の目的地である場所目的語Lが加わった"去＋L＋VP"という形について考えてみる。
(13) a. 去图书馆 借书
　　　 ［図書館に本を借りに行く］
　　 b. 去上海 出差
　　　 ［上海に出張に行く］
これは目的地、目的の行為ともにそろった形で、どちらに意味上の重点があるかに関しては中立の叙述である。このことは、例えば否定形
(14) 我不去南京路买东西。《叶盼云・吴中伟 1999：221》
　　　 ［私は南京路に買い物に行かない］
では、統語的制約により"不"は"去"の前に置かれるため、コンテクストによって"去南京路""买东西"のいずれをも否定することが可能であることか

らも分かる。[4)]

　"去＋L＋VP"形式では行為の発生順に述語動詞が並んでおり、目的の行為を遂行するためには、先ずLへの到達が前提となる。つまりVPとの関連において"去"は着点指向となるため、移動そのものではなく到達段階（移動の結果）に重点がある"到"を用いた"到＋L＋VP"形式と同義になる。

　　(13)′　a.　到图书馆借书
　　　　　　　［図書館に行って本を借りる］
　　　　　b.　到上海出差
　　　　　　　［上海に出張する］

また、これらの形は「場所＋行為」という構造の点では"在＋L＋VP"形式と共通するものである。

　　(13)″　a.　在图书馆借书
　　　　　　　［図書館で本を借りる］
　　　　　b.　在上海出差
　　　　　　　［上海で出張中だ］

(13) および (13)′と (13)″の違いは移動を前提としているか否かということである。

8.3.1.2. "去＋φ＋VP"

　Lが当事者間で明確である場合、または問題となっていない場合[5)]には、Lに言及しない"去＋φ＋VP"という形をとることができる。

　　(15)　a.　去 借书
　　　　　　　［本を借りに行く］
　　　　　b.　去 游泳
　　　　　　　［泳ぎに行く］

ここではLは現れていないものの、Lが移動目的の行為と関連していることは以下のような会話からもみてとれる。

　　(16)　甲：你去哪儿？　　　①
　　　　　　　［君どこに行くの］
　　　　　乙：我去旅行。　　　②

　　　　［旅行です］
　　甲：去哪儿旅行？　　　③
　　　　［どこに旅行に行くの］
　　乙：去中国旅行。　　　④
　　　　［中国に旅行に行きます］

(16) ①-②では場所を尋ねて、動作動詞で答えている。会話としてはこれだけでも完結しうる。必要があれば、さらに③④と展開していくのである。例えば"他在哪儿？"という問いに対しても、その回答としては"他去复印了。""他复印去了。"ともに可能であるが、ここでは、いずれも「彼がその場にいない」ことを伝えているにすぎない。具体的な居場所については"复印"という行為からの推測となる。

　例（14）でみた"我不去南京路买东西。"では"去南京路""买东西"のいずれも否定の焦点域に入っていたが、Lをはずした"我不去买东西。"では"买东西"のみを否定することになる。つまり"去＋φ＋VP"形式においてはVPに意味上の重点があるといえる。また情報量のバランスという点からみると、Lが省略されうるのはLが問題となっていない場合や当事者間で明確となっている（つまり既知の）場合であり、そうした場合、VPは新情報、つまり焦点となる。

　もっともLがない場合には、"去"は「移動実義」ではなく主動詞の前に位置して述語として機能せず、動作者の「意向」を表しているという解釈の余地は常に存在するわけであり、その意味でも"去＋VP"の形ではVPに意味上の重点が置かれるといえよう。范晓1998：75に"你问你妈去。""我买几个橘子去。"という例について（下線は引用者による）、

　　如果要强调目的，在表示目的的动词短语前还可以加上"来""去"。例如：
　　　a. 我去买几个橘子去。
　　　b. 你去问你妈去。

という記述がみられる。これは本章では扱っていない"去＋VP＋去"という形だが、こうした操作により、意味上の重点がVPにあるとされる"去＋VP"

という形をつくることになっている。

8.3.2. "VP＋去"形式

"我买书去。"という形式における"买书""去"はともに主体の動作であり、刘月华1980：82－83はこれを"连动句"としている。この種の形式の"去"は軽声で発音されるものの、朱德熙1982は"（前略）"去"仍旧保留着表示运动趋向的意义"（166頁）と述べ、これを"连谓结构"（連述構造）（ただし朱の例は"我买菜去"）としている。

一方、"V₁＋去"の"去"が述語動詞ではなく、方向補語である（従って"V₁＋去"は"述补结构"（動補構造））とされるものについては、通常次のような点がその根拠として挙げられる。

    ⅰ) V₁が方向を表す移動動詞の場合
        例：进教室去、回去
    ⅱ) V₁が移動の様態・方式を表す場合
        例：带去、拿去、飞去
    ⅲ) V₁が他動詞で、"去"が対象の移動方向を表す場合
        例：寄去了一封信、送一些水果去

これらのV₁と"去"の間には、目的関係は存在しない。

8.3.2.1. V₁が移動動詞の場合

ここではV₁が移動動詞となっている場合についてみる。

まず[＋方向性]の「方向移動動詞」を用いた

  （17）a. 上去
      ［上っていく］
    b. 回去
      ［帰っていく］
    c. 进去

　　　　　　　［入っていく］

などについては、"去"は補語とされ、連動文には含まれない。こうしたものは非継起的な主体の移動を表している。

　次に［−方向性］の「様態移動動詞」を用いた

　　(18) a. 走去

　　　　　　［歩いていく］

　　　　b. 跑去

　　　　　　［走っていく］

などは移動の手段・方式を表している。従ってこの形式については間に助詞の"着"を入れてその意味を明確にした

　　(19) a. 走着去

　　　　　　［歩いて行く］

　　　　b. 跑着去

　　　　　　［走って行く］

などと通じる面をもつことからも(18)も連動文の一種とみなされる場合もあるものの、(19)とは異なり"去"が軽声で発音されることからも、やはり(18)は一般の連動文とは異なるといえる。

　この手段・方式を表すパターンについては単独では多義であり、発音の相違が意味の相違に反映される。例えば"骑马去"というフレーズについて朱徳熙1982：166は"去"が重読されると「馬で行く」という方式を表す意味になり、軽読されると「馬に乗りに行く」という目的を表す意味になることを指摘している。[7]これは"骑马"が動作動詞であるためである。同様に、移動動詞のうちで様態を表すもの、例えば"跑"などについても、その動作動詞としての側面を捉えた場合には「走りに行く」という目的関係を表すことは可能である（以下Ⅱのケース）。以下は李冠华1991：14にみられる記述である（体裁は引用者による）。

　　Ⅰ．跑去了（述补关系）["去"读轻声]

　　　　孩子扬起双臂，朝着妈妈飞快地跑去了。

　　Ⅱ．跑去了（连动关系）["去"读轻声]　→　去跑去了

第8章 "去＋VP"形式と"VP＋去"形式　177

　　　天刚亮他就上环城马路跑去了。
　Ⅲ．跑去了（连动关系）["去"重读]　→ 跑着去了
　　　上班时间快到了，自行车又偏偏不在，他无可奈何，只好跑去了。

　また"到"との組み合わせという観点からこの形についてみてみると、"到"には一般の介詞のように自由に動詞フレーズとは結び付かず、後ろには単独の"来、去"しか来ることができないという統語的制約がある。すなわち"到〜跑去"のような形は、「〜に走っていく」という意味の"跑去"が動補構造となった形では使えない。次の例では"V去"のVはいずれも移動の目的を表している。[8]

（20）a. 你到外面跑去，我需要安静。
　　　　［君は外に走りに行きなさい、私には静寂が必要だ］
　　　b. 你到外边走去，别在屋里走来走去的。
　　　　［君は外に歩きに行きなさい、部屋の中で行ったり来たりしないで］
　　　c. 他经常到校园里散步去。
　　　　［彼はいつもキャンパスに散歩に行く］

8.3.2.2.　V_1が動作動詞の場合

　Vが（非移動的な）動作動詞、"去"が主体の移動方向を表す場合、"V＋去"形式は多義となる。例えば"买去"については、次の両義が存在する。[9]

（21）买去
　　　a. 買っていく【継起的】
　　　　剩下的苹果都被他买去了。《动词用法词典490》
　　　　［残ったリンゴは全て彼に買っていかれた］

　　　b. 買いに行く【目的関係】
　　　　甲：没有酱油怎么办？
　　　　　　［醤油がないよ、どうするの？］
　　　　乙：让他买去吧。（→ 让他去买吧。）
　　　　　　［彼に買いに行かせよう］

(21a)は対象の移動を伴った継起的な行為を表す動補構造である。(21b)は「〜シニイク」という目的関係にある連動構造である。もっとも(21a)の意味では通常"买走"の形が用いられるため(後述第9.3節参照)、"买去"の意味としては(21b)の方が無標(unmarked)だといえる。

　また、連動文「V_1＋V_2」形式中のV_2の統語的制約として、V_1が単独の動詞である場合にはV_2は単独では用いられないということが挙げられるが(例：?旅行来 → 旅行来了［後述例(45)参照］)、このことは"去"については適用されない。[10]

　　(22)　我拿去。
　　　　　［(連動文として)私が取りに行く］
しかし"V＋去"の語順では"去＋V"よりも自由に成立する度合いが下がる。
　　(23)　a.　你去看吧。— ＊你看去吧。
　　　　　　　［君、見に行ってよ］
　　　　　b.　我去找。— ＊我找去。
　　　　　　　［私が探しに行く］
これはそもそもV_1自体についてみた場合、単独で用いられるのが主として"来、去"およびその複合動詞類(例：回去、上去……)のような移動を表す自動詞であるためである。例(23)については、目的語を付加すると成立するようになる。
　　(23)′ a.　你看他去吧。
　　　　　　　［君が彼に会いに行ってよ］
　　　　　b.　我找他去。
　　　　　　　［私が彼を探しに行く］

8.3.2.3.　Lについて
　"VP＋去"形式においてVPが"去"の手段・方式を表す場合、
　　(24)　a.　骑马去香山
　　　　　　　［馬に乗って香山に行く］
　　　　　b.　走着去火车站
　　　　　　　［歩いて駅に行く］

などのようにLをとれることから、"去"は実質的な意味をもっているといえる。これに対し目的関係を表す場合、"去＋VP"形式における"去"はLをとることができるが、"VP＋去"における"去"については、軽声で発音されるという音声面だけでなく、Lをとることができない[11]という形式の面からも、虚化しているといえる。

(25) a. 去旅行 ── 旅行去
　　　　［旅行に行く］
　　 b. 去中国旅行 ── *旅行去中国
　　　　［中国に旅行に行く］

Lが意識されつつ背景化された"去＋φ＋VP"形式においては、目的の行為遂行の前段階として、"去"は到達段階を表している。一方、"VP＋去"形式における"去"は動作動詞に方向性を付与するものであり、その場合の"去"は、往々にしてその場から離れること、つまり出発段階を表しており、Lを意識したものではない[12]。

さらに「VP＋複合方向動詞」という形式になると、Lがなくても、その形式それ自体が成立しなくなる。

(26) a. 去看看 ── 看看去
　　　　［ちょっと見に行く］
　　 b. 进去看看 ── *看看进去
　　　　［ちょっと見に入っていく］

"*看看上去""*看看出去"などについても同様に成立しない。これは"去"が話者との関係を表しているのに対し、"上、下、进、出……"などの移動動詞は、ある基準点（場所）との位置関係を表し、客観的にその方向が定められるが故に、それらを用いた場合にはLが明確に読み取れてしまうためだともいえよう。つまり"VP＋去"形式で表される移動はLを意識したものではないといえる。

もっとも、"VP＋去"形式におけるLについては動詞の前で提示して、状語的に機能させることは可能である。

(27)"带我出去玩玩？上白云观？不，晚点了；街上蹓蹓去？"
　　　　　　　　　　　　　　　　　　《老舎「骆驼祥子」156》

[遊びに連れていってよ。白雲観は？いや、ちょっと遅いね。街をぶらぶらしに行こうよ]
(28) 先生，你喝够了茶，该外边活动活动去！《老舍「茶馆」14》
[先生、お茶をたっぷり飲んだんだから、外へ体を動かしに行かなくちゃ]
(29) 妈！屋里烤烤去！《老舍「龙须沟」124》
[母さん、部屋の中に暖を取りに行きなよ]

この場合には"去"は着点指向にシフトしているものの、ここで用いられうるLは、"去＋L＋VP"形式の場合にみられるような自由な結び付きではない。

8.4. 移動目的の達成について

8.4.1. 行為の実現

ここでは行為が既に完了している場合における、移動の目的である行為の達成の有無という問題について考えてみる。

(30) a. 去看电影了吗？
   [映画を見に行きましたか？]
   b. 看电影去了吗？
   [同上]

こうした問いに対しては、いずれにも「見た」「見ていない」は"去了。／没去。"という言い方で代用することができる。後者"没去。"は"看"の前段階である"去"自体が実現していないことから、目的行為の未達成は明らかであり、前者"去了。"については語用論的には、通常それだけでも目的行為の達成は含意可能である。日本語においては

(31) a. 買いに行った（実際買ったかどうか不明）
   b. 行って買った（実際に買った）

通常（31a）のような表現が用いられるが、特に結果を強調したい場合には（31b）のような語順をとるという手段がある。（31b）では2つの動詞が並列的に用いられている。中国語では目的関係を表す場合、"去＋VP""VP＋去"

のいずれの語順であってもこの差異は現れない。従って、どちらの形式にも、その後ろに意図していた行為が実現に至らなかったことを表す文を続けることができる。

(32) a. 我去买书了，可是没买到。
　　　　［本を買いに行ったが、買えなかった］
　　 b. 我买书去了，可是没买到。
　　　　［同上］
(33) a. 我去看他了，可是没见到。
　　　　［彼に会いに行ったが、会えなかった］
　　 b. 我看他去了，可是没见到。
　　　　［同上］

中国語では、動詞自体はその行為の意図の実現を必ずしも含意するものではないことはしばしば指摘される。

(34) a. 我记了，可是没记住。
　　　　［?覚えたが、覚えられなかった］
　　 b. 买了两个小时，没买到。
　　　　［?2時間買ったが、買えなかった］

つまり中国語では「行為」と「結果」を別個の段階のものとして示すことが可能であり、そのことと結果補語が発達しているという事象との間につながりを見出すことができる。ここでいう結果の含意については語彙的な問題であるが、"去＋VP"および"VP＋去"形式における移動目的の達成の有無に関しては、動詞"去"の有する語用論的な要因が関連している。"去"は「出発から到達へ」という移動の全過程をカバーできるため

(35) 他去中国了。
　　　　［彼は中国に行った］

という文では

(36) a. 彼は発話場所にいない　【出発】（着いたかどうかは不明）
　　 b. 彼は中国に着いた　　　【到達】（着いた）

という両義を表しうる。つまり"去＋VP＋了""VP＋去＋了"自体では、目的の行為遂行の前提となるLへの実際の到達をも必ずしも保証するものでは

ないのである。
　先に触れたように日本語の場合、結果の含意については以下のような表現で区別することができた。
　　（37）a. 私は図書館に本を借りに行った。（借りたかどうか不明）
　　　　　b. 私は図書館に行って本を借りた。（借りた）
中国語では"了"の位置を変えることにより（その結果「了₂」（語気詞）が「了₁」（アスペクト助詞）となる）、結果の含意は可能となる。
　　（38）a. 我去图书馆借书了₂。（借りたかどうか不明）[13]
　　　　　b. 我去图书馆借了₁书。（借りた）
このことは先の例（32a）を次のようにすると成立しなくなることからも分かる。
　　（32）' a. *我去买了书，可是没买到。
また、（38b）には数量詞を加えられるが、（38a）には加えられない。
　　（38）' a. *我去图书馆借一本书了₂。
　　　　　 b. 我去图书馆借了₁一本书。
　　　　　［私は図書館に行って本を1冊借りた。］
これは（38b）'では目的の行為が実現しているために、より具体的に目的語についても言及できるためであろう。
　次にLとの関係という点から考えてみると、"了₂"を用いた
　　（39）我去买书了。
　　　　　［私は本を買いに行った］
は成立するが、"了₁"を用いた
　　（40）?我去买了书。
になると、フリーコンテクストの単独の文としては（39）よりも文のすわりが悪くなる。ここでは統語的にLが必要となってくる。
　　（41）我去书店买了（那些）书。
　　　　　［私は本屋に行って（それらの）本を買った］
例（38）からも分かるように、（39）と（40）の違いは前者が「本を買ったかどうかは不明」であるのに対し、後者では「買った」という行為の実現が含意されている点にある（その意味で、例（41）では目的語についてより具体的に

言及するためにも、"那些"などがあった方がよいとするインフォーマントもいる)。(40)では「本を買う」という行為が実現している以上、その前段階であるLへの到達は当然ながら保証されている。つまり着点義を明確にし、継起する2つの行為を個別的に際立たせるためにも、(41)のようにLについても言及する必要性が生じてくると考えられる。意味的に到達段階に重点のある"到"を用いた場合にはそのことがさらに明確であり、フレーズのレベルであっても、Lの出現は必須となっている。

(42) *到借书 → 到图书馆借书
　　　　[図書館に行って本を借りる]

また、例(40)の成立の容認度が低い根拠を文が完結しない(言い切りの形にならない)からという点に求めるのならば、次のように動詞が羅列され対比的に用いられた場合には成立するようになる。

(43) 我去买了东西，然后又去看了电影。
　　　　[私は買い物に行って、それからまた映画を見に行った]

ここではもはやLは問題となっておらず、"去＋VP"形式中のVPに意味上の重点が置かれているといえよう。

8.4.2. "了"との関係

結果の含意については、"去＋VP"形式の場合、目的の行為を表すVP中のV_2に"了"を付加することによって表すことができた(例(38b))。一方、"VP＋去"形式の場合には、目的の行為を表すVP中のV_1に"了"を付加すると目的関係ではなくなってしまう。

(44) 我买水果去了。[私は果物を買いに行った]【目的関係】
　　→ 我买了水果去。[私は果物を買ってから行く]【継起的】

そもそも"买去了"において、目的の達成が不明なのは移動自体に重点があるからだともいえるが、さらに特に動作者が三人称である場合など、行ってしまった後の事情を確認できないということが挙げられる。一、二人称である場合に「～しに行った」という言い方で目的の行為の達成まで含意できるのは、発話時にはその場所に戻ってきているという語用論的な状況からの解釈によ

る。"去了"という形自体では出発、到達に加えて「行って戻ってきた」という往復運動における帰着を表すことも可能であるものの（例：暑假他去了中国。[夏休みに彼は中国に行った／行ってきた]）、それを統語的に明確にしたのが継起的行為を表す動補構造"买来了"[買ってきた]類であり、その場合には結果まで含意される。

8.5. "来＋VP"形式と"VP＋来"形式

連動構造としての"去＋VP"と"VP＋去"の語順は入れ替えが比較的自由であるのに対し、"来"を用いた場合には通常"来＋VP"の語順がとられ、"VP＋来"は不成立となるか、あるいは成立しても使用頻度が低い、もしくは文末に"了"を必要とする。

(45) a. ?吃饭来吧。　⟶　来吃饭吧。（"来＋VP"の語順）
　　　　　　　　　　　　吃饭来了。（"了"を用いる）
　　 b. ?旅行来　　⟶　来旅行　　（"来＋VP"の語順）
　　　　　　　　　　　　旅行来了（"了"を用いる）

同様の指摘は小川1987にもみられる。例えば"拿来"という表現についても「取りに来る【連動構造】」「もってくる【動補構造】」という両義が存在するものの、前者の意味を表すときには通常"来拿吧。"の語順がとられ（"?拿来吧。"）、"拿来"では後者の意味が無標（unmarked）である。しかし、こうした関係は絶対的なものではなく、次のような"VP＋来"形式で目的関係を表す実例もみられる。

(46) 余永泽竭力抑制自己的失望、不满，喊着林道静说："你也吃饭来吧。"
　　　　　　　　　　　　　　　　　　　　《杨沫「青春之歌」93》
　　　[余永澤はできうる限り自分の失望、不満を抑えて林道静に叫んで言った。「君も食事においでよ」]

また同様に数少ない"了"がつかない場合として扱われている次のような例について、王还1994は"明显表示将来的动作"（68頁）を表すものとしている。

(47) 他说明天喝茶来。《王还1994：68》

[彼は明日お茶を飲みに来ると言った]

こうした例は実在するものの、例（45）のような図式は、やはり規範として扱われるべきものであるといえる。

陸儉明 1989 は"V 来了"について分析したものであるが、その内容からは"V 来了""V 来""V 去"三者のそれぞれ異なった文法関係が読み取れる。

陸儉明 1989（体裁は引用者）

	動目関係	動補関係	連動関係
V 来了	○（同意来了）	○（走来了）	◎（玩儿来了）
V 来	○	○	✕（*玩儿来）
V 去	○（想去）	○（送去）	○（参観去）

（目的関係）

この表から、連動関係を表すのは"V 来"でなく"V 来了"であることが分かるが、これは例（45）でみた関係にそのまま当てはまる。このように"VP＋来"形式が"了"を付加した形で用いられる原因について、ここでは「着点の役割」という観点から考えてみる。

"去＋VP"と"来＋VP"を比べると、これらは統語的には「移動＋動作」という継起的動作が並んだ形になっており、両者は視点の問題として移動の方向が異なるにすぎない。"去"を用いた場合、移動の目的地およびそこへの到達については、発話者自身が発話時点において必ずしも確認できるものではない。一方、"来"を用いた場合には、着点は発話者の存在する（あるいは関心を寄せている）領域である。王还 1994：68 が"VP 来"に"了"が必要な原因として挙げているのも

> 有趣的是用"来"，则多用"了"结尾，如例 15（15. 你看老李又买肉来了。：引用者注）。因为说话人如果不是见到某人已向自己的方向走来，就不会用这种句式，……

のように着点への移動が明確となっていることである。そのLは明示されてい

なくても、移動先として意味の視野に入っていることは、統語的にLを加えることが可能であることからも分かる。

　　去（＋L）＋VP　～　来（＋L）＋VP　（Lは潜在的）
　　　例：去（＋商店）买东西　～　来（＋商店）买东西
　　　　　去（＋图书馆）借书　～　来（＋图书馆）借书

　連動文は基本的に動作の発生順に動詞を並べるが、"来""去"が用いられている場合には語順を入れ替えることができる旨の記述は、一般の文法書の類でもしばしば目にしうる。ただしこの場合には、直接Lをとることはできない。

　　VP＋去（*＋L）　～　？VP＋来（*＋L）
　　　例：买东西去（*＋商店）～？买东西来（*＋商店）
　　　　　　　　　　　　　　　　→ 买东西来了　【＋"了"】
　　　　　借书去（*＋图书馆）～？借书来（*＋图书馆）
　　　　　　　　　　　　　　　　→ 借书来了　　【＋"了"】

　両形式を比較すると、いずれの場合も着点は問題となっていない。「行く」意味の場合には、そのことがより明らかであり、その場からの離脱を表す"买走"［買っていく］という表現形式を有する。"走"を用いた場合にはその目的を表すことができず、連動構造としての"*买东西走"は成立しない。一方、「来る」意味の場合には、発話者にとってその目的の行為を行う場所としての着点は明確となっている。つまり、行為を遂行するためにはその場所への到達が前提となっているものの、"VP＋来"の形で統語的には直接Lをとれないため、その場への到達・存在義を明確にするために完了を表す"了"が必要になると考えられる。事実、先に挙げた例（47）については「確実に行われる動作である」ことがその「Lへの到達を確実なもの」としているため、"了"なしでも成立しているとも解釈できる。
　目的行為の達成の有無について小川1987：78に

他来吃饭了。　　すでに来て食事を終えた
他吃饭来了。　　来たが食事を終えたかどうかはわからない

という解釈がそれぞれ優勢となっている旨が記述されているが、このことからも"VP来了"では到達に重点があることが窺える。

8.6.　まとめ

　以上みたように、"去＋VP"および"VP＋去"両形式の有する表現的相違には、"去"がどの移動段階を表しているかということが関わっており、その段階は着点であるLの表示の有無や"了"の位置といった要素に影響される。
　一方、着点指向である"来"を用いた場合には、"来＋VP"および"VP＋来"両形式にその着点を如何に反映させうるかということが、統語的差異となって現れてくるといえる。

　　注
　　1) "VP＋去"形式内部における意味関係について、陆俭明 1985：117－121 は
　　　　A：「"去"が受動者の移動方向を表す」（例：寄点儿钱去）
　　　　B：「VPが"去"の方式を表す」（例：乘飞机去）
　　　　C：「VPが移動の着点を表す」（例：回姥姥家去）
　　　　D：「仕手の移動がもう一方の動作（VP）後に行われる」（例：吃了晚饭去）
　　　　E：「"VP＋去"が兼語式構造となっている」（例：派小刘去）
　　　　F：「VPが"去"の目的を表す」（例：我买菜去）
　　　の6種類（体裁は引用者による）に分類している。
　　2) 例えば「{塾／教習所／専門学校}に行く」という表現においては、目的地の性格によって、その目的が明確となっている。
　　3) しかしそのように述べる一方で、陸の同論文中（128頁）には
　　　　（1）爸，我不想在公司里干事了，我想上学去，您同意吗？
　　　　　　　　　　　（中略）
　　　　很清楚，例（1）里的"上学去"重在表示要从事学习的意思，相当于"要上学"
　　　という126－127頁で述べていることとは矛盾した記述がみられる。ここでは"VP＋去"におけるVPに重点があるとしているのである。この点についての指摘は既に盧濤 1995：19 にもみられる。

4) このことは叶盼云・吴中伟1999：221に挙げられている次のような例文からも分かる（下線は引用者による）。
  a. 我不去南京路买东西，我去北京路买东西。
   ［私は南京路に行って買い物をするのではなく、北京路に行って買い物をする］
  b. 我不去南京路买东西，我去南京路看电影。
   ［私は南京路に行って買い物をするのではなく、南京路に行って映画を見るのだ］

5) 例えば「今週の日曜日｛映画見に／スキーしに｝行こう」という類の表現においては、その行為に重点があり、場所は問題となっていない。

6) この解釈を例（1a）に当てはめると「私はおかずを買うとしよう」という意味になる。

7) 王还1994：68－69にも同様のことが述べられている。

8) 例文は名古屋大学大学院生の寇振鋒氏による。

9) "V去"形式の構造について、陆俭明1989：148は"述宾结构"（例：想去）、"述补结构"（例：送去）、"连动结构"（例：参观去）の3つに分けている。

10) 陆俭明1989：149の注釈⑥ほか参照。

11) "出差去上海"［出張で上海に行く］のように"VP＋去＋L"という形が成立するものもあるが、この場合「出張のために」という「原因・理由」の意味を表している点で、"去上海出差"［上海に出張に行く］のような目的関係を表しているものとは異なる。こうしたものに
  a. 比赛去北京
   ［試合で北京に行く］
  b. 插队去农村
   ［生産隊に入るために農村に行く］
  c. 谈判去东京
   ［交渉のため東京に行く］
などがある。張・佐藤1999：49に、強調のために語順を変えた特殊例として"他买东西去商店。"（"去"は去声（qù）：引用者注）という例が挙げられているが、この場合にも
  他买东西去商店，从来不去自由市场。
  ［彼は買い物をするのに店に行き、以前から自由市場には行かない］
のような文脈の支えが必要であり、単独の文としてはやはり不適切である。

12) その場から離れていくことを表す"走"を用いた"买走""借走"になると、目的関係ではなく、「買っていく」「借りていく」という継起的な行為を表すことになる。荒川1994：80参照。

13) 小野2001：154に挙げられている次の対話例で甲の発話が不自然なのは、乙が

「行った」ことに言及しているだけで、「買った」ことは既知とはなっていないことによるものである。

　　甲：昨天我去找你了，你不在。
　　　　［昨日君を訪ねていったら、君はいなかったね］
　　乙：我买东西去了。
　　　　［私は買い物に行っていました］
　　甲：??你买的什么?
　　　　［君が買ったのは何ですか］　　（※以上日本語訳は引用者）

一方、次の例についても、形式の上では上記の場合と同様に目的の達成は前提とはなっていないものの、こちらの対話は成立する。

　　甲：我去图书馆借书了。（例（38a）再録）
　　　　［私は図書館に本を借りに行った］
　　乙：你借的什么书？
　　　　［君が借りたのはどんな本ですか］

このように、ここでの甲の発話も「借りた」ことを積極的に述べたものではないものの、その目的行為の対象（ここでは「本」）が明示されている分、行為の遂行まで含意し　として解釈されやすくなることによるものだと考えられる。

第9章 "V来"形式にみられる「動作義」と「移動義」

9.0. はじめに

　日本語では「店で買ってくる」という表現が可能であるが、中国語ではこれに対応する"*在商店买来"は不成立である。本章では主体の空間移動を表す"V来"形式のうち、"买来"のような継起的動作を表すパターンを取り上げる。これは意味的には「動作＋移動」という組み合わせであるが、動作動詞とその下位類である移動動詞それぞれのもつ「動作義」「移動義」という意味特徴に着目し、介詞フレーズ"在＋L"との共起の可能性について考察を試みる。また、これとは方向的に逆となる「〜テイク」に相当する中国語の動補構造"V去""V走"についてもあわせて考える。

9.1. "在＋L＋V"

　一般に"在＋L＋V"形式は「LにおいてVという動作が行われる（事態が発生する）こと」を表すとされる。ここで用いることができるVは"买、吃、玩儿、休息、散步……"など主体の動作を表すものである。また、動作動詞の一種である移動動詞については、"在＋L＋V"の形で使用できるのは"走、游、跑、飞、飘……"など移動の際の様子を描写した様態移動動詞である。
　（1）　他在树林里跑着。
　　　　［彼は林の中を走っている］
「方向性」を有していない様態移動動詞は通常、中間経路表現を構成する。
　（2）　a．在空中飞
　　　　　　［空中を飛ぶ］
　　　　b．飞在空中
　　　　　　［同上］

このことは主体の移動を引き起こす動作が、移動の最中持続しているということにほかならない。つまりLはあくまで動作の場所として捉えられる。一方、"来、去、上、出……"などの「方向性」を有する方向移動動詞は"在＋L＋V"の形では使用できない。

　　（3）　*他在树林里跑过来。（→ 从）【領域を超えた移動】

例（1）では移動は領域内にとどまっているが、（3）は領域Lを超えた移動である。起点・通過点など、異領域にわたる移動を生じさせる要因となる方向性が表されているときには介詞"从"が用いられる。また、他動詞表現についても動作の結果として引き起こされるモノの移動の方向が明示されると、"在"とは共起できない。

　　（4）　a.　在书包里拿一本书[2]（→ 从）
　　　　　　　［かばんの中から本を1冊取る］
　　　　　b.　?在书包里拿出一本书（→ 从）
　　　　　　　［かばんの中から本を1冊取り出す］

こうしたものに対し、

　　（5）　a.　在椅子上坐下
　　　　　　　［椅子に座る］
　　　　　b.　她在床上躺下来。
　　　　　　　［彼女はベッドに横になった］

のようないわゆる姿勢を表す動詞に方向性が付与された場合には、主体の動きはその場（L）における垂直方向を軸としたものであり、これは異領域にわたる移動（位置変化）とは認識されない。また方向移動動詞を用いていても、"V来V去"のような形をとった場合には［−方向性］であるが故に、"在＋L＋V"形式中での使用が可能となる。

　　（6）　她独自在屋中走来走去,《老舍「骆驼祥子」169》
　　　　　　［彼女はただ1人、部屋の中を行ったり来たりし］

9.2. "从＋L＋V来"

9.2.1. 主体・対象の移動の起点を表すL

　"拉"［運ぶ］のようなそれ自体で「対象の移動を伴った主体の移動（S＋Oの移動）」を表す動詞では、介詞"在"と"从"の対立はいわゆる「領域内」対「領域外」という移動領域の差異に反映される。例えば

　（7）a. 他在河辺拉沙子。　　【領域内での移動】
　　　　　［彼は川辺で（一輪車などで）砂を運んだ］
　　　　b. 他从河辺拉沙子。　　【領域を超えた移動】
　　　　　［彼は川辺から砂を運んだ］

　また主体の移動を伴わない動作動詞"捧"［すくう］（Oの移動）を"从"とともに用いた場合でも、異領域間にわたる移動を表すことができる。

　（8）a. 他在沙灘上捧沙子。　【領域内での（Oの）移動】
　　　　　［彼は砂浜で砂をすくった］
　　　　b. 他从沙灘上捧沙子。　【領域を超えた（S＋Oの）移動】
　　　　　［彼は砂浜で砂をすくって（別のところに移動して）いった］

　動作動詞"买""借"などについては、その「獲得」という性格から対象となる事物の移動が読み取れるため、Lを「動作・行為の場所（9a）」としてのみならず、「来源（モノの出どころ）（9b）」として捉えることが可能である。

　（9）a. 在商店买
　　　　　［店で買う］
　　　　b. 从商店买
　　　　　［店から買う］

これを"买来""借来"という方向性が付与された"V来"という形で用いた場合、「対象の移動の起点（来源）」かつ「主体の移動の起点」を表すLは、統語的には"来"に拘束されて"从＋L＋V来"の形をとることになる。

　（9）′ 从商店买来（→ ＊在）[3]
　　　　　［店から買ってくる］

"买来"は構造的には動補関係にあり、意味的には「動作＋移動」という先後

関係を表す。

9.2.2. "V来""V回来"

いわゆる日本語の「〜テクル」という継起的動作を表す"V来""V回来"に入るVとしては"捡、借、买、抢、偷、选、学、要［もらう］"などがあり、こうしたVには［＋獲得義］という共通の意味特徴が見出せる。

(10) a. 买来 ― 买回来
　　　　［買ってくる／買って戻ってくる］
　　b. 借来 ― 借回来
　　　　［借りてくる／借りて戻ってくる］

これに対し、"吃""看"などでは「食べてくる」「見てくる」の意味を表すのに、この形では成立しない。

　　c. *吃来 ― *吃回来
　　d. *看来 ― *看回来

前者"买来"のタイプでは、動作によって獲得した対象がそのまま付随した「主体＋対象（S＋O）の移動」が表されている。これらをフレーズのレベルにおいて、"在""从"との組み合わせでみてみると次のようになる。

(11) a. *在商店买(回)来　　（→ 从）
　　b. *在图书馆借(回)来　（→ 从）
　　c. *在食堂吃(回)来　　（→ *从）
　　d. *在电影院看(回)来　（→ *从）

(11c／d) は"*吃(回)来"などの形が成立しない以上"从""在"ともに不成立であり、(11a／b) であっても"在"では成立しない。ここで「連続した行為」($V_1 + V_2$) という観点から考えてみると、下記二例では"从""在"ともに使用可能である。

(12) 从前面十字路口，你往东拐一直走就是医院。

　　　　　　　　　　　　　　《李临定 1993：216》（→ 在）

　　　［前の十字路から、東へ曲がってまっすぐ行くと病院だ］

(13) 他从火车站坐出租车走了。（→ 在）

第 9 章 "V 来"形式にみられる「動作義」と「移動義」　195

　　　［彼は駅からタクシーに乗っていった］
"从"を用いた場合、"从＋L"は［＋方向性］の意味特徴を有するV₂の"走"（ここでは「行く」の意味）と呼応するため、Lは主体の移動の起点として認識され、移動に重点が置かれる。一方、"在"を用いるとLはそれぞれV₁である（12）"拐"、（13）"坐"という動作を行う場所として認識される。従って（11）についても同様に「動詞に"了"を加える」[4]、「目的語を加える」といった操作を通して2つの別個の動作として切り離すことにより[5]、いずれの文についても、"在"でも成立するようになる。

(11)′ a. 在商店买了东西回来（→ 从）
　　　　［店で買い物をして帰ってくる］
　　　b. 在图书馆借了书回来（→ 从）
　　　　［図書館で本を借りて帰ってくる］
　　　c. 在食堂吃了饭回来（→ 从）
　　　　［食堂で食事をして帰ってくる］
　　　d. 在电影院看了电影回来（→ 从）
　　　　［映画館で映画を見て帰ってくる］

次の（14）（15）はそれぞれ（11a）′および（11c）′についての実例である。

(14) "～，一定又是她在外边买了什么东西回来跟我二哥要钱来了。"
　　　　　　　　　　　　　　　　《赵树理「三里湾」352》（→ 从）
　　　［きっとまた彼女は外で何か買って帰ってきて、私の2番目の兄に金をせびろうとしているのだ］

(15) 倪院长从南京东路浙江中路口的又一春餐厅吃了早茶早点回来，神清气爽，《叶辛「家教」138》（→ 在）
　　　［倪院長は南京東路と浙江中路が交わるところにある「又一春食堂」で朝食を食べて戻ってきて、気分が晴れ晴れとしていた］

(11a／b)で"在"が不成立なのは"V(回)来"で複合化しており、"(回)来"が方向補語となっているからである。

9.2.3. 「動作義」と「移動義」

「獲得義」を有する動詞を、"在＋L＋V"の形で用いた場合、Lは主体の動作の場所を表すが、意味的には対象の移動を含むので「来源」として認識し"从"を用いることも可能である。

(16) a. 在商店买东西　（→ 从）
　　　　［店でモノを買う］
　　 b. 在图书馆借书　（→ 从）
　　　　［図書館で本を借りる］
　　 c. 在地上捡石头　（→ 从）
　　　　［地面で石を拾う］
　　 d. 在银行取钱买电视机　（→ 从）
　　　　［銀行でお金を引き出してテレビを買う］

これに主体の移動が加わった"＊S＋在＋L＋V来"という形が成立しないのは、複合化した"V来"という形に拘束されることによるものであることは既に述べた。

(17) a. ＊我在书店买来了这本书。　　　（→ 从）
　　 b. ＊我在图书馆借来了这些小说。　（→ 从）
　　 c. ＊他在银行提来这笔款。　　　　（→ 从）
　　 d. ＊他在外边打听来这两条新闻。　（→ 从）

しかし次のように"是～的"構文を用いた場合、あくまで"从"を規範としつつも、"在"についても成立の余地が出てくる。

(18) a. ？我是在书店买来的这本书。　　　（→ 从）
　　 b. ？我是在图书馆借来的这些小说。　（→ 从）
　　 c. ？他是在银行提来的这笔款。　　　（→ 从）
　　 d. ？他是在外边打听来的这两条新闻。（→ 从）

この場合、対象を主題とすることにより、容認度はさらに高まる。[6)]

(19) a. (?) 这本书是我在书店买来的。　　（→ 从）
　　　　［この本は私が本屋で買ってきたのだ］
　　 b. (?) 这些小说是我在图书馆借来的。（→ 从）

第 9 章 "V 来"形式にみられる「動作義」と「移動義」　197

　　　　　　［これらの小説は私が図書館で借りてきたのだ］
　　　c.　(?) 这笔款是他在银行提来的。　（→ 从）
　　　　　　［この金は彼が銀行で引き出してきたのだ］
　　　d.　这两条新闻是他在外边打听来的。　（→ 从）
　　　　　　［この２つのニュースは彼が外で聞いてきたのだ］
上記（18）（19）のケースの実例も、あわせて挙げておく。
　（18）′ 她侧着脸对琴赞了一声，接着便问："你们在哪儿买来的？"

　　　　　　　　　　　　　　　　　　　　　　　　　　　《巴金「家」160》
　　　　　［彼女は横を向いて琴をほめると、続けて言った。「あなたたちはど
　　　　　こで買ってきたの」］
　（19）′ 这是丫头翠环在外面听来的，《巴金「春」7》
　　　　　［これは下女の翠環が外で聞いてきたのだ］
（19a－c）を不適格とした者からも（19d）に関しては成立可とする回答が得られた。これは（19d）の"打听"［尋ねる］という動作自体が、（19a－c）のような明確なモノの移動を伴う獲得義を有するものではないことに加え、インフォーマントが（19d）からは「数ヶ所で聞いている」様子が窺われると指摘するように、移動義よりも動作義に重点があると感じられるためであろう。
（18）を成立可とした者は"是～的"構文においては動作の行われた時間・場所・方式などが焦点化されるという働きに、より動作義を強く見出していると考えられる。そして次の例では"在""从"ともに成立する。[7]
　（20）a.　这是在哪儿买来的？　（→ 从）
　　　　　　［これはどこで買ってきたのですか］
　　　b.　这是在哪儿借来的？　（→ 从）
　　　　　　［これはどこで借りてきたのですか］
　　　c.　这是在哪儿捡来的？　（→ 从）
　　　　　　［これはどこで拾ってきたのですか］
主体のみの移動を表す場合、"＊在＋L＋V 来（Vは"走、跑、回……"など）"という形は成立しない（例（3）参照）。しかしモノの移動を伴った場合には、モノを主題化し"是～的"という形を用いることにより成立するようになる。ここでこのモノの移動について考えてみると、中国語では一般に他動詞の後に

つく方向補語は対象の方向を表すとされる。

  (21) a. 拿出来

     ［取り出す］

    b. 寄去了包裹

     ［小包を送った］

劉月華1980：40は"他帯来了一包水果"という文について、この問いかけとなる"他帯水果来了吗？"の主旨は"水果（帯）来了没有"であって「彼が来たこと」は不問に付されていることを根拠にして、本章で扱っている"借来"の類についてもあくまで方向補語"来"は主体ではなく対象の方向を表したものだとしている。こうした認識に基づくのならば、対象であるモノを主題とした（19）（20）は、もはや主体の移動に言及したものではないといえる。より成立度の高まる例（18）→（19）→（20）の順に動作者である移動主体の関与度、存在の度合いが背景化（弱化）し、モノ中心の記述へと移っている。加えて既に実現済みの事柄に対する叙述においては"来"の表す動作の視点により、着点が発話の場であること、対象が着点に存在していることが確立する。つまり（19）（20）のような眼前のモノについて言及しているケースでは、移動そのものは付加的なものとなった表現であるがために、"在"の使用も容認されうるものと考えられる。

9.3. "V去"について

 一方、"买""借"などを"买去""借去"の形で用いた場合には、通常統語的には連動構造であり、意味的には「〜シニイク」という目的関係を表すことになる。以下例を挙げる。

  (22) 孟大环抓住他，并且大喊道："叫别人买去！〜"《杨沫「青春之歌」411》

    ［孟大環は彼をつかみ、叫んで言った。「別の人間に買いに行かせなさい」］

  (23) （〜霆还没走半步，立刻气愤愤地）别动，愫姨叫她买檀香，叫她买去好了。《曹禺「北京人」466》

    ［（〜霆が半歩も歩かぬうちに、カンカンになって）動かないで、愫

第 9 章 "V 来"形式にみられる「動作義」と「移動義」　199

のおばさんが彼女にビャクダンを買わせたいのなら、彼女に買いに行かせればいいでしょ］

(24) 我笑着说："吃花生米还不容易，姥爷给你买去。"《「北京晚报1993」》
　　　［私は笑って言った。「落花生を食べるのは簡単なことではない。おじいさんが買いに行ってあげよう」］

(25) 小毛道："拿二十块现洋就行，我替你买去！"
　　　　　　　　　　　　　　　　　　　　　《赵树理「李家庄的变迁」86》
　　　［小毛は言った。「20元の銀貨を出せばいいよ、私があなたに代わって買いに行ってあげる」］

　これらと同じ"V去"の形を用いて「～テイク」という意味を表すこともできるが、その場合、統語的には動補構造となる。そして例えば「持っていく」という意味を表す中国語としては"拿去"と"拿走"が相当するが、用法の上では、動詞"去""走"自体のもつ着点に関する意味的な対立がそこではそのまま反映される。これは両形式における"拿"が、移動時の方式を表すものだからである（この点が次にみる"买""借"などと異なる）。例えば介詞"给""向"などの導入により着点が明示されていると、"V去"が用いられる。

(26) 我从食堂给他端去了晚饭。《杉村1991a：111》
　　　［私は食堂から彼に夕食を運んでいった］

　これに対し、同じ意味を先の"买""借"を用いて表そうとすると"?买去""?借去"ではなく、"买走""借走"が用いられることになる。この理由について荒川1994は「（前略）「継起的動作」の場合には、"去"の要求する行き先がかならずしも表層にでてこないため、その場をはなれることに重点がある"走"がえらばれるとおもわれる」(80頁)としている。"买走"が使われた例をみると

(27) 因此，北旅1992年生产的6500辆旅行车有20％被个人买走。
　　　　　　　　　　　　　　　　　　　　　《「北京晚报1993」》
　　　［このため、「北旅」が1992年に生産した6500台のマイクロバスは20％が個人に買われていった］

(28) 一只俄产怀表，要价70元，最后被一个小伙子用65元买走。
　　　　　　　　　　　　　　　　　　　　　《人民日报》

[ロシア産の懐中時計は言い値は70元だが、最後には1人の若者によって65元で買われていった]

ここでは"买去"は使用できない。

(27)′ *～ 有20％被个人买去。

(28)′ *～ 被一个小伙子用65元买去。

(27)(28)に限らず、他の例をみても"V走"は受身の形で使われることが多く、そこでは対象の到達先は問題となっていない。しかし同様に受身の例ながら、次の例においては"买去"の使用が可能であり、その表す意味にも大差はない。

(29) 那一盆，想必被人买走了。《谌容「人到中年」77》

[あれ（あの水仙：訳者注）はきっと誰かに買われていったんだ]

→ 那一盆，想必被人买去了。

これは"了"がつくことにより移動行為の完了、すなわちその場からの離脱が含意されうるためである。

今度は"V去"が用いられた例の側からみてみると、次の「継起的動作」を表す例においては、動作者でもある移動主体が話者にとって既知である点が例(27)～(29)とは異なる。そのために着点は言語化されてはいないものの自ずと想定可能であるため、"借去"を用いることができる。

(30) 他把那本书借去了。

[彼があの本を借りていった]

実例をみてみる。

(31) "我有全份，不过给朋友借去了，等到我去要了回来，就拿给你看。"

《巴金「春」190》

[「私は一式持っているが、友達に借りていかれた。私が取り戻しに行って帰ってきたら、あなたにお見せしましょう」]

(32) 汪太太道："我们那副牌不是王先生借去天天打么？"

《钱钟书「围城」252》

[汪婦人が言った。「私たちのあのパイは王先生が借りていって毎日しているんじゃないんですか」]

(33) ～ 因为这些鸡照例当天全将为城中来的兵士和商人买去，五天以后就

会在城中斗鸡场出现。《沈从文「从文自伝」45》
[〜というのも、これらの鶏は例によってその日に全て街から来た兵士や商人によって買っていかれ、5日後には街の闘鶏場に現れるであろうから]

ここでは動作主体（点線で表示）の行き先が対象物の着点であると想定できる。一方、動作主体が不明な場合には、向かうであろう着点は想定できず、前述のように"V走"が用いられる。[8]

(34) ?我不知道谁把那本书借去了。
　　　→ 我不知道谁把那本书借走了。
　　　　[誰があの本を借りていったのか私は知らない]

しかし、次のように動作主体が不特定であるにもかかわらず、"V去"が使われている例もある。

(35) 更不担心别人万一看中了意，把这烟斗买去。
　　　　　　　　　　　《沈从文「烟斗」65》（"买走"も可能）
　　　[他の人が万が一気に入ってしまって、このパイプを買っていってしまったらなんて気にかけてなんかいない]

ここでの"〜去"は移動実義というよりも、むしろ"死去"[死ぬ]、"夺去"[奪う]などにみられる「喪失の意味を表す」という用法に相当するように思われる。例えば「奪っていく」という表現も本章でいう「継起的動作」に該当し"抢去"の形をとることができるが、この場合でも喪失の意味が強く感じられる。

(36) "这是你的小船，小英。好好的拿着，别再叫别人抢去！"
　　　　　　　　　　　《老舍「小坡的生日」52》
　　　[「これはあなたの小船だよ、小英。しっかりと持っておくんだよ、もう人に取られちゃ駄目だよ」]

(37) 虎爷买了两把椅子，因为椅子都被人抢去。《老舍「牛天赐传」532》
　　　[虎じいさんは椅子を2脚買った。というのも椅子を全て人に奪われてしまったからだ]

　　　　　　　　((36)(37)いずれの例においても"抢走"も可能)
そしてこうした喪失義は、往々にして当事者にとって不如意の意味合いを生み

出す。例（35）においてもそのことが、文中に"担心""別人万一看中了意"といった表現があることもあって、より明確なものとして読み取れる。こうした概念に基づくと、先に不成立のものとして扱った例（34）の"借去"についても「借りようと思って行ったが、誰かがあの本を借りていってしまって……」のような状況下での発話であれば成立する。

9.4. まとめ

"在～买来"の形をとりうるか否かという問題は、"V来"のイディオムとしての緊密性と関わっている。その弱化の例として、本章では「動作義」「移動義」という意味特徴に着目し、空間移動表現"买来"タイプにおける両義の分化が統語的に反映される諸相をみた。

注
1) 非継起的動作を表すパターンとして"拿来"（移動の状態）、"跑来"（移動の方式）、"回来"（同時的）などがある。日本語の補助動詞「～テクル」との対応で、中国語について考察したものに荒川 1994 がある。
2) 他動詞用法における"在＋L"フレーズが起点義を表す例として、
   a. 在菜板上拿了块肉
      ［まな板の上から一塊の肉を取った］
   b. 在墙上起钉子
      ［壁から釘を抜く］
   c. 在锅里捞饺子
      ［鍋の中から餃子をすくう］
                    《俞咏梅 1999：22－23》
   などがある。第 7 章参照。
3) 次の例では場所（空間表現）が時間的に転用されているため成立する。
      我<u>在回家的路上</u>把水果买回来。《李大忠 1996：72》
      ［私は家に帰る途中で果物を買ってきた］
4) こうすることにより、形式的に継起性が明示されることになる。次の例では"买去"の間に"了"を入れて動作を分離することにより、"在"の使用が可能となっている。
      康顺子　　～掌柜的，当初我<u>在这儿</u>叫人<u>买了去</u>，咱们总算有缘，
                              《老舍「茶馆」33》（→ 从）

　　　　[康順子　旦那、以前私がここで人に買われていったのも、どうやらご縁があったのです]
5) "买来"を切り離した"我买水果来了。"には「私は果物を買ってきた」「私は果物を買いにきた」の二義が存在する。刘月华1980：42参照。
6) 例（18）より（19）の方が容認の度合いが高まることを、ここでは「？→（？）」で示した。
7) 多くのインフォーマントはこの形を容認したが、抵抗を感じる者も実際には存在する。
8) もちろん、着点を意識するのでなければ、例（30）〜（33）においても"V去"を"V走"とすることは可能である。

第 10 章　複合方向補語における"来／去"について
　　　　　　―出現義・消失義という観点から

10.0.　はじめに

　移動動詞「行く」「来る」の使用には語用論的な要因が反映されやすく、各言語においてその用法に差がみられる。中国語でもそれが方向補語という形で話者の認識に関わる結果義・アスペクトの用法へと広がっていくなど複雑な様相を呈している。
　本章では、実移動から派生義までカバーしている複合方向補語における"来／去"の表す意味的機能について、移動事象に関わる「"来"の表す出現義・"去"の表す消失義」という観点から、整合的な解釈の構築を試みる。

10.1.　方向補語"来／去"の統語的役割

　日中対照という観点からみると、日本語の移動表現「駆け上がる」を中国語で表現した場合、統語的な制約から"跑上来／去"のように日本語では現れない成分"来／去"が現れる。このような"来／去"の付加による視点の導入は、他の複合的な移動事象を表すフレーズについてもみられる。
　（1）【主体の移動を表す場合】
　　　a.　滑り降りる　　　　　　滑下来／去
　　　b.　流れ落ちる　　　　　　流下来／去
　　　c.　這い出る　　　　　　　爬出来／去
　　　d.　駆け込む　　　　　　　跑進来／去
　（2）【対象の移動を表す場合】
　　　a.　入れる　　　　　　　　放進去／来
　　　b.　取り出す　　　　　　　拿出来
さらに英語との対照においても同様のことが指摘されてきた。例えば沈家煊

1999は"在表达具体的动作时，汉语经常将"来／去"用作趋向助词来指示动作的方向，英语一般不作这种指示"（54頁）と述べて、次のような例を挙げている。

(3)　a.　pull in　　　　　拉进来／拉进去
　　　b.　drop out　　　　掉出来／掉出去
　　　c.　past over　　　　递过来／递过去

《沈家煊1999：55》

中国語では"来／去"の付加による視点の導入が徹底しており、次のような移動する物が存在しない動作や状態変化に対しても用いられる。

(4)【動作の方向を表す場合】
　　（パソコンのキーを）押す　　（把键）按下去（／??来）
(5)【状態変化を表す場合】
　　a.　出っ張る　　　　凸出来
　　b.　へこむ　　　　　凹下去／凹进去

(5)では物理的変化による認識者との位置関係から方向性が読み取れるため、"来／去"が使用可能となっている。

こうした言語事実については、杉村2000aが"上、下、进、出、回、过、起"などの方向動詞について「"来／去"を伴って始めて述語として十分な表現性を獲得する」（156頁）と指摘するように、中国語の移動動詞は単独では使いにくいことが原因にあるように思われる。通常、移動動詞が述語となった場合、場所目的語あるいは"来／去"などとともに用いられる。

(6)　君は昨日何時に帰ったの。
　　　a.　*你昨天几点回的？
　　　b.　你昨天几点回去的？（＋"来／去"）　　【主観的】
　　　c.　你昨天几点回家的？（＋場所目的語）　【客観的】
(7)　a.　把桌子搬进了研究室
　　　　　［机を研究室に運び込んだ］
　　　b.　把桌子搬进来了
　　　　　［机を運び込んできた］

((7)は《杉村2000a：154》)

このことについて杉村 2000a：157 は次のように述べている。

> （前略）方向動詞が"来／去"を伴って物理的移動の表現として安定するのは"来／去"の語彙的意味の働きによって言語化を経ない「終点」或いは「起点」を獲得しているからであると考えられる。

つまり、"(V)＋x＋O"（x は"上、下、进……"などの方向動詞、O は目的語）の O と、"(V)＋x＋来／去"の"来／去"が意味的には客観的か主観的かという違いはあるものの、統語的には同じ役割を果たしているということである。同様のことは使役移動的な表現についてもいえる。例えば"掏出来"という行為について、杉村 1991b：107 は次のように記述している（体裁は引用者）。

> O が後置された形（VO 形式）では"来"は省略可能
>   他从兜儿里掏出一封信(来)／掏出(来)一封信。
> O が前置された形（V の後に O がない）では"来"は省略不可能
>   他把信从兜儿里掏出来了。

以上のことから、（"来／去"を除く）中国語の移動動詞を述語として用いた場合の「文法的な独立性の弱さ」という統語的制約を見出すことができる。このことは例えば、移動動詞に関する次のような文法事象にも反映されている。

> Ⅰ．V と O の結び付きはフリーではない（語彙的な制約）
>   "出门""出国"などが成立するのに対し、"??出教室""??出房间"は単独のフレーズとしては不成立となる。
> Ⅱ．VO 形式で抽象的行為を表す（イディオム化）
>   a．起床
>   ［起床する］
>   b．进厂
>   ［工場に就職する］

　　　　c. 跳海
　　　　　［海に身を投げる］

こうしたフレーズについては、様態性の付与、介詞や方位詞あるいは"来／去"の使用などによって実質的な移動が表され、上記で不成立だった例も成立するようになる。

　　　　d. ??出教室 → 走出教室／从教室里走出来
　　　　　　　　［教室を出る／教室から（歩いて）出る］
　　　　e. 起床 → 从床上起来
　　　　　　　　［ベッドから起き上がる］
　　　　f. 进厂 → 走进厂里
　　　　　　　　［工場の中に（歩いて）入る］
　　　　g. 跳海 → 跳到海里
　　　　　　　　［海に飛び込む］

　同様の観点から「車を降りる；下車する」という行為についてみると、意味的には対象的な結び付きとして捉えられる"下车"をトコロとしての結び付き（つまり「車から降りる」の意）にするには上でみた「介詞の使用」「場所目的語のトコロ化」といった手段が考えられるものの、ここではさらに"来／去"の付加が必要となる。
　（8）下车 － ??从车上下 → 从车上下来／去
　このように往々にして統語的に必要となる主観的方向動詞"来／去"を用いる背景には、中国語話者の如何なる認識が働いているのであろうか、以下考察する。

10.2. 視点の導入

　例えば「エレベーター」のような上下間の任意の移動を表す場合、話者と移動物の相対的な位置関係は、水平方向の場合と同様に解釈できる。

（9）a. 电梯上去（上来）了。
　　　　　［エレベーターが昇っていった（きた）］
　　　　b. 电梯下去（下来）了。
　　　　　［エレベーターが降りていった（きた）］
　一方、「太陽」についても同じく上下の移動を表すものの、この場合、その規模・距離などの要因により、その動きが自分の位置と直接関係があるものとは捉えられず、"来／去"の表す方向が必ずしも話者・聞き手との位置関係をダイレクトに反映するとは限らない。
　（10）a. 太阳升上来了。
　　　　　［太陽が昇ってきた］
　　　　b. 太阳升上去了。
　　　　　［太陽が昇っていった］
　（11）a. 太阳落下来了。
　　　　　［太陽が落ちてきた］
　　　　b. 太阳落下去了。
　　　　　［太陽が落ちていった］
（10b）（11a）では我々の存在する地上を基準としてそれぞれ「離脱」「接近」が認識できるものの、（10a）（11b）では、「接近／離脱」というよりむしろ「出現／消失」という概念で捉えられることになる[1]。
　この両概念を区別することにより、同一事象が異なった認識で捉えられる。例えば「本が落ちた。」という日本語は中国語では
　（12）a. 书掉下去了。
　　　　b. 书掉下来了。
となるがこれを「接近／離脱」という認識で捉えると
　　（自転車のかごから）本が落ちた。
というシチュエーションにおいて（12a）は「自転車に乗っている人の発話」（本の離脱）であり、（12b）は「その近くにいる人の発話」（本の接近）となる。一方、「出現／消失」という認識で捉えると
　　（目の前にある机の上の本について）本が落ちた。
というシチュエーションが想定でき、（12a）は「本が（向こうに）落ちた」（視

野からの消失)、(12b)は「本が(こちらに)落ちてきた」(着点への出現)ことを表す。こうした捉え方は杉村2002：42にも既に言及がみられる。

　　中国語の"来／去"は話者との視点関係を表すだけではなく、事象主体の動きを映像的に追い、話者の視野へ出現あるいは視野からの消失を描写する機能をも具えている。

同様の概念を用いてさらに例をみてみる。
　(13)　橋が崩れ落ちた。
　　　a.　桥塌下去了。
　　　b.　桥塌下来了。
変化の様子を(13a)では話者は遠くで客観的に見ており[2)]、(13b)では橋の近くにいることが"来／去"によって表される。そして、「橋がそのまま別の場所に移動する」わけではなく、(13a)ではむしろ崩壊として、上述杉村2002の考えを用いていうのなら「元の場所に視点を固定」という作用により、消失義を表す。例えば動詞"坐"についても両概念は適用可能となっている。
　(14)　他看见她还站着不坐下去，便带笑说："请坐罢，不要客气。～"
　　　　　　　　　　　　　　　　　　　　　　　　《巴金「家」317》
　　　［彼は彼女が相変わらず立ったまま座ろうとしないのを目にすると、
　　　　笑って言った。「座って下さい。遠慮しないで。」］
ここでは位置関係に基づいて文頭の"他"が立っていることが分かる。"坐下来"とすると彼は座っていることになる。ここでは、「接近／離脱」という概念が働いている。一方、「出現」系統を用いた場合
　(15)　房间里一片漆黑，(中略)她们在长沙发上坐下来。
　　　　　　　　　　　　　　　　　　　　《陈染「嘴唇里的阳光」238》
　　　［部屋の中は真っ暗だった。(中略)彼女たちは長いソファーに座った］
ここでは"来"による(着点への)視点の導入が、ソファーへの出現から「完了義」につながる。

10.3. "来"の表す出現義・"去"の表す消失義

10.3.1. 認識との関連

　行為の主体との関係からモノの方向を捉えた場合、獲得には"来"、放出には"去"が用いられる。
　　（16）　卖出去（*来）[3)]　―　买进来（*去）
　　　　　　［売り出す］　　　　［買い入れる］
しかし中国語では、これとは一見逆の現象がみられる。
　　（17）　a.　食べる：吃进去（*来）　吃下去（*来）
　　　　　b.　飲む：喝下去（*来）　　吞下去（*来）　　咽下去（*来）
ここでは外から内へ取り入れる（马庆株1997の"内向动词"に相当）という「獲得的な行為」であるにもかかわらず"去"が用いられている。そしてこのことは、同じく獲得的な知覚を表す場合についても当てはまる。
　　（18）　a.　老师讲的话，他都听进去了（→ *来）
　　　　　　　　［先生の言うことを彼は全て聞き入れた］
　　　　　b.　学了半天还是没学进去《中国语补语例解519》（→ *来）
　　　　　　　　［しばらく学んだがやはり頭に入らない］
　逆に次の例では、内から外へ取り出す（马庆株1997の"外向动词"に相当）「離脱的な行為」に"来"が用いられている。
　　（19）　a.　掏出来《马庆株1997：194》（→ *去）
　　　　　　　　［取り出す］
　　　　　b.　吐出来（→ *去）
　　　　　　　　［吐く］
　　　　　c.　从口袋里拿出来[4)]
　　　　　　　　［ポケットから取り出す］
こうした事象に関して马庆株1997は"主观范畴"という概念を用いて""来"、"去"分别与主观上可见不可见，可感知不可感知有关"（198頁）と解釈している。これは本章でいう出現義には"来"が、消失義には"去"が用いられるということに通じるものである。こうした認識により、例えば「めくる」という

行為にも差が生じることになる。

 (20) 翻过来 — 翻过去
   ［表にする］ ［裏にする］

ここで"来"の表す「出現に対する認識のされ方」が具現化された例についてみてみると

 (21) 老人喉里的痰涌上来。《曹禺「北京人」574》（→ *去）
   ［(ト書き部分) 老人ののどの痰があがってくる］
 (22) 祥子的泪要落下来。《老舍「骆驼祥子」234》（→ *去[5]）
   ［祥子の涙が落ちそうになった］
 (23) 汗流下来了。（→ ??去[6]）
   ［汗が流れてきた］
 (24) 小猪生下来了。（→ *去）
   ［子豚が生まれた］

(21)は体内での現象であって目には見えないが、そのような状態になって改めてその存在（ここでは「痰」）を認識できる。(22)(23)の「涙」や「汗」は体の内部から出現するものである。その「涙」の動きの一連の過程についても"来"を用いて表される。

 (22)' a. 泪水涌上来了。（→ *去）
    ［涙があふれ出てきた］
   b. 泪水流出来了。（→ *去）
    ［涙が流れ出てきた］
   c. 泪水流下来了。（→ ??去）（例(23)参照）
    ［涙が流れ落ちてきた］

10.3.2. 方向補語"上""下"の表す意味との関連

ここでは対で用いることができる"V上来／V上去"および"V下来／V下去"を取り上げ、その認識の焦点に"来／去"の表す「出現／消失」という語義が如何に作用しているかについて考える。

10.3.2.1. "V上来／V上去"

まず"V上来／V上去"両者の違いについて、刘月华1988aは次のように述べている。

 "V上来"の着眼点は主要な物（"主要物体"）
  例：<u>学生录取名单</u>又补上来了三个人。
   ［学生の採用名簿に、また3人加わった］
 "V上去"の着眼点は副次的な物（"次要物体"）
  例：给你一张<u>表</u>，把名字、地址填上去吧。
   ［君に表を1枚渡すから、名前と住所を記入して下さい］

               《刘月华1988a：7》
   （<u>＿＿</u>は主要な物、＿＿は副次的な物：体裁は引用者）

すなわち、"V上来"では「全体」に、"V上去"では「部分」に焦点が置かれるというものである。このように付着義を表す"V上"に方向が付加された場合、「付着する物」「付着させられるトコロ（物）」の間に主従関係が生じる。例えば「水道管をつなぐ」行為では"来／去"によって規定される方向により、

 （25）a. 把水管接上去
   b. 把水管接上来
   c. 把水管接起来

（25a）では向こうの物が主（ベース）となり、一方、（25b）ではこちらの物が主となる。方向が意識されない対等な関係では（25c）のように"起来"が用いられることになる。

 上記刘月华1988aの捉え方には、「"来"の表す出現義・"去"の表す消失義」ということが関わっているといえる。例えば前者についてみてみると、主要な物に焦点が置かれるということは、移動先（付着先）における対象物の出現に着目しているということである。そしてさらに、刘月华1998：122—123では結果義の"V上来"は用いられることが少なく、Ｖも"接、补、加"などに限られると指摘されているが、このことを刘月华1988aでの捉え方に適用すると、通常（抽象的な移動も含めて）あるモノをあるトコロに付着させる場合に

は行為に焦点があり、トコロに着眼点が置かれた出現として捉えられることは少ないということになる。上記劉月華 1988a：7 の"補上来"の例では、トコロを主題とした存現文という統語形式によってその場所への出現が表されている。確かに次のような行為についても"Ｖ上来"は用いられない。

　　（26）＊把邮票贴上来　→　把邮票贴上去
　　　　　　　　［切手を貼る］

しかし、対象である「切手」を置き換えた

　　（27）（？）把像片贴上来《动词用法词典 743》（→ 去）
　　　　　　［写真を貼る］

であれば容認度はかなり高まる（不成立とするインフォーマントも一部存在する）。これをここでいう焦点の問題として捉えるのなら、（26）では付着先は通常郵便物であることが明白だという点で特に焦点化される必要がないのに対し（この意味で行為と場所とが一体化しているといえる）、（27）では写真を貼る場所は行為の都度個別に想定でき、焦点化が可能となるため"来"の使用が可能になると考えられる。さらに（27）を可能とする者は

　　（28）　把｛宣传画／对联｝贴上来（→ 去）
　　　　　　［ポスター／対聯を貼る］

も成立可能とするが、この場合には実際の運用において「｛こちら側／向こう側｝に貼る」という話者との位置関係が反映されることになる。

　　（28）′把宣传画贴上来！
　　　　　　［ポスターをこちら側に貼りなさい］

従って（27）を不自然だとした者であっても

　　（29）　把画挂上来（→ 去）
　　　　　　［絵を掛ける］

であれば可能だとするのも、この場合には主体の移動を伴った状況が想定されやすいことによる。

10.3.2.2. "Ｖ下来／Ｖ下去"

　次に"Ｖ下来／Ｖ下去"についてみてみる。ここで用いられる方向動詞"下"は次のように「起点指向」と「着点指向」の二義を有する（それぞれを"下₁"

"下₂"とする)。

　　下₁：(起点指向　例：下車／脱下)【離脱義】
　　下₂：(着点指向　例：下地／留下)【到達義】

"下₁"は(上記第10.3.2.1節でみた)"上"の、"下₂"は"起"のそれぞれ反義語に当たる(杉村1983参照)。
　本章でいうところの離脱義の"下₁"を含む"V下"に視点を導入した"V下来／V下去"に相当する場合について、劉月华1998は次のような違いを指摘している。

　　把信封上的邮票揭下来／揭下去　[封筒の切手をはがす]
　　　"V下来"の着眼点は物体の一部分、副次的な物("邮票")
　　　"V下去"の着眼点は物体の全体、主要な物("信封")
　　　　　　　　　　　　　　《劉月华1998：166／190　体裁は引用者》

確かに次のような例についても、同様の「部分と全体」に対する焦点の違いというものは認めうる。
　(30)　本から1ページ破る
　　　a. 从书上撕下来一页（部分に焦点）
　　　b. 从书上撕下去一页（元の全体に焦点）
(30a)では"来"の表す「出現義」の生み出す方向性により対象の動作主体への接近が表され、また手による行為であるため、獲得として認識されうる。(30b)では"去"の表す「消失義」により、移動物の元の場所（起点）からの離脱に焦点が当たっている。"V下₁来／去"で用いられる動詞の例としては"摘、截、拔、剪、脱"などがある。
　また対象であるモノ自体が離脱後消失してしまう場合には獲得として認識することができず、"来"は用いられない。
　(31)　把黑板上的字擦下去吧。《劉月华1988a：9》(→ *下来)
　　　　[黒板の字を消して下さい]

10.4. 派生義の用法における"来／去"の役割

10.4.1. 方向補語の派生義

　方向補語を結果補語と比べた場合、統語的には「動詞と補語の間に"了"や目的語が入る（方向補語）か入らない（結果補語）か」という相違点がみられるものの、両者の間には次のような共通点もみられる。

【統語的】　Vの後ろにつく
【意味的】　1)　ともに結果義を表せる
　　　　　　　　例：爱<u>上</u>　记<u>下来</u>
　　　　　　　　　　看<u>完</u>　记<u>住</u>
　　　　　2)　他動詞の後ろにくる方向補語・結果補語は、いずれも対象について述べている
　　　　　　　　例：寄<u>来</u>一个包裹　（从口袋里）拿<u>出来</u>
　　　　　　　　　　杀<u>死</u>　打<u>倒</u>

　このような性質をもつ方向補語を組み合わせた複合方向補語には、次のようなパターンが存在する。

	上	下	进	出	回	过	起
来	上来	下来	**进来**	**出来**	**回来**	**过来**	起来
去	上去	下去	**进去**	**出去**	**回去**	**过去**	

　ここで網掛け部分の語彙に用いられている方向動詞"进、出、回、过"は場所との明確な位置関係（移動実義）を表すため、派生義は少ない。また派生義がある場合でも、移動義とのつながりで処理できる。例えば領域の移動に関わる"出来""过来、过去"の派生義については、次のように物理的移動に準じるものとみなすことができる。

1) "V出来"（Vは"看、写"など）の表す「識別」や「完成」の意味は出現義に基づく。
2) "V過去"（Vは"騙"など）の表す「完成」の意味は通過義に基づく。
3) "V過来"（Vは"醒、活、明白、恢復"など）と"V過去"（Vは"暈、死、睡、昏迷"など）の表す「正常－非正常」という対立する概念にも、心理的な境界が想定できる（杉村2000b参照）。

こうしたものに対し、"上""下"については動詞として用いられた場合であっても、例えば"上街""下乡"などの用法にみられるように話者の認識（価値観）が多分に反映されるものであることに加え、とりわけ"下"は補語として用いられた場合にはその用法はアスペクトにまで広がる。

10.4.2. アスペクトを表す場合

　"上""下"はともに時間の概念を表すのに用いられるものの、例えば持続義は"V上来""V上去"で表しうるものではない。主としてアスペクトを担いうるものは"V下来""V下去"および"V起来"の3種類となる。ここで用いられている"来"に注目してみると、"来"自身を完了義で用いて、「出現」「進行」「到達」「存在」の4つの移動段階を表現可能である。

　主体の動きに対する認識　　　　　　　　⇒　アスペクト
　　Ⅰ．出現　　　　　　　　　　　　　　　【開始】（①）
　　　　例：你看，车来了。［（遠くを指して）ほら、車が来た］
　　Ⅱ．進行（向かっている）　　　　　　　【継続】（②）
　　　　例：前面来了一个人。［前から1人来た］
　　Ⅲ．到着（着いた）　　　　　　　　　　【完了】（③）
　　　　例：a．啊，他来了。［（ノックの音を聞いて）あ、彼が来た］
　　　　　　b．他是刚来的。［彼はさっき来たばかりだ］
　　　　　　c．他两点就来了。［彼は2時に来た］

Ⅳ．存在（いる）　　　　　　　　　　　【遺留】（④）
　　　　例：他已经来了。［彼はもう来ている］

"来"は着点指向であり、ⅠⅡも「視界への出現」という点では共通している[8]。その認識の瞬間を捉えたⅠの出現は「発見」のムードにつながる。Ⅱの進行義は存現文という形式により表されているが、これは統語的に(32)のような形でも表しうる[9]。
　　(32)　a．小李来北京了。
　　　　　　　［李さんは北京に来ているところだ（または「着いた」）］
　　　　　b．他正在往这边来呢。（Ⅱの進行義）
　　　　　　　［彼はちょうどこちらに向かっているところだ］
Ⅰ〜Ⅲは動的な「変化」を、Ⅳは静的な「状態」を表している。そのⅣの存在義では数量表現を用いると、動作完了後の経過時間を表すことになる。
　　(33)　他来一个小时了。
　　　　　　［彼が来て1時間になる］
こうした"来"によって表しうる主体の動きに対する認識は、上記①〜④に示したアスペクトの概念にそれぞれ転用可能である。そして"起""下"との組み合わせで、次のようなアスペクトをそれぞれが分業することになる（以下①〜④の番号は上記に対応）。

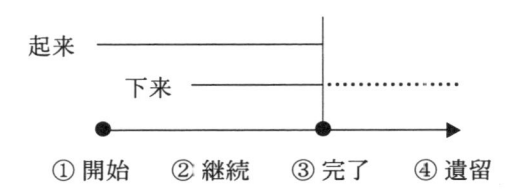

```
起来 ─────────────────┐
　　　下来 ─────────────┼┄┄┄┄┄┄┄
　　　　　　　　　　　　│
●────────────────────●──────▶
　①開始　　②継続　　③完了　　④遺留
```

以下"V起来""V下来""V下去"3つの形について、個別に考察する。

10.4.2.1.　"V起来"

　　"〜起来"は「①〜②〜③」をカバーする。
　　　例：哭起来　　　①〜②　（②は①を前提としている）

統一起来　　　③

「①〜②」の意味では、"富裕、胖"などの形容詞や、"咳嗽、哭、唱（歌）、看（书）、下（雨）"などの持続的な動詞が用いられる。これらは"起来"を用いることにより、「新たな事態の出現」を表す。そして述語が持続的であるため、②の段階もカバーすることになる。例えば次のような瞬間的な事象についてみてみると

　　（34）a. 火着了。
　　　　　　［火がついた］
　　　　　b. 灯亮了。
　　　　　　［明かりがついた］

これらの"V了"によって表される完了義は、また新たな事態の出現という意味で「①開始」と通じるが故にそれぞれ

　　（34）′a. 火着起来了。
　　　　　b. 灯亮起来了。

とすることができる。（34）（34）′いずれも持続の意味も含意しうるものの、(34)′においてはとりわけ②のもつ時間的な幅によって、その明るさが増していく様子や、複数の火や明かりが徐々についていく情景といったものが想定されうる。

　これに対し、次のような意味特徴をもつ動詞を用いた場合には、開始の対極に位置する完了義（③）を表すことになる。

ⅰ）「分散から集中へ」の変化を表す動詞
　　　　　例：统一、集中、组织、结合、团结、混合……
　　そのバリエーション
　　　　　例：连、联、缝、堆、加、合、联系……　【つなぐ】
　　　　　例：建、造、架、安装、组装……　　　　【組み立てる】
　　　　　例：包、捆、绑、包围……　　　　　　　【まとめる】
ⅱ）「見えない状態へ」の変化を表す動詞
　　　　　例：藏、埋、收、盖、躲、罩、蒙、隐蔽……

ⅰ）ⅱ）は動詞自身が状態変化を表すもので、それが"起来"の付加によって「新たな事態の出現」という観点から捉えられる。その変化は、行為の完了によって実現されることになる。

10.4.2.2. "V下来"

"～下来"は「②～③～④」をカバーする。

　　　例：流传下来　　②～③
　　　　　决定下来　　③
　　　　　写下来　　　③～④

"流传、保存、生存、活"など状態の持続を表すVを用いた場合、「②～③」の意味を表す。状態という点で、例えば形容詞"平定"を用いた例をみてみると

　　（35）a. 他的情绪逐渐平定下来了。
　　　　　　　［彼の気持ちは次第に落ち着いてきた］
　　　　　b. 他的情绪终于平定下来了。
　　　　　　　［彼の気持ちはやっと落ち着いた］

同じ実現相の"～下来"を用いてはいても、副詞（傍点で表示）の存在により、（35a）では②、（35b）では③の意味がそれぞれ表されている。ただしVが次のようにtelicの場合には②は表しえないため、③の意味となる。

　　　例：决定、订、同意、答应、承认、定、确定　　【決定】
　　　　　买、借、夺、收、抢　　　　　　　　　　　【獲得】
　　　　　停、住、固定、沉默、站［立ち止まる］　　【停止】

動態としては瞬間的な"坐下来"も、③の意味となる。上記で用いられるVは［－移動］的なものであり、"V下来"の形で結果・状態を表す。これらの結果・完了に関わる「決定」「獲得」「停止」などの個別の意味は、"下₂"の「着点指向」および"来"の出現義によって表される「到達義」とそれぞれ相容れるものである。さらに"下"の語義（指向性）は異なるものの、ここで挙げたtelicという点では、上記第10.3.2.2節でみた「離脱」を表す"揭、摘、截"などを用いた"V下₁来"も同様に完了義を表しうる。

　　また動詞"写、录、背、记、停、存、复印"などを"～下来"の形で用いた場合には、③のみならず④の「遺留」段階までカバーすることとなる。

10.4.2.3. "V下去"

上記 "V下来" でみた "写、录、背、记、停" などを "V下去" の形で用いると、「行為自体の持続」を表す。

  例：写下去　　　【(これからの) 継続】

"去" は「(ある目的地に向かって) 行く」ことを表すが、この場合、着点への到達は必ずしも含意しない点で "到" とは異なる。すなわち、目的地に向かっている過程を捉えて継続と認識しうるのである。

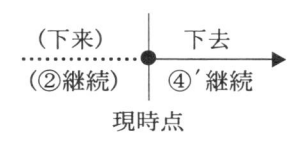

```
    (下来)   │ 下去
 ←······────┼────────→
   (②継続)  │ ④′継続
           現時点
```

"V下来" によって表される④「遺留」義はあくまでも③「完了」を前提としているのに対し、"V下去" で表される④′「継続」は状態そのものを表す。

 (36) a. 车停下来了。(→ *去)　　【完了義】動態的な変化
     ［車が止まった］
   b. 那趟车会一直停下来。(→ 去)【遺留／持続義】静態的な状態
     ［あの列車（バス）はずっと止まることに（運休に）なるかもしれない］

(36a) の完了義では "去" は使えないのに対し、(36b) のように "一直" が用いられて状態が明確な場合には、"来" は遺留義として、"去" は持続を表すものとしてそれぞれ成立する。

"停、消、垮、退、熄灭、平息、淡忘" など消失義を表す動詞を "V下去" の形で用いた場合、これらの動詞自体のもつ「動態から静態へ」という性質からこの継続に区切りがもたらされるために、完了義を表すことになる。

 (37) a. 火灭下去了。　　② 持続　（火渐渐地灭下来了。）
     ［火が消えてきた］
   b. 火灭了。　　　　③ 完了
     ［火が消えた］

　　　　c. 火灭下去了。　④′持続　（火渐渐地灭下去了。）
　　　　　　［火が消えていった］
　　　　d. 火灭下去了。　完了（火一下子就灭下去了。／火已经灭下去了。）
　　　　　　［火が消えた］

10.4.3. 述語が形容詞の場合

　状態を表す形容詞と方向補語の派生義の結び付きについては従来より「"大、长、高、热"のような"正向"のものか、あるいは"小、短、低、冷"のような"负向"のものか（《现代汉语八百词》では"表示消极意义的"と表現されている）」という形容詞の性質に基づいて考えられてきた。この"正向"は本章でいう「静態から動態へ」、"负向"は「動態から静態へ」という変化に対応する。こうした観点から考察されてきた先行研究をまとめると次のようになる。

　　X. "～起来"は（用法の上では"正向"の方が多くみられるという不均衡さがみられるものの）[11]"正向""负向"ともに使用可能であり、数多くの形容詞と結び付く。
　　Y. "～下来"は"（声音）低、小、黑、冷"など"负向"の形容詞と結び付く。
　　Z. "～下去"も"低、静"など"负向"の形容詞と結び付くが、語彙的に"～下来"の場合よりさらに負の程度が高いものをとる（例：坏下去 — *坏下来）。

　　　　　　　　　　　　　　　　　《刘月华1988b》《张国宪1999》ほか

　Xは「新たな状態の開始」を表す。そして持続から完了へ向かうY・Zについては"来／去"による意味的な制約を受けることになる。つまり、Yは「②～③」の段階を表しており、これは「明確に確認できる『無（静）』への方向」である。すなわち"来"の表す到達義により「終わりが明確」に認識できるといえる。そしてZは移動に照らしていえば"去"の表す遠ざかっていく過程が「継続」、やがて姿が見えなくなるという（視界からの）「消失」義により

「終わりが不明確」であるものの、この場合にも、"負向"形容詞で表される状態が「無（ゼロ）」に近づくことにより、その先にある結果は必然的なものだという認識に依存して、完了義を表すことができる。例えば

 (38) a. 平静起来 【開始・持続】
    b. 平静下来 【持続・完了】
    c. 平静下去 【持続・完了】

(38b)の表す完了義は「到達」によるものであり、(38c)の完了義は（持続の先にある）「消失」によるものである。この"〜下去"の表す完了義は形容詞の語義に依存する要因が大きく、次の(39b)は明確に終わりを表すものではないため、通常は非文となる。

 (39) a. 天已经黑下来了。
     ［もう暗くなった］
    b. ??天已经黑下去了。

そして(38)のような構図がもたらす効果についてみてみると

 (40) 〜说了这么一句话，才平静下去的心情又觉有点跳动，
          《赵树理「三里湾」527》（→ 平静下来）
   ［そのように一言言うと、やっと静まった気持ちがまた少し騒ぎ出し］

ここでは"平静下去"の"去"の消失義により、現在との時間的な隔たりが付随して表されている（これが客観的描写にもつながる）。これを"平静下来"とした場合には「継続（②）〜到達（③）」によって表される完了義により現在とのつながりが生じ、「そうなったばかり」というニュアンスがより強く生じてくる。

10.5. まとめ

 以上、複合方向補語における"来／去"の選択に関わる視点の導入、認識の仕方に「出現義・消失義」が如何に影響しているかについて考察した。出現には「発見、接近、到達」などの段階が、そして消失には「遠ざかっていき、やがて視界から消える」という段階が設定可能であり、本章でみたような派生義

を表す際にも、そうした移動に対する認識が、動詞・形容詞の語義との関係において機能的に運用されているといえる。

注
1) 対応するものとして"去"（～起去）系統を有さない"～起来"を用いた"太阳升起来了。"は、太陽が地面や（その延長としての）山・建物などから出てきた状態である（10a）の"升上来"と、山の上に既に昇った（10b）の"升上去"のいずれの意味をも表すことができる。
2) 例えば
　　　他来中国了吗？
　　　［彼は中国に来ましたか］
では聞き手が着点の中国にいることになる。一方
　　　他去中国了吗？
　　　［彼は中国に行きましたか］
では移動主体と起点・着点との関係が問題となっているのであって、話者や聞き手が必ずしも起点や着点にいる必要はない。すなわち"来"を用いた場合、現場に視点が導入されるのに対し、"去"が用いられた場合には話者や聞き手と切り離した客観的な叙述が可能である。ここでは（13a）が該当する。
3) モノの移動ではなく、「生み出す」意味を表すものとしての"卖出来"は成立する。
　　　那家豆腐店卖出来的豆腐，很不好。
　　　［あの豆腐店の売っている豆腐は、とてもまずい］
4) 動作者の行為としては"来"が用いられるが、受身の意味で"我的钱包被从口袋里拿出去了"のように"去"を使うことは可能である。その場合にはモノだけでなく、人の移動（「持っていかれた」の意）をも含意することになる。同様のことは"掏出去"についても当てはまる。
　　　从书包里把钢笔给掏出去了
　　　［かばんの中から万年筆を探し出した／探して持っていかれた］
5) 例（22）の"落"は「落ちる」意味で"luò"と発音され、"*落下去"は成立しない。一方、"落下去"が用いられた次の例
　　　他身上的汗全忽然落下去，《老舍「骆驼祥子」239》
　　　［彼の体の汗はすっかり引いてしまった］
では"lào"と発音され、"落汗"で「汗が消える」という消失義を表す。
6) 例えば「汗が下半身を流れているのを見ている」というような直接主体の目に見えている状況であれば、"汗流下去了。"を成立可能だとするインフォーマントは存在する。
7) 例えば"回家"の"家"と統語的には同じ機能をもつ"回来"の"来"に（例

（6）参照）、到達のもたらす移動の全過程、すなわち完了義というアスペクト的働きを見出すことができる。このことは方向補語"来"の機能により
  a.　他带来了一本书。
   ［彼は本を1冊持ってきた］
  b.　他拿出来了一本书。
   ［彼は本を1冊取り出した］
からそれぞれ"了"を省略しても完了義を表せることにも反映されている。
8) 中国語では行為と結果を切り離して表現することが可能である。
  买了三年，还没买到。
  ［3年間買おうとしてきたが（*買ったが）、まだ買えていない］
そして移動についても意味的に同様のことがいえる。例えば金立鑫2003：130は
  a.　他爬上来了。【到着／向かってくる途中】
  b.　他爬了上来。【到着】
にみられる移動段階の差異を
  a.　实现－结束／实现－未结束
  b.　实现－结束
という概念で区別している。この用語を適用すると本文中のⅠⅡは「实现－未结束」、Ⅲは「实现－结束」ということになる。
9) もっとも"来"自身は具体的な動作ではなく、後にとる場所目的語も点的なものとして捉えられるが故に、持続的な"*正来着呢""*一直来"などの形は成立しない。
10) 例えば「段々寒くなってきた」という事態（状態変化）を、次のように開始とともに、結果という観点からも捉えることができる。
  a.　天气慢慢凉起来了。（開始）
  b.　天气慢慢凉上来了。（結果）
いずれも新たな事態の出現という点で共通している。
11) 例えば客観的な描写としてみた場合、
  a.　她最近胖起来了。
   ［彼女は最近太ってきた］
  b.　??她最近瘦起来了。（→　瘦下来）
   ［彼女は最近やせてきた］
aの"胖"（"正向"）では成立し、bの"瘦"（"负向"）では不適切となる。ただし、行為者の積極的な意志という主観性が関わってくる場合には"瘦起来"の形も成立する。
  c.　吃了减肥药，她真的瘦起来了。《张国宪1999：411》
   ［やせ薬を飲むと、彼女は本当にやせてきた］

第11章　方向補語"来／去"の表す意味について

11.0.　はじめに

　日本語の「書類をつめこむ」というフレーズをそのまま中国語で表現した"*把文件装进"は不成立であり、次のように直示的移動動詞や場所目的語を付加する必要があることは、これまでも指摘されてきた。
　　（1）a.　把文件装进去
　　　　　　［書類をつめこむ］
　　　　b.　把文件装进书包里
　　　　　　［書類をかばんの中につめこむ］
とりわけ、中国語では（1a）のような日本語では現れない主体との関係を表す"来／去"が多用される。例えばコンテクストのないフレーズレベルで「（モノをドコカに）上げる」という行為を中国語で表そうとすると、通常行為主体と対象の位置関係が反映された"放上去"が用いられる。これを"放上来"とすると「話者（の視点）が導入される」（すなわち認識者と対象の関係となる）ため、表現としては有標となる。また、中国語では状態変化などの物理的な現象についても、往々にして心理的な領域との関連において捉えられることになる。
　　（2）a.　へこむ　：凹下去　凹进去
　　　　b.　でっぱる：凸出来
こうしたことからも、中国語ではとりわけ認識者との関係（視点）が統語的に反映されるといえる。刘月华1998：187は
　　（3）a.　把头低下来／去！
　　　　　　［頭を低くしなさい］
　　　　b.　把腰弯下来／去！
　　　　　　［腰を低くしなさい］

などの例について"没有什么明显的分别"と述べているが、これは移動的な現象でないことにより、「立脚点（刘は"立足点"としている）が導入できない」という観点からの記述だと思われる。

中国語の指示詞"这／那"や方向動詞"来／去"など対になった概念に関わる語のいずれを用いるかということは、話者の認識に多分に影響されることもあって、これまで対照研究のテーマとしても数多く扱われてきた。本章では「移動的なもの・非移動的なもの」という観点から、方向補語"来／去"の表す意味について考察する。

11.1. 事象に伴う方向性

ここでは移動を「移動主体の時間の推移とともに位置変化を伴う事象」と捉える。移動を構成する要素として、「移動物（S・O）、距離、所要時間、経路・位置、様態」などが挙げられる。こうした要素の相互的な作用を考慮に入れた上で、方向性が生じる要因、すなわち「"来／去"が現れる言語環境」について考えてみる。

11.1.1. 「位置変化」が認識される場合

まず「位置変化」が認識される場合について考える。
ⅰ）動作主体（S）の移動

通常移動動詞とされているのは"走、跑、飞……"など主体が移動する際の様態を表すものや、"上、下、出、来、去……"などの方向を表すものである。これらは組み合わせて用いることができる。

　　（4）走进来／去
　　　　［歩いて入ってくる／いく］

これは意志を持った主体の動きであり、プロトタイプ的な移動として捉えられる。

ⅱ）対象（O）の移動

第11章　方向補語"来／去"の表す意味について　229

　一方、対象の移動についてみると、当該の行為によって引き起こされる対象の移動距離や、行為が内包する性質が、移動のイメージ・スキーマに影響することになる。その結果、例えば
　　（5）a.　{从／在} 墙上起钉子《俞咏梅 1999：21 改》
　　　　　　［壁から釘を抜く］
　　　　b.　{从／在} 菜板上拿了块肉《同上：22 改》
　　　　　　［まな板の上から一塊の肉を取った］
ここで"从"と"在"いずれの介詞を使うかということには、"起"や"拿"という動作自体に「方向義」「動作義」のいずれをより強く読み取るかということが関わってくる（第7章参照）。また、例（5）の動詞とは「動作の方向」が逆になる"放［置く］、搁［置く］、盛［盛る］"などの動作は着点を直接目的語としてとることができることから、こうした動詞自身の方向性を読み取ることは可能である。
　　（6）a.　搁桌子上
　　　　　　［机の上に置く］
　　　　b.　盛大碗里
　　　　　　［どんぶりに盛る］
　中国語では方向動詞がそれ自体では使役義をもたないために、他動詞表現では「Ｓの行為（すなわち移動を引き起こす原因）＋Ｏの移動」という形をとることになる。
　　（7）a.　放回去／来
　　　　　　［（モノを）戻す］
　　　　b.　把桌子弄过去
　　　　　　［机を移す］
主要部に具体的な行為が現れない（7b）のような場合には、形式的な動詞（ここでは"弄"）が必要となる。そのため、対照研究という観点からみた場合、例えば日本語におけるある行為を中国語で表現する際に、往々にして対象の動きがその意味を決定することになる。[1]
　　（8）把螺丝拧上去　―　把螺丝拧下来
　　　　　［ねじをしめる］　　［ねじをゆるめる］

また、使役移動の中でも次のような場合には行為と移動が別段階のものとして切り離されているため、主体の移動の場合同様、対象の独立した動きが明確に認識できる。

　　（9）a. 扔过来／去

　　　　　　［投げてくる／（向こうに）投げる］

　　　　b. 踢过来／去

　　　　　　［蹴ってくる／（向こうに）蹴る］

　　　　c. 寄来／去一个包裹

　　　　　　［小包を１つ送ってくる／（相手に）送る］

これに対し、次のような主体の行為と対象の移動が一体化した「手による動作」の場合には、動きが独立的ではなく、また移動距離および移動の所要時間といった「軌跡」が問題とならないことから、移動という概念が強く意識されたものではないといえる。

　　（10）a. あげる　　　　：　放上去　拿上去

　　　　 b. おろす・さげる：　放下来　拿下来

　　　　　　　　　　　　　　　　　　　　　　　((10a／b) は《荒川2003：106》)

　　　　 c. （帽子を）取る　：（把帽子）摘下来／去

もっとも、こうしたモノの位置変化を引き起こす「手」の動き自体にも方向性を見出すことは可能であるものの、その場合往々にして"来／去"の容認の度合いに差が生じる。

　　（11）左臂抬不上｛去／(?) 来｝了。

　　　　　　［左腕が上がらなくなった］

"抬不上去"に加えて、ここでは「着点が通常想定されない」という意味で、"抬不起来"が多用される。[2]

11. 1. 2.　「位置変化」が意識されない場合

　次に「位置変化」が意識されない場合について考える。

11.1.2.1. 状態変化的に捉えられるもの（1）

　　（12）　坐下来／去
　　　　　　［座る］

（12）の「座る」という行為については動態的には瞬時のものであり、距離および時間は問題とされず、かつ主体の存在位置自体は変化していないと認識される（つまりその場での上から下への動きであり、異領域にわたる移動ではない）。このため統語上は方向性と相容れない"在＋L"フレーズとも共起可能である。

　　（13）　a.　<u>在沙发上</u>坐下来
　　　　　　　　［ソファーに腰を下ろす］
　　　　　　b.　<u>在床上</u>坐起来
　　　　　　　　［ベッドから起き上がる］

いわゆる姿勢を表すものとして区分しうる行為については移動の要素が読み取りにくいということもあり（"来"と"去"で明確な違いの現れない例（3）も姿勢を表すものである）、状態変化的なものとして捉えられる。しかし一方で、統語的には

　　（14）　a.　坐<u>沙发上</u>
　　　　　　　　［ソファーに座る］
　　　　　　b.　躺<u>床上</u>
　　　　　　　　［ベッドに横になる］

のように着点を直接目的語としてとれることから、前述例（6）同様、移動に準じる性格は有しているといえる。

11.1.2.2. 状態変化的に捉えられるもの（2）

　上記第11.1.1節でみた移動物が独立している場合とは異なり、「全体の中の一部の現象」という認識により、（15）もまた状態変化的に捉えられるものである[3]。

　　（15）　把袖子挽上去／上来《刘月华1988a：4》
　　　　　　　［袖をめくり上げる］

　この「非独立的」と認識されうるケースは、S自体の動きについてもみられ

る。例えば「川」についてみると、それを構成する水の流れは動態的なものであるものの、川全体としては動きがなく静態的な存在として捉えられる。すなわち、この場合（15）同様、「全体の中の一部分の現象」という認識から、状態変化的に捉えられるものである（この意味で冒頭の例（2a）で挙げた"凹下去"なども「全体の中のある一部分の変化」に該当する）。そして

 （16） 日本語：川がゆっくり流れている。
     中国語：河水在慢慢地流着。

という状態は、日本語では話者の目を通してメトニミー的な主体の移動として捉えることができる。

 （17） 川がゆっくり流れて<u>いく</u>。

しかしこれは独立した動きではないために、視点によってフリーに方向を容認しうるものではなく、（17）の方向を逆に捉えると成立の度合いが下がる。

 （18） ??川がゆっくり流れて<u>くる</u>。

（17）が離脱義であるのに対し、（18）は着点表現であるが故に、あたかも（川が連続体であるにも関わらず）目前で終わりになっているような印象を生み出すので不適切となると考えられる。この場合、起点を表示することにより、二点間の過程について述べた中間経路表現となるため、成立するようになる。

 （19） 川が<u>遠くから</u>ゆっくり流れてくる。

中国語でも（18）（19）の成立の可否は日本語の場合と対応している。

 （18）' ??河水慢慢地流过来。
 （19）' 河水<u>从远方</u>慢慢地流过来。

この（19）'のような「区切り」の導入は次の例においても明確に読み取ることができる。

 （20） 瀑布从上面流下来。
    ［滝が上から流れ落ちてくる］

こうした対応の中で、（17）については中国語では移動の過程を表す"V过去"の形では不自然となる。

 （17）' ?河水慢慢地<u>流过去</u>。（→ 流去）

これに着点につながる「方向」が明示された場合には、"流过去"の形では不成立となる。

(17)″河水向 {远方／大海} 慢慢地流去。(*流过去)
        ［川が {遠く／海} にゆっくりと流れていく］
(この (17)′および (17)″に関する記述は、丸尾2005：106における記述を改めたものである。)

11.1.3.「出現／消失」という概念

　こうしたものに対し、次のような言語事実については位置変化に基づいた主体と対象の相対的な方向を表してはいない。これは「接近／離脱」という概念からみると、むしろ相反する方向となっている。ここでは動作主体の認識に関わる「出現／消失」義を表すのに"来／去"が用いられていると考えられる（第10章参照）。

     (21) a.　食べる：吃进去（→ *来）　吃下去（→ *来）
          b.　飲む　：喝下去（→ *来）　吞下去（→ *来）
                    咽下去（→ *来）
     (22) a.　掏出来《马庆株1997：194》（→ *去）
               ［(モノを) 取り出す］
          b.　吐出来（→ *去）
               ［吐く］
     (23) 把舌头伸出来 ─ 把舌头缩进去
          ［舌を出す］   ［舌を引っ込める］
     (24) 祥子的泪要落下来。《老舍「骆驼祥子」234》（→ *去）
          ［祥子の涙が落ちそうになった］

「接近／離脱」とは物理的な概念であり、「出現／消失」とは認識的な概念であるといえる。例えば次の例 (25) が「離脱義」「消失義」のいずれとして認識されるかは、モノの位置変化を伴うか否かということによる。

     (25) 拆下去【離脱】 ─ 擦下去【消失】
          ［はがす］   ［ふき取る］

この点で先にみた姿勢に関わる身体の動きを表すものなどは状態変化的な側面が強いこともあり、どちらの概念で解釈すべきものなのか判断し難い。

(26) 把脸背过去
　　　［顔をそむける］

両概念はまた交叉的なものであり、

(27) 　　　　　　　　　　　　［文法的意味］　［話者の認識］
　a. 前面来了一个人。　　　【出現】　　　【接近】
　　　［前から人が1人やってきた］
　b. 风吹过来了。　　　　　【接近】　　　【出現】
　　　［風が吹いてきた］

(27a) は、存現文の中で出現を表すものとして区分されるが、現実には接近してくる過程（進行義）を述べたものである。一方、(27b) では"过来"という移動の過程を表す語が用いられているものの、主体である風は目に見えない連続体であるが故に接近としては捉えられず、実感してはじめてその存在を認識できるという点で、出現のタイプだといえる。

また、"出来"のヴァリエーションをみてみると

(28) a. 他（走）出来了。　　【接近 〜 出現】
　　　［彼が（歩いて）出てきた］
　　b. 水（撒）出来了。　　【出現】
　　　［水が（あふれ）出てきた］
　　c. 终于找出来了。　　（出現 →）【完成・実現】
　　　［ついに探し当てた］

(28a) は話者の方へ直接向かってくるのであれば「接近」であり、内側から話者のいる外への移動という領域を考慮した観点からみると「出現」である。一方、位置関係を表すのではない (28b) では「出現」として捉えられる。そして (28c) になると"出"の指し示す領域というものが明確に設定できるものではない。この抽象性から"认出来"［(認識して) 分かる］のような用法も可能となり、さらには事態の出現ということから"写出来"［書き上げる］、"想出来"［考えつく］などにみられる「完成・実現」の意味へとつながっていくことになる。

以上、移動物と関連した「位置変化の有無」に着目して、方向補語"来／

去"が使用可能となるケースについてみた。「接近／離脱」という概念には（距離を伴う）動きの過程（軌跡）が感じられる。その方向は認識者とダイレクトに結び付いたものとは限らない。例えば遠くの木の葉が落ちるのを描写して"树叶掉下来了。"とするのは、話者の存在している側（地面）への接近と捉えるからである。どこを基準とするかが"来／去"の用法に反映され、とりわけ対照研究では各言語における視点の導入の差異が問題となる。一方、「出現／消失」は瞬間的な概念であり、非移動的であるが故に方向性は生じない。そして複合動詞の中のアスペクトを表す派生的な用法にも、こうした概念を見出すことができる。

(29) a. V 起来　　　　【起動相】出現　　　　例：哭起来
　　　b. V 下来／下去　【継続相】接近／離脱　例：传下来／传下去
　　　c. V 下来　　　　【完了相】（接近→）到達　例：决定下来

11.2. "来／去"によって表される位置関係

本章の冒頭でも述べたように、中国語では、方向性を表す動詞"来／去"が統語的に往々にして必要となる。

(30) 君は昨日何時に帰ったの。
　　　a. ＊你昨天几点回的？
　　　b. 你昨天几点回去的？（＋"去"）
　　　c. 你昨天几点回家的？（＋場所目的語）

これが（"来／去"を除く）中国語の移動動詞を述語として用いた場合にみられる「文法的な独立性の弱さ」という統語的制約のためであることは前の第10.1節で具体的にみた。この"来／去"については、意味的には話者の目を通して如何に状況を把握するかということが問題となる。ここでは"来／去"を用いる際の視点の取り方について考える。

「来る」「行く」は指示表現として、基本的に次のような点で対立している。

　　「来る」… 話者に向かう移動
　　「行く」… 話者から遠ざかる移動

ここでは第三者（"他"）のことを言及する場合を例として考えてみる。なお考察の便宜上、起点（So）を「日本」、着点（G）を「中国」とする。

"来"の使用条件は話者あるいは聞き手がGにいることである。

　　① 他来中国了。
　　　　［彼は中国に来た］

ここでは話者はGにいる。これを問いかけの形にすることにより、聞き手をとり込むことになる。

　　② 他来中国了吗？
　　　　［彼は中国に来ましたか］

すなわち今度は聞き手がGにいることになり、この場合次の（ⅰ）〜（ⅲ）のように話者の側はどこにいてもよい。

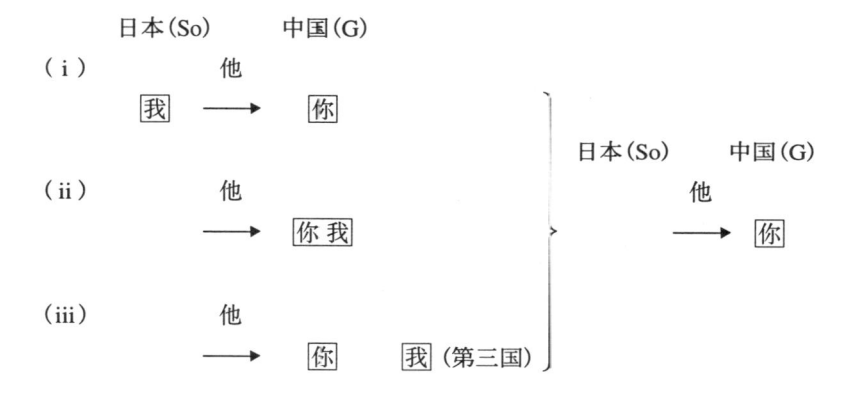

```
        日本（So）    中国（G）              日本（So）    中国（G）
           他                                    他
（ⅰ）   我  ──→  你
                                                    ──→  你
（ⅱ）         他
            ──→  你 我

（ⅲ）         他
            ──→  你    我（第三国）
```

上記②の（ⅰ）（ⅲ）のケースは話者が聞き手の立場に立ったものである。実質的には"去"で表される方向に"来"が用いられた

　　（31）a. 我可以进来吗？
　　　　　　［（室内にいる相手に向かって）入ってもいいですか］

　　　　b. 你们先去吧，我一会儿就来。
　　　　　　［君たち先に行って。私はしばらくしてから行きます］

　　　　c. 你快点儿来！── 好，我马上就来。
　　　　　　［早くおいで。── 分かった、すぐ行くよ］

などはその例である。また、例えば次の例のように
　　（32）你｛来／去｝我家玩儿吧。
　　　　　［私の家に遊びにおいでよ］
"你""我"ともにG（ここでは"家"）にいないという状況下で"来"を用いるときには、Gを自分の領域（恒常的な話者の位置）と捉えていることになる。
　次に"去"を用いた場合をみてみる。"去"の使用条件は、発話時に話者がGに存在しないことである。
　　③　他去中国了。
　　　　　［彼は中国に行った］
この場合、話者はSoか、あるいはSo・G以外の場所に存在していることになる。

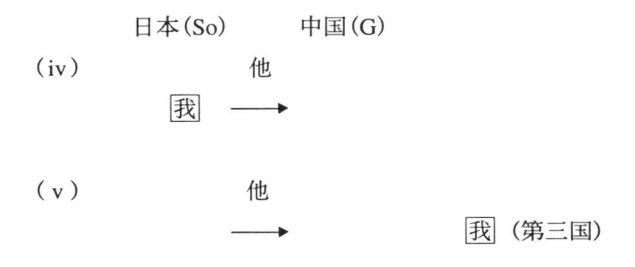

　　　　　　日本（So）　　中国（G）
（ⅳ）　　　　　　　他
　　　　　　　我　──→

（ⅴ）　　　　　　　他
　　　　　　　　──→　　　　　　我（第三国）

（ⅳ）では話者からの離脱が、（ⅴ）では話者の位置から切り離された移動が述べられている。次は聞き手を取り込んだ形である。
　　④　他去中国了吗？
　　　　　［彼は中国に行きましたか］
ここではまず聞き手がGにいる状況が考えられる。このときの"去"は「到達義」を表しているという点で、上記②の"来"の場合と同じであるが、"去"では「話者がGにいない」ことが前提なので、②の（ⅱ）は除外される。もっとも"去"を用いた場合には統語的に着点が明示されていても、"来"とは異なり、完了の形でGへの到達を保証するものではない。つまり"他"がSoを離れたかどうかが問題となる「出発義」の場合には、話者・聞き手ともにGにいないことが前提となる。

```
           日本（So）          中国（G）
（vi）                  他
        （我）（你）─┄▶        （我）（你）（第三国）
```

ここでは、話者・聞き手がいずれもSoあるいは第三国に存在しているケース、またはどちらかがそれぞれに存在しているケースが想定される。聞き手がSoに存在している場合には"去"は位置関係を反映しているともいえる。そして上記③の（ⅴ）同様、話者・聞き手ともにSo・Gに存在していない場合には、第三者的立場における客観的な視点での発話であることが明確となる。

　以上全ての位置関係の組み合わせについてみたわけではないものの、"来／去"はいずれも「接近／離脱」に関わる話者あるいは聞き手との位置関係を表すことができることに加えて、さらに"去"には移動の過程そのものを指し示す話者や聞き手と切り離した位置関係を表す用法があるといえる。

　先に状態変化的なものとして挙げた「座る」という身体的行為にも移動的な側面があることをみた（例（14）参照）。統語的には"坐下"だけでも成立するものの、これを"坐下来／去"とした場合には、"来／去"は「他者との位置関係を規定」する役割を果たすことができる。実例でみると

（33）～琴连忙说道。她就挽着淑英的膀子走到方桌旁边。淑贞也跟着走了过来。琴第一个<u>坐下去</u>，《巴金「春」15》
　　　［琴は慌てて言った。彼女は淑英の肩に手をかけ、四角い机のそばまで歩いた。淑贞も後についてきた。琴が最初に座ると］

（34）他看见她还站着不<u>坐下去</u>，便带笑说："请坐罢，不要客气。～"
　　　　　　　　　　　　　　　　　　　　　《巴金「家」317》
　　　［彼は彼女が相変わらず立ったまま座ろうとしないのを目にすると、笑って言った。「座って下さい。遠慮しないで。」］

（33）では"琴"以外の者はまだ立っている。（34）の"坐下去"では文頭の"他"が立っていることが明確に示され、"坐下来"にすると文頭に示された主体"他"は既に座っていることになる。これらは「接近／離脱」の概念である。
　そして、次の"去"が用いられた（35）～（38）は話者の視点を導入しない

客観的な描写である。

(35) 她走到淑英身边，连忙坐下去，两只手挽住淑英的膀子。

《巴金「家」284》

［彼女は（既に座っている：引用者注）淑英のそばまで来ると、急いで座って、両手を淑英の肩に置いた］

(36) 主客们互相招呼着行了礼，又让座，过了一会，大家才谦逊地坐下去。

《巴金「春」113》

［主人と客たちは互いに挨拶をしながらお辞儀をし、また席を勧めあい、しばらくすると皆ようやく遠慮がちに座った］

(37) 这时觉慧也已经找到凳子坐下了，婉儿便默默地坐下去。

《巴金「家」317》

［このとき覚慧もすでに椅子をみつけて座った。婉児は黙って座った］

(38) 他走到窗前，在藤椅上坐下去。《巴金「家」184》

［彼は窓の前まで来ると、籐椅子に座った］

(35)を"坐下来"とすると"淑英"が座っていることが明示されることになる。(37)では位置関係に基づくのなら、"觉慧"への「接近」ということで"坐下来"が用いられるところである。このように"去"を用いることにより、第三者的立場で移動そのものについて客観的に言及することが可能となる。この構図は次のような派生義のアスペクトの用法に関わる例においても適用可能である。

(39) a. 屋里渐渐黑下来了。

　　　　［部屋の中が次第に暗くなってきた］

　　 b. 屋里渐渐黑下去了。

　　　　［部屋の中が次第に暗くなっていった］

(39a)では話者は部屋の中におり、(39b)では部屋の中におらず客観的な叙述となっている。こうした性格を踏まえて次の例をみると

(40) （自転車のかごから）本が落ちた。

　　 a. 书掉下去了。

　　 b. 书掉下来了。

（40a）は自転車に乗っている人の発話であり、（40b）はその近くにいる人の発話である。これを（例えばやや離れたところに存在する）第三者の立場で捉えた場合、"去"によって客観的移動を表すことは理屈の上では可能であるものの、実際の運用においては通常は"来"が用いられる（"去"を不適切だとするインフォーマントもいる）。

　　（41）你看，书掉下｛来／?去｝了。
　　　　［ほら見て、本が落ちたよ］

これは、ここでは実際にその瞬間を目の当たりにしての発話という制約によって事象から切り離して述べるということが難しく、話者はその場面の中に取り込まれ、「本の落ちた側の領域に存在している」という認識に強く影響されることによるものだと考えられる。

11.3. 発話領域との関連

　例えば状態変化的なものとして挙げた先の例（15）（下に繰り返す）の"来／去"から方向性を読み取ることは難しい。[7]

　　（42）a. 把袖子挽上去／上来（例（15）再録）
　　　　　　［袖をめくり上げる］
　　　　b. 把裤腿放下去／下来《刘月华1988a：4》
　　　　　　［ズボンのすそをおろす］

ここでは表現機能と関わる発話領域という観点から、"来／去"両者の使用の相違について考えてみる。

11.3.1. 人称との関係

　　（43）a. 说出来（说给我／你听）
　　　　b. 不要说出去（只有我们几个人知道，请不要说给别人听）
　　　　　　　　　　　　　　　　　　　　　　《金立鑫2003：121》

（43）では"来／去"によって移動に関わる視点ではなく、領域に関わる心理的な方向が表されている。すなわち（43a）は話者および聞き手の領域である

ことが、一方 (43b) ではその領域外であることが、それぞれ "来／去" によって区別されている。そしてこの領域は動作主体の人称の使い分けにも反映される。

(44) a. *<u>我</u>把本儿都捞回<u>去</u>了。(→ 来)
[私は元手を全て回収した]

b. <u>他</u>把本儿都捞回<u>去</u>了。(→ 来)
[彼は元手を全て回収した]

(45) a. <u>我来</u>介绍一下。
[私が紹介しましょう]

b. *<u>他来</u>介绍一下。

((45) は《郭春貴 1988：243》)

(45) は動詞の前に置かれたいわゆる「積極的な行為の意志」を表す "来／去" の用法であるが、この用法自身に関するモダリティーとしては、次のような相違が認められる。

$$S + \text{"来／去"} + V \sim \begin{cases} \text{"来"：引き受けるニュアンス} \\ \text{"去"：働きかけるニュアンス} \end{cases}$$

しかし働きかけの中でも誘いかけのような場合には、相手を話者自身の領域内に取り込む (すなわち領域を共有する) という意味で "来" 系統が用いられる。

(46) 咱们坐下<u>来</u>（再）说。(→ *去)
[座って話しましょう]

(47) 我们到那边去，找个地方坐下<u>来</u>慢慢说。《巴金「家」83》(→ *去)
[あちらに行って、どこか探して座ってゆっくり話しましょう]

(48) 郭燕生怕小李不好意思，就客气的说："一块坐下<u>来</u>吧，聊聊天，吃吃东西。"《曹桂林「北京人在纽约」177》(→ *去)
[郭燕生は李さんが決まり悪い思いをしているのではと心配し、気遣って言った。「一緒に座りましょう、おしゃべりして物を食べましょう」]

11.3.2. 命令文で用いられる場合

聞き手（二人称）が動作主体となる命令文においては、こうした"来／去"の有する領域に関する性質が、使用時の「空間的・心理的な距離」に反映されることになる。

まず例（49）（50）における"来／去"の違いについて、「空間的な距離」という観点からみてみると

(49) 你把袖子挽上来（／去）！
　　［袖をめくり上げなさい］

(50) 你把裤腿放下来（／去）！
　　［ズボンのすそをおろしなさい］

ここでは話者と聞き手との距離が近いときには"来"が、遠いときには"去"が用いられるという違いがみられると指摘するインフォーマントが少なくない。しかしこれはあくまでも付随的なニュアンスであり、この違いが全てのインフォーマントに必ずしも見出されるものではないことから、明確な対立項として主張しうるものではない（補足は後述）。むしろ次のような「心理的な距離」による語気の違いという観点からの考察が有効であると思われる。

(51) a. 坐下来！（やわらかい語気）
　　　　［座りなよ］
　　 b. 坐下去！（強い語気）
　　　　［座れ］

(49)' a. 你把袖子挽上来！（やわらかい語気）
　　　　［そでをめくりなさい］
　　 b. 你把袖子挽上去！（強い語気）
　　　　［そでをめくれ］

(51)については話者と相手がともに立っていても"坐下来"が使用可能であることから、"来／去"の使用は必ずしも位置関係に基づくものではないといえる。ここでは"来"を用いた（51a）（49a）'ではいずれもやわらかい語気を表し、"去"を用いた（51b）（49b）'では強い語気を表す点に、その違いが反映されている。命令とは話者と相手の世界における関係であって、"去"を用

いた場合、自分の領域から切り離すことにより（第11.3.1節参照）、突き放す感じがして口調が強くなるといえる。これは次のような「放任」を表す用法にも通じるものである。

(52) 随他说去（→ *来）
　　　［彼に勝手に言わせておけ］

"来／去"の違いを物理的な距離に還元することの不明確さを(49)(50)に関連する箇所で述べた。しかし、このことをここでいう語気の問題とあわせて考えてみると、発話時に話者と相手との距離が遠いと必然的に大声となり、命令の語気が強くなるために"去"が用いられるという動機付けに、両者のつながりを見出すことは可能である。

11.3.3. 叙述文で用いられる場合

最後に上記のような語気の問題が関連しない叙述という面からみてみる。描写対象が第三者の場合、

(53) a. 他把袖子挽上去了。
　　　［彼は袖をめくり上げた］
　　b. 他把袖子挽上来了。
　　　［同上］

"去"を用いた(53a)が客観的描写であるのに対し、"来"を用いた(53b)は彼の側に立った（主観的な）記述として捉えることができる。この対立は同様に次の例においてもみられる。

(54) a. 他把裤腿放下去了。
　　　［彼はズボンのすそをおろした］
　　b. 他把裤腿放下来了。
　　　［同上］

インフォーマントはこの(54b)も彼の側に立った記述であるとみなすが、これは主体との位置関係に基づいたすその動きとは一致せず、このことからも既述のように袖・すそなどの動きは移動的に認識されたものではないといえる。一方、自分自身が叙述の対象となった次の例(55a)では発話時点から切り離

された過去のことが、(55b)では現在とのつながりが感じられる完了義が表されている。

(55) a. 我把袖子挽上去了。
　　　　［私は袖をめくり上げた］
　　 b. 我把袖子挽上来了。
　　　　［私は袖をめくり上げたところだ］

ここでは第11.3.1節でみた「"来／去"の表す領域」という概念が時間的に適用されていると考えられる。こうした"来／去"の使い分けが時間に反映される例は、派生義の用法に多くみられるものである。

(56) a. 烧终于退下来了。
　　　　［ついに熱が下がった］
　　 b. 烧终于退下去了。
　　　　［同上］

(56a)では病人を目の前にしての発話（相手との領域の共有）という状況から完了義が、(56b)では"去"の表す客観性という性質から過去の事実が述べられている。こうした性質により明確な過去の時点が示されているときには、"来"は使いにくい。

(57) ??昨天包饺子的时候，我把袖子挽上来了。（→ 去）
　　　　［昨日餃子を作ったとき、私は袖をめくり上げた］

しかし次のような状況下では、実際に現物を目の前にしてのことであり（つまり袖を見ながら話している）、意識の上でその時点に立ち返って我が身を置くことによって時間的なつながりが生じるため、"来"の使用が可能となる。

(57)′ 我的袖子不应该脏了呀，因为昨天包饺子的时候，我把袖子挽上来了。
　　　　　　　　　　　　　　　　　　　　　　　　　　　（→ 去）
　　　　［私の袖は汚れているはずがないよ。だって昨日餃子を作ったとき、
　　　　私は袖をめくり上げたもの］

このように客観的な叙述の中にも、如何に自分との関わりを反映させるかという認識が"来"を用いる背景には存在しているといえる。

11.4. まとめ

　まず、位置変化に方向性を読み取れる場合には、フレーズレベルでも"来／去"の使い分けは明確である。例えば"走进来／去""扔过来／去"など、主体や対象の独立した動きの場合には「接近／離脱」の概念が適用される。これに対し、「川の流れ」のような連続的なものの場合には、動きが非独立的であるが故に、移動と認識されるのに必要なプロトタイプ的な要素からの乖離によって状態変化的に捉えられ、"来／去"の使用に伴う制約が出てくる。そして"吃进去（／*来）"のような移動として捉えられない場合には、「出現／消失」という認識に基づくことになる。このように、移動的な場合には視点の導入によって"来／去"の使用は対等であるのに対し、非移動的な場合にはその使用は不均衡となる。

　そして"把袖子挽上来／去"のような方向性が明確に読み取れない（すなわち視点を導入できない）事象の場合にはフレーズレベルでは差が明確に現れないため、"来／去"両者の使い分けには、表現機能をあわせて考慮する必要が出てくる。そこには「"来／去"の表す領域」という概念が関わっている。それが例えば二人称が動作主体となる命令文においては「語気の差」となって現れたり、また一、三人称について述べた叙述文においては「主観的・客観的な観点の導入」や、「時間的な差異」となって現れることになる。

注
1) 他動詞表現で多用される"把"構文では単独の動詞が用いられないという統語的制約もあって、行為中心の日本語のフレーズを中国語で表現する場合でも、往々にして方向性が生じることになる。そしてこのとき表される移動段階が、結果・アスペクトの意味へと結び付く。例えば「ベルトをはずす」という行為を表す日本語のフレーズの対応訳としては、次の二通りのものが考えられる。
　　a. 把腰帯解开
　　b. 把腰帯解下来
起点・着点の存在を前提としない離脱義の"开"を用いたaではベルトを「ズボンの前ではずすだけ」であるのに対し、着点指向の"下"および"来"を用いたbでは「はずして抜き取る」という対象物の最終的な位置まで表すことになる（これが完了義とリンクする）。
2) 例（11）において"抬不上来"を不成立とする者は、ここでは「自分への接近」

が成立しないという移動的な側面を理由に挙げる。一方、"抬不起来""抬不上来""抬不上去"の三者をいずれも成立可とする者の中では、その違いをこの順に腕の位置が高くなっていくとする程度の差に求めるケースが少なくない。しかし、第 11.1.2.1 節でもみるように身体動作は状態変化的に捉えられることもあり、その違いは明確には現れない。

3) 「袖をめくり上げる」という行為では、対象である袖の位置変化に伴う距離の数値化が可能であることから、移動的な要素は持ち合わせているといえる。

把袖子挽上十厘米
［袖を10センチめくり上げる］

4) 到達を表す動詞 "到" を用いた "他到中国了吗？" では移動主体とGとの関係が問題となっているので、②"他来中国了吗？"のパターンに加えて、話者・聞き手とは切り離された客観的な立場での言及が可能となる。

5) 時間を表す副詞との共起で考えると
  a. 他两点去学校了。【出発時】
   ［彼は2時に学校に行った］
  b. 我两点去学校了。【出発時】【到着時】
   ［私は2時に学校に行った］
三人称の行為について述べた a では動詞 "去" は出発義を表すのに対し、b では自分の行為であるため、到達を事実として伝えることが可能となり、出発義・到達義のいずれをも表せる。

6) つまり "立足点" を導入することができるということである。例えば横になっている者が立っている者に向かって "躺下来！" と表現できるのも、この概念に基づく。刘月华 1998：187 参照。

7) 刘月华 1988a はこの例（42 a／b）について "如果位移距离很近，"上来、上去、下来、下去"在立足点方面的区别就不明显，其用法受其他因素支配"（4頁）と述べているが、紙幅の関係から記述はそこまでにとどまっている。

第12章　結語

　以上、現代中国語の空間移動を表す各種統語形式を取り上げ、そこに発話者の認識が如何に介在しているかということの解明を目指して分析をすすめてきた。最後に移動を表すプロトタイプといえる「VL形式」「介詞を用いた形」「存現文」の3つの形を用いて、[1]本研究で論及した経路表現の方法に反映された認識について総括する。

ⅰ）VL形式の場合
　英語が前置詞、日本語が格助詞でそれぞれ経路位置関係を示すことができるのに対し、中国語では主としてVLの形を用いる手段と、介詞を用いる手段がある。VL形式においてLの意味役割はVによって付与されるものであるが、この場合、次のように数量的には着点をとる方向移動動詞が多くみられる。

　　a.　上　进　回　来　去　出　下　　＋　L（着点）
　　b.　出　下　(起)　　　　　　　　　＋　L（起点）
　　c.　过　走［通る］　　　　　　　　＋　L（通過点）

この中の"起"は起点をとるといってもそれは通常"床"に限られ、その場合にもLは必ずしもベッドを指すわけではないという点で、実移動というよりイディオム化（「起床する」の意味）しているといえる。また"出""下"を用いた場合には目的語との組み合わせによって、着点および起点という相反する移動経路をともに表すことができる。

　　b_1.　出　【着点義】　出海　出场　出世
　　　　　　【起点義】　出家　出院　出门
　　b_2.　下　【着点義】　下乡　下坑　下狱　下地　下水　下井　下船

【起点義】　下车　下床　下台　下马　下楼　下飞机　下船

　　様態移動動詞に関しては介詞を用いた"在＋L＋V"の形で中間経路は表せるものの、VLの形では組み合わせによる制約が大きく、フリーな結び付きとはいえない。
　　　（1）a. *滚坡道 → 滚下（了）坡道
　　　　　　　［坂を転がる］
　　　　　　b. 走路
　　　　　　　［道を歩く］
確かに（1b）のように"走"を用いた場合には、VLの形で中間経路を比較的自由にとることができる。
　　　（2）走草地［草地を歩く］　　　走河边［川辺を歩く］
　　　　　　　走平路［平らな道を歩く］　走柏油路［アスファルトの道を歩く］
　　　　　　　走上坡路［上り坂を歩く］　走坑坑洼洼的路［でこぼこ道を歩く］
　　　　　　　走小道［小道を歩く］　　　走下坡路［下り坂を歩く］
しかし"走路"は「道を歩く」のみならず、

　　　　「歩行する」意味で、Lは道に限られない（部屋の中でも可）。
　　　　　例：孩子会走路了。
　　　　　　　［子供が歩けるようになった］

という意味的な拡がりをもつ。また"走"自体に「通行する」の意味もあり（従って移動主体は車でも可）、VL形式で成立する場合にこの意味になっていることも少なくない。
　　　（3）走楼梯［階段を行く］　　　走这条路［この道を行く］
　　　　　　　走大路［大通りを行く］　　走走廊［廊下を通る］[2)]
さらに"走"以外の様態移動動詞については意味的な制約が大きく、例えば「道を走る」という意味での"跑路"は成立しない。[3)]また郭継懋1999：343の例にみられる"飞北线""飞超低空"などの組み合わせも専門用語的な色彩が強く、通常はそれぞれ"沿北线飞""在超低空飞行"のように介詞を用いて表現

される。

ⅱ）介詞を用いた場合

　容易にイディオム化する動目構造に対し、介詞を用いた場合には実移動を表すようになることは、本論中でも言及した。介詞の研究については例えば"向、往、朝"の使い分けのような問題をはじめとして、その文法化（grammaticalization）のプロセスを体系的に捉えようとする試みや、また第5章でみた"在＋L"、第6章でみた"从＋L"などの介詞フレーズの意味役割の多様性を引き起こす要因を探求するものなどが挙げられる。そして統語的にみると介詞フレーズも含めたLの位置に関しては前置型と後置型があり、プロトタイプ的にはLは前者において起点義を、後者においては着点義を担うという機能分布がみられる。[4)]

　（4）a.　从哪儿 来　　　　【起点】
　　　　b.　 来 这儿　　　　【着点】
　　　　c.　 来 到 这儿　　　【着点】

先のⅰ）で挙げたVLの形では着点義が多くみられたが、数の上で起点と着点は非対称的であるだけでなく、形式的にも起点の方が有標識的に表示される事象が各言語で広くみられるものであることは、これまでも指摘されてきた（池上1981、古川2002ほか参照）。そしてここでは起点を表すフレーズが着点を表す語・フレーズに先行するという語順から、時間的な前後関係に基づく類像性（iconicity）を読み取ることができる。こうした認識も働いて、介詞のない

　（5）a.　你哪儿来的？
　　　　　［君はどこから来たの］
　　　　b.　他们旅游回来了。
　　　　　［彼らは旅行から帰ってきた］

のような場合でも起点義（および（5b）のようなそれに準じるもの）を表しうる。

　一方、方向性をもたない存在義（中間経路に相当）、および着点を含意しない方向義は前置・後置いずれの形でも表しうる。

　（6）存在：a.　在空中飞　―　飞在空中

　　　　　　　　　［空中を飛ぶ］
　　　　　b. 在北京住　—　住在北京
　　　　　　　［北京に住む］
　　方向：a. 往南边飞　—　飞往南边
　　　　　　　［南の方に飛ぶ］
　　　　　b. 向火车站跑　—　跑向火车站
　　　　　　　［駅の方に走る］

ただし方向義といえども、例えば"火车开向北京。"の最終的な目的地としてはあくまで"北京"であるという意味で、同じく後置型の"火车开到北京。"との間にアスペクト的な差異はみられるものの、両形式の間に共通性を見出すことはできる。

ⅲ）存現文の場合

「出現・消失・存在」義を表すいわゆる存現文において文頭に位置するLは、意味的には本研究でいう移動経路の「着点・起点・中間経路」にそれぞれ対応する。ここでは、上記ⅱ）で触れたような語順の差異に意味の反映を見出す類像性に基づいた解釈は当てはまらないため、経路が一義的には定まらない。次のものはいずれも述語動詞に着点指向の"来"が用いられた例である。

　（7）a. 屋外来了一个人。　　　　【起点】
　　　　　　［部屋の外から人が1人来た］
　　　　b. 前面来了一个人。　　　　【起点】[5]
　　　　　　［前方から人が1人来た］
　（8）a. （我的）家里来了客。　　　【着点】
　　　　　　［（私の）家に客が来た］
　　　　b. 班里来了一个新同学。　　【着点】
　　　　　　［クラスに新しいクラスメートが1人来た］
　（9）a. 城里来了客　　　　　　　【起点】【着点】
　　　　　　［街から／に客が来た］
　　　　b. 县里来了个大人物。　【起点】【着点】（bは《崔希亮2001b：244》）
　　　　　　［県から／に大人物が来た］

(10) 大路上走来了一个人。　　　　【中間経路】
　　　［大通りを人が1人歩いてきた］

この経路の差は、「出現」に対する認識の違いによってもたらされている。また（7）（8）のような現場指示的な場合には位置関係が比較的明確であるのに対し、そうでない（9）では相反する経路を兼ねている。そして次の例では人称の違いが経路の違いを生み出している。

(11) a. 我来信了。　　　　　　　　【着点】
　　　　［私に手紙が来た］
　　 b. 他来信了。　　　　　　　【起点】【着点】
　　　　［彼から／に手紙が来た］

このような人称による"来／去"の使用制限はモダリティの問題とも関連する。それは第11章でみた誘いかけや、一般にいう動詞の前に置かれたいわゆる「積極的な行為の意志」を表す"来／去"の用法にみられるものである。

　近年、空間認知というテーマは認知科学・心理学などの分野においても注目されている。言語研究の側面からいえば、あらゆる動作動詞は空間・場所との関連を有する。そしてその下位類である移動動詞についてはとりわけそうした要素との結び付きが強い。これに加え、必ずしも言語化されるとは限らない移動の速度・様態・距離・時間・方向などがその背景に存在している。このことはとりわけ中国語では、第10、11章でみたような統語的に発話者自らを当該表現の中に導入する要素である"来／去"が往々にして必要となることからも窺える。
　我々をとりまく日常の事象を認識する際に、動的なものと静的なものに大きく区分できる。移動とは動的な現象であるが、中間経路に関わる移動など領域内におけるものからは静態的要素を読み取ることは可能であり（第6章参照）、また逆に存在という状態をもたらした原因に、移動も含めた動的な要素を導入することも可能である（第5章参照）。こうした認識が統語構造に及ぼす影響については、本論でみたとおりである。
　本研究では物理的な人・モノの移動を扱ったが、空間・移動に関わる概念は

動作・行為の働きかけ、またはメタファーなど心理的な作用を考える際にも適用できることに加え、経路のイメージ・スキーマが往々にして修辞的表現における動機付けとなるなど、他の抽象的概念の基盤となっている。こうしたことも含めて、空間移動表現とは移動事象に関わる要素のどの側面に着目し、それを如何にして自己との関わりにおいて捉え、各言語で個別の制約を有する文法形式を利用してどのように表現するかといういずれも発話者の判断・認識と根本的に関わる問題であるといえよう。

注
1) この他に統語的には方向補語を用いた「動補構造」も考えられるが、方向動詞と場所目的語両者の関係においては「動目構造」の場合と同様であるため、ここではそれに準じるものとして扱う。
2) 「廊下を歩く」の意味では通常"在走廊上走"の形が用いられる。
3) "跑路"は「逃げる」の意味で成立する。「道を走る」の意味では"在路上跑"のように介詞が用いられる。
4) "到这儿来"のような"到"が用いられた形は着点が前置された形のようにみえるが、後ろにくる移動動詞はフリーではなく、単独の"来／去"に限られることなどから、"到"は一般的な介詞とは性質が異なる。荒川1988もあわせて参照。
5) 厳密には有界的な概念である起点ではなく、第1.1節でみた非有界的な起点指向的方向を表しているものの、ここでは他の2つの概念との対比においてこれを起点として扱う。

用例出典

巴金《春》，人民文学出版社（1992.7）。
巴金《家》，人民文学出版社（1994.11）。
曹桂林《北京人在纽约》，中国文联出版公司（1995.8）。
曹禺〈北京人〉，《曹禺文集（第二卷）》，中国戏剧出版社（1989.4）。
曹禺《雷雨》，人民文学出版社（1994.9）。
曹禺〈蜕变〉，《曹禺文集（第二卷）》，中国戏剧出版社（1989.4）。
曹禺《原野》，人民文学出版社（1994.9）。
陈染《嘴唇里的阳光》，长江文艺出版社（1995.3）。
谌容〈人到中年〉，《人到中年》，中国文学出版社（1993.12）。
老舍〈茶馆〉，《茶馆　龙须沟》，人民文学出版社（1994.9）。
老舍〈龙须沟〉，《茶馆　龙须沟》，人民文学出版社（1994.9）。
老舍《骆驼祥子》，人民文学出版社（1989.9）。
老舍〈牛天赐传〉，《老舍文集（第二卷）》，人民文学出版社（1993.3）。
老舍〈小坡的生日〉，《老舍文集（第二卷）》，人民文学出版社（1993.3）。
鲁迅〈故乡〉，《呐喊》，人民文学出版社（1995.5）。
钱钟书《围城》，人民文学出版社（1993.5）。
王朔〈玩主〉，《王朔文集　谐谑卷》，华艺出版社（1992.10）。
杨沫《青春之歌》，北京十月文艺出版社（1995.9）。
叶辛《家教》，江苏文艺出版社（1997.6）。
赵树理〈李家庄的变迁〉，《赵树理文集（第一卷）》，工人出版社（1980.10）。
赵树理〈三里湾〉，《赵树理文集（第二卷）》，工人出版社（1980.10）。
周立波《暴风骤雨》，人民文学出版社（1994.6）。
电影·中国名作选2《黄土地》，万象图书股份有限公司（1990.9）。
《读者》，甘肃人民出版社（1996.10）。
《读者》，甘肃人民出版社（2001.10）。
《人民日报》（1992）。
《北京晚报》（1993）。
《北京晚报》（1996）。
冰心《冰心作品集·1920年》。
欧阳山《三家巷》。
沈从文《从文自传》。
沈从文〈烟斗〉，《新与旧》。

なお、《人民日报》(1992)および《北京晚报》(1993)は大阪外国語大学中国語学研究室入力のテキストファイルを利用した。また、《冰心作品集》はCD－ROM「中国現代文学名著百部」（1）を、《三家巷》、《从文自传》、〈烟斗〉はCD－ROM「中国現代文学名著百部」（2）（いずれも北京銀冠电子出版有限公司出版）を利用した。

主要参考文献

日本語

相原茂ほか 1991.『中国語学習 Q & A101』,大修館書店。

荒川清秀 1980.「中国語の状態動詞」,『愛知大学文学論叢』第65輯,愛知大学文学会,1 − 26 頁。

荒川清秀 1981.「中国語動詞にみられるいくつかのカテゴリー」,『愛知大学文学論叢』第67輯,1 − 25 頁。

荒川清秀 1984.「中国語の場所語・場所表現」,『Foreign Language Institute（愛知大学外国語研究室報）』No. 8, 1 − 14 頁。

荒川清秀 1986.「中国語の方向補語について」,『外語研紀要』第10号,愛知大学外国語研究室,9 − 23 頁。

荒川清秀 1988.「"到"は介詞か」,『外語研紀要』第12号,愛知大学外国語研究室,1 − 13 頁。

荒川清秀 1989.「補語は動詞になにをくわえるか」,『外語研紀要』第13号,愛知大学外国語研究室,11 − 24 頁。

荒川清秀 1992.「日本語名詞のトコロ（空間）性 ― 中国語との関連で ―」,『日本語と中国語の対照研究論文集（上）』,くろしお出版,71 − 94 頁。

荒川清秀 1994.「買ッテクルと"买来"」,『外語研紀要』第18号,愛知大学外国語研究室,71 − 81 頁。

荒川清秀 1996.「日本語と中国語の移動動詞」,『外語研紀要』第22号,愛知大学外国語研究室,9 − 23 頁。

荒川清秀 2000.「"V 在〜"と"在〜 V"のちがいは？」,『中国語教室 Q & A101』相原茂ほか,大修館書店,81 − 83 頁。

荒川清秀 2003.『一歩すすんだ中国語文法』,大修館書店。

C. E. ヤーホントフ 1987.『中国語動詞の研究』（橋本萬太郎 訳）,白帝社。

原由紀子 1998.「"从"― 来源を表すものとして」,『姫路獨協大学外国語学部紀要』第11号,257 − 273 頁。

原田寿美子・滑本忠 1990.「「在」に対応する日本語の格助詞」,『名古屋学院大学　外国語学部論集』第2巻 第1号,41 − 48 頁。

平井勝利・加納光 1991.「中国語の所謂連動式表現と否定の焦点」,『言語文化論集』第13巻 第1号,名古屋大学言語文化部,245 − 258 頁。

平井勝利・成戸浩嗣 1993.「中国語の「在・トコロ＋V」と日本語の「非トコロ・ニ V

する」表現の考察（一）」，『言語文化論集』第15巻 第1号，名古屋大学言語文化部，169－189頁。

平井勝利・成戸浩嗣1994．「中国語の「在・トコロ＋V」と日本語の「非トコロ・ニV する」表現の考察（二）」，『言語文化論集』第15巻 第2号，名古屋大学言語文化部，119－132頁。

平井勝利・成戸浩嗣1996．「移動動作の場所を示す"从"と補語をうける"ヲ"の日中対照」，『言語文化論集』第17巻 第2号，名古屋大学言語文化部，107－123頁。

平井和之1987．「静態動詞に関する幾つかの問題 ― 主に"V在～"形式との関連に於いて ―」，『中国語学』第234号，65－75頁。

平井和之1991a．「"～～起来"の表す意味」，『東京外国語大学論集』第42号，147－163頁。

平井和之1991b．「朱德熙《"在黑板上写字"及相关句式》の三つの稿について」，『東京外国語大学論集』第43号，47－66頁。

菱沼透1993．「"来""去"と"到"」，『明治大学教養論集 通巻255号 外国語・外国文学』，1－13頁。

菱沼透1994．「日本語と中国語の移動動詞 ― "あるく"に対応する中国語の表現 ―」，『明治大学教養論集』265号，25－61頁。

菱沼透1995．「動詞"到"の意味と用法」，『創価大学外国語学科紀要』第5号，1－18頁。

方美麗2001．「連語の意味的な結びつきを規定するもの ― 移動動詞を材料に」，『国文学 解釈と鑑賞』7月号，至文堂，109－118頁。

方美麗2002a．「(続)連語の意味的な結びつきを規定するもの ― 移動動詞を材料に」，『国文学 解釈と鑑賞』1月号，至文堂，117－124頁。

方美麗2002b．「「連語論」〈「移動動詞」と「空間名詞」との関係〉― 中国語の視点から ―」，『日本語科学』11，国立国語研究所，55－77頁。

池上嘉彦1975．『意味論』，大修館書店（1991）。

池上嘉彦1981．『「する」と「なる」の言語学 ― 言語と文化のタイポロジーへの試論 ―』，大修館書店（1991）。

池上嘉彦1993．「〈移動〉のスキーマと〈行為〉のスキーマ ― 日本語の「ヲ格＋移動動詞」構造の類型論的考察 ―」，『東京大学教養学部外国語科紀要』41－3，34－53頁。

池上嘉彦2000．『「日本語論」への招待』，講談社。

石村広2000．「"V 在 L"形式と結果表現」，『人文学報』第311号，東京都立大学人文部，93－108頁。

影山太郎1996．「日英語の移動動詞」，『関西学院大学英米文学』第40巻 第2号，91－121頁。

影山太郎1997．「単語を超えた語形成」，『日英語比較選書8 語形成と概念構造』影山太郎・由本陽子，研究社出版，128－197頁。

神尾昭雄1980．「「に」と「で」― 日本語における空間的位置の表現」，『言語』9月号，

55 − 63 頁。
河上誓作編著 1996.『認知言語学の基礎』,研究社出版 (1999)。
木村英樹 1996.『中国語はじめの一歩』,ちくま新書 (1998)。
北原博雄 1997.「「位置変化動詞」と共起する場所ニ格句の意味役割 ― 着点と方向の二分 ―」,『国語学研究』36,東北大学文学部「国語学研究」刊行会,43 − 52 頁。
北原博雄 1998.「移動動詞と共起するニ格句とマデ格句」,『国語学』195 集,国語学会,15 − 29 頁。
国立国語研究所 1972.『動詞の意味・用法の記述的研究』,秀英出版 (1975)。
輿水優 1980.『中国語基本語ノート』,大修館書店 (1988)。
工藤真由美 1995.『アスペクト・テンス体系とテクスト ― 現代日本語の時間の表現 ―』,ひつじ書房 (1997)。
Lamarre,Christine. 2003.「状態変化、構文、そして言語干渉：中国語の【V ＋在＋場所】構文のケース」,『開篇』vol. 22,好文出版,144 − 171 頁。
李臨定 1993.『中国語文法概論』(宮田一郎訳),光生館。
盧濤 1995.「文末の「去」の機能について」,『中国語学』第 242 号,12 − 21 頁。
盧濤 2000.『中国語における「空間動詞」の文法化研究』,白帝社。
丸尾誠 1997.「"V ＋到＋ L"形式の意味的考察」,『中国言語文化論叢』第 1 集,東京外国語大学中国言語文化研究会,103 − 123 頁。
丸尾誠 2000.「"去＋ VP"形式と"VP ＋去"形式について ― VP が"去"の目的を表す場合 ―」,『中国語学文学論集』第 13 輯,名古屋大学中国語学文学会,27 − 42 頁。
丸尾誠 2001.「中国語の移動動詞に関する一考察 ― 着点との関連において ―」,『中国言語文化論叢』第 4 集,東京外国語大学中国言語文化研究会,1 − 22 頁。
丸尾誠 2002a.「存在表現としての"在 LV"および"V 在 L"形式」,日中対照言語学会第 8 回大会レジュメ (於 大東文化会館 12 月 8 日)。
丸尾誠 2003a.「"V 来"形式にみられる「動作義」と「移動義」― 継起的動作を表す場合 ―」,『中国語』2 月号,内山書店,26 − 31 頁。
丸尾誠 2003b.「"(S ＋) 从／在＋ L ＋ VP"形式の表す移動概念」,『日中言語対照研究論集』第 5 号,日中対照言語学会 (白帝社),60 − 73 頁。
丸尾誠 2003c.「複合方向補語における"来／去"について ― 出現義・消失義という観点から」,日中対照言語学会 第 10 回補語特集大会レジュメ (於 東洋大学 12 月 21 日)
丸尾誠 2004a.「中国語の移動動詞について ― 日本語・英語との比較という観点から ―」,『平井勝利教授退官記念 中国学・日本語学論文集』,白帝社,357 − 372 頁。
丸尾誠 2004b.「中国語の場所表現について ― 移動・存在義と方位詞の関連を中心に ―」,『日中言語対照研究論集』第 6 号,日中対照言語学会 (白帝社),35 − 51 頁。
丸尾誠 2004c.「中国語の場所詞について ― モノ・トコロという観点から ―」,『言語文化論集』第 25 巻 第 2 号,名古屋大学大学院国際言語文化研究科,151 − 166 頁。
丸尾誠 2005.「中国語の方向補語"来／去"の表す意味について」,『大東文化大学語学

教育研究所創立20周年記念　現代中国語文法研究論集』，101－119頁。
松本曜1997.「空間移動の言語表現とその拡張」，『日英語比較選書6 空間と移動の表現』田中茂範・松本曜，研究社出版，125－230頁。
宮島達夫1984.「日本語とヨーロッパ語の移動動詞」，『金田一春彦博士古稀記念論文集第二巻 言語学編』，三省堂，456－486頁。
森宏子1998.「"从"の空間認識」，『中国語学』245号，122－131頁。
森田良行1968.「「行く・来る」の用法」，『国語学75』国語学会，75－87頁。
中川正之1990.「中国語と日本語 ― 場所表現をめぐって ―」，『講座 日本語と日本語教育』12，明治書院，219－240頁。
中川正之1991.「"去旅行"と"旅行去"と"去旅行去"」，『中国語学習Q&A101』，大修館書店，138－141頁。
中右実1998.「空間と存在の構図」，『日英語比較選書5 構文と事象構造』中右実・西村義樹，研究社出版，1－106頁。
中澤恒子2002.「「来る」と「行く」の到着するところ」，『シリーズ言語科学4　対照言語学』生越直樹編，東京大学出版会，281－304頁。
成田徹男1979.「動詞の意味と格 ―「移動」に関する動詞を中心に ―」，『人文学報』第132号，東京都立大学人文学部，47－64頁。
成田徹男1981.「空間的移動を意味する「～てくる・～ていく」」，『人文学報』第146号，東京都立大学人文学部，1－20頁。
小川郁夫1987.「目的関係を表わす〔"来"＋〕vp＋"来"」，『名古屋大学人文科学研究』第16号，71－83頁。
小野秀樹2001.「"的"の「モノ化」機能 ―「照応」と"是…的"文をめぐって ―」，『現代中国語研究』第3期，朋友書店，146－158頁。
瀬戸賢一1995.『空間のレトリック』，海鳴社。
杉村博文1991a.「"拿走"と"拿去"」，『中国語学習Q&A101』，大修館書店，110－114頁。
杉村博文1991b.「"掏出来"≠取り出してくる」，『中国語学習Q&A101』相原茂ほか，大修館書店，105－107頁。
杉村博文2000a.「"走进来"について」，『荒屋勸教授古希記念 中国語論集』，白帝社，151－164頁。
杉村博文2000b.「方向補語"过"の意味」，『中国語』1月号，内山書店，58－60頁。
杉村博文2002.「中国語における部分の前景化と主体化」，『日本中国語学会　第52回全国大会　予稿集』レジュメ，39－42頁（於 金沢大学）。
高橋弥守彦1995.「場所語について」，『大東文化大学紀要』第33号，233－254頁。
高橋弥守彦2002.「移動を表す動補連語"走进来"について」，『大東文化大学外国語学研究』第3号，53－62頁。
張黎・佐藤晴彦1999.『中国語表現文法 ― 28のポイント』，東方書店，46－52頁。

内田慶市 1981.「結果補語と否定の射程」,『中国語研究』第20号,龍渓書舎,21 − 31頁.

鵜殿倫次 1987.「中国語の方向性複合動詞と場所目的語」,『愛知県立大学外国語学部紀要』第19号（言語・文学編）, 247 − 273頁.

上野誠司・影山太郎 2001.「移動と経路の表現」,『日英対照　動詞の意味と構文』影山太郎編，大修館書店, 40 − 68頁.

山口直人 1988.「"在＋処所"に関連する2つの問題」,『北九州大学大学院紀要』創刊号, 221 − 242頁.

山梨正明 1995.『認知文法論』, ひつじ書房.

中国語

蔡文兰 1997.〈与"在＋处所"相关的时序问题〉,《庆祝中国社会科学院语言研究所建所45周年学术论文集》, 商务印书馆, 187 − 191页.

陈刚 1980.〈试论"着"的用法及其与英语进行式的比较〉,《中国语文》第1期, 21 − 27页.

陈永生 1981.〈也谈动词后面的"到"—《谈谈动词谓语后面的"到"的性质和作用》质疑〉,《现代汉语补语研究资料》, 北京语言学院出版社（1992）, 349 − 358页（原载《重庆师范学院学报》1981年第2期）.

崔希亮 1996.〈"在"字结构解析—从动词的语义、配价及论元之关系考察〉,《世界汉语教学》第3期, 32 − 42页.

崔希亮 2000.〈空间方位关系及其泛化形式的认知解释〉,《语法研究和探索》(10), 商务印书馆, 85 − 97页.

崔希亮 2001a.〈空间方位场景的认知图式与句法表现〉,《中国语言学报》第十期, 商务印书馆, 34 − 49页.

崔希亮 2001b.〈汉语语法的认知研究〉,《语言理解与认知》, 北京语言文化大学出版社, 172 − 262页.

戴耀晶 1997.《现代汉语时体系统研究》, 浙江教育出版社, 130 − 141页.

丁声树等 1961.《现代汉语语法讲话》, 商务印书馆（1979）.

范继淹 1963.〈动词和趋向性后置成分的结构分析〉,《中国语文》第2期, 136 − 160页.

范继淹 1982.〈论介词短语"在＋处所"〉,《范继淹语言学论文集》, 语文出版社（1986）, 162 − 189页（原载《语言研究》1982年第1期）.

范晓主编 1998.《汉语的句子类型》, 书海出版社, 68 − 78页.

方经民 2002.〈论汉语空间区域范畴的性质和类型〉,《世界汉语教学》第3期, 37 − 48页.

方经民 2003.〈现代汉语空间名词性成分的指称性〉,《语法研究和探索》(12), 商务印书馆, 196 − 209页.

高桥弥守彦 1992.〈是用"上"还是用"里"〉,《语言教学与研究》第2期, 47 − 60页.

古川裕 2002.〈〈起点〉指向和〈终点〉指向的不对称性及其认知解释〉,《世界汉语教学》第 3 期, 49－58 页。

关键 2000.〈补语"下(来／去)""下来""下去"的意义和用法〉,《汉语言文化研究》第 7 辑, 天津人民出版社, 16－34 页。

郭春贵 1988.〈试论连谓结构"来／去＋VP"中的虚化动词"来／去"〉,《第二届国际汉语教学讨论会论文选》, 北京语言学院出版社, 242－254 页。

郭继懋 1999.〈试谈"飞上海"等不及物动词带宾语现象〉,《中国语文》第 5 期, 337－346 页。

郭熙 1986.〈"放到桌子上""放在桌子上""放桌子上"〉,《中国语文》第 1 期, 20－23 页。

郭熙 1987.〈关于"动词＋'到'＋处所词语"的句法分析〉,《南京大学学报(哲学·人文·社会科学)》第 3 期, 60－66 页。

郭熙 1990.〈"动词＋'到'＋处所词语"的十二种句式〉,《语言学和汉语教学》, 北京语言学院出版社, 87－96 页。

侯精一等编著《中国语补语例解》(日文版), 田中信一等译, 商务印书馆 (2001.3)。

侯敏 1990.〈"在＋处所"的位置与动词的分类〉,《东北地区对外汉语教学论文集》, 辽宁大学出版社, 71－85 页。

黄华 1984.〈"动(形)＋到＋……"的结构分析〉,《现代汉语补语研究资料》, 北京语言学院出版社 (1992), 620－633 页(原载《天津师大学报》1984 年第 5 期)。

金立鑫 2003.〈趋向补语和宾语的位置关系〉,《对外汉语研究的跨学科探索》, 北京语言大学出版社, 118－134 页。

Lamarre, Christine. 2003.〈汉语空间位移事件的语言表达—兼论述趋式的几个问题〉,《现代中国语研究》第 5 期, 朋友書店, 1－18 頁。

李大忠 1996.《外国人学汉语语法偏误分析》, 北京语言文化大学。

李冠华 1991.〈"V 去了"说略〉,《汉语学习》第 3 期, 10－14 页。

李临定 1985.〈动词的动态功能和静态功能〉,《汉语学习》第 1 期, 7－10 页。

李临定 1986a.《现代汉语句型》, 商务印书馆。

李临定 1986b.〈静态句〉,《汉语研究》第一辑, 南开大学出版社, 22－33 页。

李临定 1988.《汉语比较变换语法》, 中国社会科学出版社, 39－60 页。

李临定 1990.《现代汉语动词》, 中国社会科学出版社。

李晓琪 1982.〈说说"动词＋到"〉,《汉语学习》第 1 期, 15－19 页。

林杏光等主编 1994.《人机通用 现代汉语动词大词典》, 北京语言学院出版社。

刘丹青 2001.〈方所题元的若干类型学参项〉,《中國語文研究》第 1 期, 11－23 页。

刘一之 1994.〈"V 在～"和"在～VP"〉,《聖德学園岐阜教育大学紀要》28, 179－185 頁。

刘月华 1980.〈关于趋向补语"来"、"去"的几个问题〉,《语言教学与研究》第 3 期, 36－44 页。

刘月华等 1983.《实用现代汉语语法》, 外语教学与研究出版社 (1986)。

刘月华 1988a.〈几组意义相关的趋向补语语义分析〉,《语言研究》第 1 期, 1－17 页。

刘月华 1988b.〈趋向补语的语法意义〉,《语法研究和探索》(4),北京大学出版社,74－88页。

刘月华主编 1998.《趋向补语通释》,北京语言文化大学出版社。

卢福波 2001.〈试探"来""去"趋向义的不对称性〉,《汉语言文化研究》第8辑,天津人民出版社,90－105页。

陆俭明 1985.〈关于"去＋VP"和"VP＋去"句式〉,《陆俭明自选集》,河南教育出版社(1993),115－132页(原载《语言教学与研究》1985年第4期)。

陆俭明 1989.〈"V来了"试析〉,《陆俭明自选集》,河南教育出版社(1993),133－150页(原载《中国语文》1989年第3期)。

吕冀平 1987.〈复杂谓语〉,《汉语知识讲话(合订本)》4,上海教育出版社(1991)。

吕叔湘主编 1980.《现代汉语八百词(增订本)》,商务印书馆(1999.1)。

马庆株 1997.〈"V来／去"与现代汉语动词的主观范畴〉,《第五届国际汉语教学讨论会论文选》,北京大学出版社,191－199页。

孟庆海 1986.〈动词＋处所宾语〉,《中国语文》第4期,261－266页。

孟琮 1987.〈动趋式语义举例〉,《句型和动词》,语文出版社,242－266页。

孟琮等编 1987.《动词用法词典》,上海辞书出版社。

聂文龙 1989.〈存在和存在句的分类〉,《中国语文》第2期,95－104页。

齐沪扬 1998a.〈位移句中VP的方向价研究〉,《现代汉语配价语法研究》第二辑,北京大学出版社,229－251页。

齐沪扬 1998b.《现代汉语空间问题研究》,学林出版社。

杉村博文 1983.〈试论趋向补语".下"".下来"".下去"的引申用法〉,《语言教学与研究》第4期,102－116页。

邵敬敏 1982.〈关于「在黑板上写字」句式分化和变换的若干问题〉,《语言教学与研究》第3期,35－43页。

沈家煊 1999.〈英汉方所概念的表达〉,《著名中年语言学家自选集 沈家煊卷》,安徽教育出版社,30－57页(2002),(原载《汉英对比语法论集》第3章「方所」,赵世开主编,上海外语教育出版社,1999年)。

沈家煊 2003.〈现代汉语"动补结构"的类型学考察〉,《世界汉语教学》第3期,17－23页。

沈阳 1998.〈带方位处所宾语的动词及相关句式〉,《语言学论丛》第20辑,商务印书馆,243－279页。

史有为 1997.〈处所宾语初步考察〉,《大河内康宪教授退官记念 中国语学论文集》,東方書店,81－105页。

孙锡信 1991.〈"V在L"格式的语法分析〉,《语文论集》(4),外语教学与研究出版社,99－111页。

丸尾诚 2002b.〈现代汉语介词短语"在＋L""从＋L"的语义功能—从"表示对象移动的句式"谈起—〉,《多元文化》第2号,名古屋大学国际言语文化研究科 国際多元文化專攻,119－129页。

王艾录 1982.〈"动词＋在＋方位结构"刍议〉,《现代汉语补语研究资料》,北京语言学院出版社（1992）,404－412 页（原载《语文研究》1982 年第 2 期）。

王还 1957.〈说"在"〉,《门外偶得集（增订本）》,北京语言学院出版社（1994）,31－35 页（原载《中国语文》1957 年第 2 期）。

王还 1980.〈再说说"在"〉,《门外偶得集（增订本）》,北京语言学院出版社（1994）,36－41 页（原载《语言教学与研究》1980 年第 3 期）。

王还 1994.〈"到南方去旅行"和"到南方旅行去"〉,《门外偶得集（增订本）》,北京语言学院出版社,63－69 页。

王砚农等编《汉语动词—结果补语搭配词典》,北京语言学院出版社（1987.12）。

王占华 1996.〈处所短语句的蕴涵与"在"的隐现〉,《人文研究　大阪市立大学文学部紀要》第 48 卷　第 7 分冊,31－54 頁。

吴启主 1990.《教学语法丛书之十四　连动句・兼语句》,人民教育出版社,4－65 页。

辛承姬 1998.〈连动结构中的"来"〉,《语言研究》第 2 期,53－58 页。

邢公畹 1993.〈现代汉语具有"位置移动"语义特征的动词〉,《汉语研究》第三辑,南开大学出版社,1－9 页。

徐丹 1994.〈关于汉语里"动词＋X＋地点词"的句型〉,《中国语文》第 3 期,180－185 页。

杨宁 2001.〈汉语处所词为什么可以不带方位词？〉,日中言語対照研究会　第 4 回大会レジュメ（於　大東文化会館）。

叶盼云・吴中伟 1999.《外国人学汉语难点释疑》,北京语言文化大学出版社。

殷志平 1995.〈"V＋到＋X"句〉,《动词研究》胡裕树・范晓主编,河南大学出版社,330－353 页。

俞光中 1987.〈"V 在 N L"的分析及其来源献疑〉,《语文研究》第 3 期,14－18 页。

俞咏梅 1999.〈论"在＋处所"的语义功能和语序制约原则〉,《中国语文》第 1 期,21－29 页。

袁毓林 1998.〈汉语动词的配价层级和配位方式研究〉,《现代汉语配价语法研究》第二辑,北京大学出版社,18－68 页。

张赪 1997.〈论决定"在 L＋VP"或"VP＋在 L"的因素〉,《语言教学与研究》第 2 期,41－50 页。

张国宪 1999.〈延续性形容词的续段结构及其体表现〉,《中国语文》第 6 期,403－414 页。

张黎 1997.〈"处所"范畴〉,《大河内康憲教授退官記念　中国語学論文集》,東方書店,141－156 页。

张黎 2000.《漢語範疇語法論集》,中国書店,85－110 頁。

赵金铭 1995.〈现代汉语补语位置上的"在"和"到"及其弱化形式"・de"〉,《中国语言学报》第七期,语文出版社,1－14 页。

朱德熙 1982.《语法讲义》,商务印书馆（1997）。

朱德熙 1990.〈"在黑板上写字"及相关句式（修改稿）〉,《语法丛稿》,上海教育出版社,1－16 页。

英語

Charles N. Li & Sandra A. Thompson. 1981. *Mandarin Chinese.* University of California Press.

Fillmore, Charles J. 1975. Coming and Going. *Santa Cruz Lectures on Deixis* 1971, 50 − 69. Bloomington: Indiana University Linguistics Club.

Ikegami, Yoshihiko. 1970. *The Semological Structure of the English Verbs of Motion: A Stratificational Approach.* Tokyo: Sanseido.

Jackendoff, Ray. 1983. *Semantics and Cognition.* Cambridge, Massachusetts: The MIT Press.

Jackendoff, Ray. 1990. *Semantic Structures.* Cambridge, Massachusetts: The MIT Press.

Jackendoff, Ray. 1996. The Proper Treatment of Measuring Out, Telicity, and Perhaps Even Quantification in English. *Natural Language & Linguistic Theory* 14 No. 2, 305 − 354.

JAMES H-Y. TAI. 1985. Temporal Sequence and Chinese word order. *Typological studies in language,* vol. 6 (TSL6), 49 − 72.

Jian Kang. 2001. Perfective Aspect Particles or Telic Aktionsart Markers? *JOURNAL OF CHINESE LINGUISTICS* 29. 2, 281 − 339.

Langacker, Ronald W. 1987. *Foundations of Cognitive Grammar, vol. I: Theoretical Prerequisites.* Stanford: Stanford University Press.

Levin, Beth. 1993. *English Verb Classes and Alternations.* Chicago: The University of Chicago Press.

Levin, Beth and Tova R. Rapoport. 1988. Lexical Subordination. *Papers from the 24th Annual Regional Meeting of the Chicago Linguistic Society,* 275 − 289 (CLS24).

Matsumoto, Yo. 1996. *Complex Predicates in Japanese: A Syntactic and Semantic Study of the Notion 'Word',* 263 − 310. Stanford: CSLI Publications and Tokyo: Kurosio Publishers.

Nakamura, Tsuguro. 1997. Actions in Motion: How Languages Express Manners of Motion. In M. Ukaji, T. Nakao, M. Kajita and S. Chiba (eds.), *Studies in English Linguistics: A Festschrift for Akira Ota on the Occasion of His Eightieth Birthday,* 723 − 738. Tokyo: Taishukan.

Talmy, Leonard. 1985. Lexicalization Patterns: Semantic Structure in Lexical Forms. In T. Shopen (ed.), *Language Typology and Syntactic Description, vol. Ⅲ,Grammatical Categories and the Lexicon,* 57 − 149. Cambridge: Cambridge University Press.

Talmy, Leonard. 1991. Path to Realization: A Typology of Event Conflation. *Berkeley Linguistics Society* 17, 480 − 519. (Revised as Talmy2000)

Talmy, Leonard. 2000. A Typology of Event Integration. *Toward a Cognitive Semantics, vol. Ⅱ: Typology and Process in Concept Structuring,* 213−288. Cambridge, MA: The MIT Press.

Ungerer, Friedrich／Schmid, Hans-Jörg. 1996. *An Introduction to Cognitive Linguistics,* 218− 238. Longman.

Vendler, Zeno. 1967. *Linguistics in Philosophy.* Ithaca, NY: Cornell University Press.

Yoneyama, Mitsuaki. 1986. Motion Verbs in Conceptual Semantics. *Bulletin of the Faculty of*

Humanities 22, 1 − 15. Tokyo: Seikei University.

Yoneyama, Mitsuaki. 1997. Verbs of Motion and Conceptual Structure: A Contrast between English and Japanese. In K. Yamanaka and T. Ohori (eds.), *The Locus of Meaning: Papers in Honor of Yoshihiko Ikegami,* 263 − 276. Tokyo: Kurosio Publishers.

あ と が き

　本書は、2003年12月に名古屋大学大学院国際言語文化研究科に提出した博士論文『現代中国語の空間移動表現に関する研究』をもとに大幅な修正を加え、加筆したものである。

　筆者は東京外国語大学大学院地域文化研究科在籍中より指導教官の輿水優先生に、学問の厳しさ・奥の深さおよび研究に対する姿勢というものを身をもって教えていただいた。そして現在に至るも、様々な形でお世話になっている。名古屋大学に教員として赴任してからは、平井勝利先生に終始暖かいご指導を賜った。執筆の過程で日々ただ目の前の仕事に忙殺され、遅々として一向に論が進展をみないことに焦りと苛立ちを覚え、挫折する度に受けた平井先生の叱咤激励には、どれだけ勇気づけられたか計り知れない。

　また本書を構成する各章に関わる研究発表の際には、数多くの方々に貴重なコメントをいただき、多大な恩恵を受けた。とりわけ荒川清秀先生、鵜殿倫次先生、佐藤富士雄先生、高橋弥守彦先生、平井和之先生、古川裕先生（50音順）には口頭発表の度に本研究の考察の中核に関わる部分についての質問に加えて建設的なご意見を多々いただき、結果として考察の視野を広げることができた。中でも移動動詞を専門に長く研究されている荒川先生には、個別の問題についてご教授いただくとともに、かつて本書を構成する一部分に目を通していただき適切なアドバイスをいただく機会を得たことは幸甚であった。また名古屋における有志による研究会での竹越美奈子先生、張勤先生、中川裕三先生、村松恵子先生（50音順）方との談話も非常に有益であった。もちろん、本書の内容に関する責任は筆者一人に帰せられるべきものであることは言うまでもない。

　加えて、筆者の所属する部局の大学院生の発想・助言さらには普段の何気ない会話からも多大な啓発を受けた。筆者の周囲にいる大学院生には常に問題意識を持って言語事象を観察し、意欲的に論文執筆に取り組むように口やかまし

く言ってきたが、それは自分自身に対する戒めでもあった。学生の研究がうまくいかないときにはその辛さが実感できるだけに共に苦しみ、その学生が悪戦苦闘しつつも論文を完成させた暁にはこちらにも大きな刺激となった。研究を継続できたのも、学生諸氏に負うところが大きいといえる。あわせて感謝したい。とりわけ鋭い語感をもった中国人留学生・中国人教員に大勢恵まれている環境に筆者が身を置くことができたことは幸いであった。

この度、独立行政法人日本学術振興会平成17年度科学研究費補助金（研究成果公開促進費）の交付を受け、本書を出版することができたことは、筆者の望外の喜びとするところである。出版に際しては、白帝社の十時真紀氏にとりわけお世話になった。記して謝意を表したい。

最後に私事になるが、本書を妻に奉げたい。何よりも彼女の支えと励ましがなかったら、本書が世に出ることはなかったであろう。

2005年9月

丸尾　誠

丸尾　誠（まるお　まこと）

- 1968年　宮崎県生まれ。
- 1993年　東京外国語大学外国語学部中国語学科卒業。
- 1995年　東京外国語大学大学院地域文化研究科（博士前期課程）アジア第一専攻修了。
- 1995〜1997年　中国遼寧大学留学。
- 現在、名古屋大学大学院国際言語文化研究科助教授。
- 博士（文学）。

現代中国語の空間移動表現に関する研究

2005年10月25日　初版発行

著　者　丸尾　誠
発行者　佐藤康夫
発行所　白帝社
　　　　〒171-0014　東京都豊島区池袋2-65-1
　　　　電話　03-3986-3271
　　　　FAX　03-3986-3272（営）／03-3986-8892（編）
　　　　http://www.hakuteisha.co.jp/

組版　柳葉コーポレーション　　印刷　平文社　　製本　カナメブックス

Printed in Japan　　　　　　　　　　　　　ISBN4-89174-758-7